太极图探秘

探秘

明赐东◎著

四川大学出版社

责任编辑:楼　晓
责任校对:孙滨蓉
封面设计:原谋设计
责任印制:李　平

图书在版编目(CIP)数据

太极图探秘 / 明赐东著. —成都：四川大学出版社，
2009.6
　　ISBN 978－7－5614－4453－5

Ⅰ. 太… Ⅱ. 明… Ⅲ. 太极－研究－中国 Ⅳ. B221.5

中国版本图书馆 CIP 数据核字（2009）第 105740 号

书　名	太极图探秘	
著　者	明赐东	
出　版	四川大学出版社	
地　址	成都市一环路南一段 24 号 (610065)	
发　行	四川大学出版社	
书　号	ISBN 978－7－5614－4453－5	
印　刷	郫县犀浦印刷厂	
成品尺寸	185 mm×240 mm	
印　张	22.75	
字　数	456 千字	
版　次	2009 年 6 月第 1 版	◆读者邮购本书,请与本社发行科
印　次	2009 年 7 月第 2 次印刷	联系。电话:85408408/85401670/
印　数	3 001～5 000 册	85408023　邮政编码:610065
定　价	36.00 元	◆本社图书如有印装质量问题,请
		寄回出版社调换。

版权所有◆侵权必究　　　◆网址:www.scupress.com.cn

何需魁星点朱笔，自领风骚定坤乾

——序《太极图探秘》

[美] 褚成炎

作家是用自己的笔来调动他人的感情，把对方引到希望的地方去，不使他迷途。

图解家，把千哲万理诠释在点线面中，让研习者观经即明、用之则通。

——序者的话

实力派文化学者、诗人、作家、巴蜀文林五怪杰之一的傲国公周锐先生，向我荐读美国国际文化科学院院士、图腾家、太极图研究学者、太极图学及灰度太极图创始人、企业家明赐东先生新作《太极图探秘》。细读该书，不禁五内激悦。没料一位年在不惑与知天命间的仪表民族工业家，在科研、生产、经营难以拨冗的纷繁事务中，能争分夺秒抢运光阴，对学而不之究竟、研而四围难通的中华古老图像研究，获得如此跨代成就，真是喜贺共生，诚孚肝胆。

至之极限、无相匹有的太极图，是华夏最古老的理数统独、无一所遗的神明、哲理、文化图腾，可谓"阐千理曷有梗阻，统万物不遗些微"，是中华最早、世界弥先的图像文化瑰宝，是民族文化的奇葩，是中华古哲的地母、世界理坛的先声。本书就是捕捞中华民族传统文化根脉——太极图，用以诠释中华民族文明历史，延伸中华文化足迹的一部具有崭新哲学理念的通俗化哲学著作。该书正文仿古体"四字经"凝练成篇，韵文入手，在共九章一千零八言中，追根索源。笔力探自莽莽洪荒盘古开天、天皇地皇人皇而有人类之始，层层剥节，书陈有据，通过大量的考古发现、大量的出土文物、大量的图表资料，旁征博引，阐幽发微，述明太极图阴阳学说与中华哲学之渊源。从人类诞生、茹毛饮血进化到渔猎时代，进而催发伏羲衍爻、太极图的产生，以及由此对中华文化、文明进程所发生的关系，使感慨于天地盈亏之道，明辨于道德性命之争，体微于仰观俯视之法，修养于内圣外王之学者，无不灵机朗朗由衷敬谢。

历史上有以儒解图、以道说图、以佛析图，图示诠释了诸如哲学、数学、天文、历法、地理、音律、医学、养生、军事等多类，此等是组成传统文化的重要部分。对太极图的研究，不但有利于推动古代文明、古代哲学、古代科学技术的研究，更有助于处理当今纷繁的国际事务和国与国、民族与民族、社会此团体与彼团体乃至男与女、老与少、上与下、贫与富、美与丑、先进与落后之间的失衡与矛盾；能正确引导诸端事物，阴阳互生，矛盾互化，其利共享，其害同拼。真可谓"动在静中长，静在动中存，黑白明左右，宇宙共兴荣。识得阴阳体，无有相转输"。把阐述对象的现状和变化规律的太极图，尊奉在其应居的圣位之上，让统阴阳、施五行、衍爻篆于点线面中的神图，抹去巫俗饰上的秽气，推动社会进步，为宇宙苍生挥其理力，自是国人的责任。

赐东先生《太极图探秘》的科学论述，让读者回眸到中华远古的拓影。太极图岂止中华群经之首、《周易》之核，更有老子道、孔子仁、韩非法、庄子忘我、墨子兼爱、鲁班技艺、孙子兵法、杨朱养生，乃至苏秦张仪论政、商鞅变法、管仲霸齐等诸子百家思想的基根。无数事实科学地确证了太极图是中华思想发展的总汇和标幡，儒、释、道三教精神的强酵。无可非议，太极图的阴阳平衡、相依共存、转化生克、和而一统，是当今唯物辩证统一规律的中华古代哲学理念。

明先生对堪称无字天书的《太极图》细析详解，总结出一示一元、二示二元、三示变化、四示运动、五示核心、六示轮回、七示曲折、八示相容、九示圆满、十示平衡的十大议理，堪称解太极于十理之内，明宗义在《探秘》之中。通过十大哲理的论述，不仅延伸了太极图在中华民族数千年社会进程中的指导地位，义明道正地阐述了宏深奥妙太极图支撑科学、泛及百门的人文价值。以无可辩驳的事实，在宏观、微观中进行了质的解剖，从而得出了太极图与人类物理学、数学、化学、医学、建筑学、美学乃至风水人文等阴阳同在、不离不弃、相依相克的永恒关系；自强不息的精神，厚德载物的品格；阴阳相和、与时偕行，是人之为人以志追求、自修以获取、践行方光大的至道；合天地之大美，才能成人之大圣。

本书对前哲的观点有极大发展。全新的"明氏太极图理论"，其灰度太极图量变质变，蝌蚪太极图鱼形环绕、依护核心、尾部变性、头示迎迓，不但对太极图进行了全新的科学诠释，且石破天惊地率先提出了太极图是"文化之母"的人文理念，并由此得出了哲学起源于中国的伟大论证。

老子立言五千，标示"道德"，崛中华古哲之精随，于今昔文化麓林之魁。数千载点析评释，未明根系。点家不一，释家有异，习者无不搔首弄腮，瞠目面壁。明君撰文一千零八言，"探秘"剖析诠释东方神图，解历代研习者之大难。考者、评者、习者无不明文达义，知诀悉径。先生于中华文化哲说之业绩功莫大焉！

弄墨高远超前贤，明氏探秘越古先。
何需魁星点朱笔，自领风骚定坤乾。

　　诚将以上二十八言，相赠对传统文化卓有贡献的明君赐东先生，并以此韵为序作结。

2008 年 8 月于中国

　　（褚成炎，著名学者、旅美作家、诗人、评论家、美国世界周易玄学研究会常务理事、美国全美中国作家联谊会常务会长、美国国际文化科学院院长。）

目　录

前 言

　　从上古的太极图到今天的太极图学，太极图及太极文化研究从小溪小涧汇成了大江大河。对于今天的我们来说，这无疑是一笔丰厚的遗产。在数量如此庞大、色彩如此缤纷、哲学思想既简单又深邃的遗产面前，我们当有一份无比的欣喜、感慨甚至激动。可是，时至今日，尽管我们也曾受过民族传统文化的熏染和启迪，但仍然与之隔膜甚深，对之知之甚少，对祖先们穷究千年的结晶往往大而化之，或者断章取义，牵强附会。我们常常以现代化为借口，快速地消解外来文化，目的似乎是要从脚趾到牙齿都现代起来，以达到与世界接轨的目的。而在另一些人看来，传统的、民族的则是我们唯一可靠的据点。当世界叫嚷着要从中国传统文化中汲取精神食粮的浪潮迭起时，我们却在取舍传统的矛盾中裹足不前。于是，我们与传统文化和民族文化之间的若即若离、若断若续的关系成为当下富有意味的独特处境。

　　一方面愧对传统，一方面无法完全融入西方的文化之中，这种尴尬，历经百年，持续考验着这个民族的文化生命力。

　　对于文化受众而言，这种尴尬不算什么，因为有太多的替代品填补文化缺失的空白，一种文化在生活中的缺失，已经构不成惊天动地的悲伤。感到难以接受的是民族文化的研究和传播者，如果传播的文化陈腐淤滞，那么传播者就必须深思什么环节出了问题；如果这种文化已经赢得别的民族尊重与珍视，那么我们有什么理由弃之于不顾？

　　深入解读，我们发现，过去我们自身便是这种文化知识的门外汉。因为我们尽管知道它的魅力，却不知道它的全部魅力；知道它的力量，却不知道它的巨大力量；知道它的可贵，却不知道它可贵在何处。在表达对它的感情时，我们会不假思索地赞美、热爱，但在走向生活时，又会毫不犹豫将其抛弃。刺激的、光鲜的、花样翻新的消费性、表面化的生活正成为大众追逐的目标，大众旨趣成为今日文化的主导，肉身成道的传说、快乐无罪的信条愈演愈烈，喧闹声一波未平，一波又起，文化剧里你方唱罢我又登场，呈现出一派虚假繁荣景象。

在这种情况下，由一位民族企业家、业余民族文化研究者编写的《太极图探秘》出现了。这册书，既追溯了中国传统文化的辉煌和对世界的影响，又对传统文化保护措施的缺失表现出了极大的忧虑。作者在该书中明确指出："太极图，华夏文化的根脉和灵魂、中华文化的瑰宝。作为中国的第一伟大发明，她不仅孕育了中华五千年文明，更是世界哲学第一图。她用宏深的哲理、简洁的图形，揭示了永恒的真理。作为宇宙根本法则（对立统一规律的图形表达），太极图对世界的发展产生了深刻影响。然而，在国内，太极图和太极文化却备受冷遇，被认为是迷信的符号和玄学的代表，与太极图和太极文化在国外被推崇备至形成一个巨大的反差。"在本书中，作者旨在阐明太极图的文化内涵和哲学意义，以及太极图对人类文明和社会进程的影响，进而提出太极图和太极文化的研究与保护措施。《太极图探秘》的问世，是作者潜心研究多年的结果。他博览群书，查阅了大量考古资料和古籍研究文献，像一个潜水者一样潜入太极文化的海洋中，探测底蕴，再将探测的结果明确地告诉读者。他所潜入的深度与广度是前人所未及的，但他在书中的表述又是那么的通俗浅显，没有受知识和思想的框架羁绊，没有受历史误解和典故的枝节贻误，选取大量史料，推断遵循逻辑，结论尽量开放。因为对于作者来说，这本书的写作虽然已经完成，但对太极图深奥的哲学理论研究远没有结束。他并不追求一锤定音的效果，宁愿以未完成的状态，引领读者进一步的探讨、挖掘和研究。

《太极图探秘》是一本底蕴深厚的书，是一本浓缩的经典，也是一本待修订的样本，它期待着更多的读者朋友共同去修葺和完善。

太极图的哲学内涵及社会学意义

太极图博大精深，玄妙幽邃，宛若一帧无字天书。它是原始的，又是现代的；它是神秘的，又是科学的；它是中国的，又是世界的。考古发现太极图产生于新石器时期的中后期。自它诞生那天起，历代仁人志士穷究其奥妙，呕心沥血，代代阐释，终而汇成了中华民族的智慧源头——太极哲学。毋庸置疑，太极哲学蕴含的丰富哲理，无论对中华民族还是对整个世界都产生了深刻的影响，成为人类文明的标志和文化的象征之一。太极哲学是否还能引起当今中国和世界的共鸣？为此，有必要对太极图的哲学意蕴与社会学意义加以阐释与总结。

太极图是以黑白两个匀称且相互交感、涵容的鱼形纹组成的圆形图案，俗称阴阳鱼图。它看似简单，却有着广博精深的哲理内涵，大体可归纳为十大哲学命题：

1. 宇宙一统的一元论。太极圆圈代表着宇宙的原初是浑圆的一体，世界万物都起始于这个"一"。现代宇宙学中关于宇宙起源于一个"奇点"的宇宙大爆炸理论就是最好的说明。

2. 一分为二的二元论。用两鱼形、S曲线或其他方式将太极圆一分为二，并用阴阳来区分。

3. 包孕万物的变化论。太极图变化至大无边、至小无内，揭示了宇宙万物的变化规律。

4. 生生不息的运动观。生动活泼的双鱼追逐，昭示着宇宙万物处在永恒运动之中。

5. 黑白鱼眼阴阳帅印的核心论。太极图用黑白鱼眼，表示对立双方各拥有核心。如楚汉之争中的刘邦和项羽就是"鱼眼"。

6. 对立共容的矛盾同一律。对立阴阳共容于太极圆中，揭示了矛盾同一律。这一规律告诉我们，只有包容才能共存——中华包容文化由此而产生。

7. 波浪起伏的否定之否定规律。太极图S曲线代表着波浪起伏中的一对波浪，由此体现了事物发展的曲折、起伏和矛盾的否定之否定规律。

8. 首尾相接的轮回观。太极图阴阳鱼首尾相接，体现轮回。

9. 周全圆满的人生终极理想。太极圆表达了人类周全圆满的理想追求。

10. 对称平衡的"太极和"理念。太极图以大小相等、对称的图形方式，揭示了在一个矛盾对立体中以追求阴阳平衡和在众多矛盾平衡体中追求和谐的"太极和"目的论。

概括之，不难发现太极图实际上包含着"宇宙一统的一元论"与"一分为二的二元论"这两个最基本的宇宙观，其他哲学命题都是这两个基本命题的展开。用现在的哲学观点来看，太极图实际上就是古人用以表达对立统一规律的图形。受近代哲学二元对立思维的影响，对立统一规律虽也讲二元对立下的统一，但更多的是强调二元的对立与矛盾，是矛盾的一方对另一方的压制与斗争。这种强调以矛盾对立为目的的哲学思想催生了社会学领域的"斗争论"思想。"斗争论"认为，斗争是人类社会发展的永恒动力，社会的发展、文明的进步依靠斗争而获得。典型例子就是希特勒在《我的奋斗》一书中所说的："一切生命都在进行一场永恒的斗争"。希特勒以"斗争论"为指导思想，制造了惨绝人寰的第二次世界大战。中国的"文化大革命"也"以阶级斗争为纲"，人类文化历史上出现罕见的十年浩劫……

从宇宙本体及生命本体考察太极哲学的"宇宙一统的一元论"，不难发现它强调的是人与万物以及万物自身既矛盾又联系、既对立又包容的关系。与近代对立统一哲学相比，太极哲学虽也强调对立与矛盾，但是它把对立矛盾作为实现万物发展新的平衡的一种手段：人与万物就在矛盾对立中不断演化、共生；事物之间的相互依存与不断妥协、涵容，在平衡中达成新的和谐，才是万物发展的最终目的。这就是"一"，是宇宙万物的生命的元。

当人类文明进程步入 21 世纪时，社会生活形态的多元化发展趋势，以及人类思想文化发展的纷纭复杂的格局，促使人们重新解读与阐释古老的太极图。在重解与阐释中，发现太极图蕴含的"宇宙一统的一元论"的宇宙观以及"太极和"理念，能规避近代哲学二元对立思维带来的诸多弊端。"太极和"理念虽承认矛盾与对立是事物发展的根本规律，但更具有鲜明的目的性，这个鲜明的目的就是以包容、化合为前提，以共存、共荣为目的，在矛盾对立中最终走向多元的和谐与统一。这才是事物发展的终极目的与永恒动力。"太极和"的包容与化合、共存与共荣的目的是解决世界动乱纷争的理论依据。在此意义上说，"太极和"理论较之近代哲学的对立统一规律更为科学、合理。

梳理中华文化历史发展的基本脉络，不难看出"太极和"理念对中国传统文化发展的深远影响。它成就了中华文化儒道互补以及儒、道、佛三足鼎立、三教合一的文化格局。在百家争鸣中儒、道胜出，并成为中华文化的主流文化，其后儒、道又与外来的佛教文化形成三教既鼎立又合一的局面。促成中华文化这种发展态势的根本原因，是中华先辈对太极文化阴阳互补精神的深刻领悟。正如哲人所言，一个中国人最理想的人生状态莫过于头戴儒家帽、身穿道家袍、脚穿佛家鞋。因为儒家教人知书达理，积极向上，追求事业高峰，重视人的现世价值与意义；道家则教人无为而治，返璞回归，以心灵的超越解决人的现实困惑；佛家解决的是人的痛苦以及轮回。由于儒、道、佛三教分别从不同的侧面满足了人的生命需求，故而能彼此共存共荣、平衡和谐。这不但成为中国人的理想追求，也成为中华文化的精髓所在。

从以上的简单梳理中，我们或许可以得出这样一个结论：太极文化其实就是中国的源文化，其哲理精髓滋养了中华文化的各种子文化。换言之，各种子文化都与太极文化有着直接或间接的影响关系：

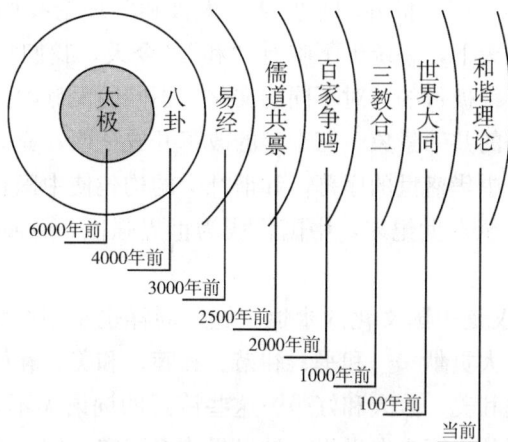

图1　中华文化波浪图

通过以上对太极图的哲理层面与历史层面的阐释，我们完全可以说，太极图是中华哲学的第一图，也是中华文化智慧的源头、世界哲学的起源。

不仅如此，现实地看，太极图所蕴含的这种"宇宙一统的一元论"宇宙观与"太极和"思想，对于解决当今中国与世界的诸多现实问题，对于今天我们构建社会主义和谐社会，具有重要的理论和实践意义。

首先，"太极和"理念对于维护民族团结、国家统一，创建和谐社会、和谐世界，具有凝聚价值。"太极和"文化作为民族的灵魂，不但可以激发人们的归属意识、合作意识，可以促进国家、民族和社会的发展，使中华56个民族能和睦相处；也使我们在解决台湾问题和国际交往中采取"以和为贵、和平发展"的价值取向，坚持走和平崛起、和平发展的道路，坚持和平统一的方针，坚持和平共处五项基本原则，而赢得世界广泛的赞誉。

其次，"太极和"理念具有化解社会矛盾和平衡社会关系的引领价值。现代社会，人类面临着众多的问题与挑战，主要是人与自然、人与社会、人与人之间的矛盾。在改革发展过程中，借鉴"太极和"文化"天人相应"、"天人合一"、"兼相爱"的理念，对社会的科学发展、如何平衡人与自然的关系、协调人与人的关系、化解各种社会矛盾具有特别重要的指导意义。

第三，"太极和"理念具有实现多元文化融合的创造发展价值。"太极和"的文化倡导"和为贵、和而不同"，强调的是多元文化共存、兼容并包，追求的是不同文化之间相互学习、取长补短，并认为不同文化之间并不应是此消彼长的对立关系，而是共生共荣的关系。过去，世界各民族、各文化因对"不同"的包容程度不同而导致争议、争执、指责、大动干戈，甚至为自己推行强权政策制造理由，造成世界纷扰浮躁、动荡不安。怎样才能求得世界大同、世界和平？从"太极和"理论我们可以得到答案：靠武力、靠强权不可能一统天下，一统天下唯有"和"。今天，我们构建和谐社会、和谐世界，应本着"太极和"终极目的，对不同的文化、不同的民族习性怀抱宽容之心，唯有这样才能构建世界和平的共荣景象。三十年的改革开放证明，充分利用"太极和"理念的中华民族由此拉开了中华盛世的序幕，和谐社会的构建使中国长期稳定发展，并有了抵御一切风暴的能力。至本世纪末，中国将成为世界强国，并将成为世界和平的中坚力量。

"太极和"理论不仅是中国文化的永恒主题，同样也是当今世界文化的永恒主题，是中华民族对世界的重大贡献——和平、和谐、和睦、和美、和好，即世界和平、社会和谐、民族和睦、家庭和美、人人和好……这些诗意的词语无不表达着人类追求"和"的理想和愿望。太极图从中国走向世界，被世界许多国家采用，成为国旗、国徽、科技徽记、文化徽记用得最多的图形：在韩国、蒙古国的国旗、国徽上；在联合国反种族歧视委员会大会会徽上；在新加坡、安哥拉空军的机徽上；在韩国、德国奥运会会徽上；在获诺贝尔奖的丹麦物理学家波尔的勋章上；在美国研制的世界第一台计算机商标上……在众多的文化（如易学、道学、道教……）、科技（中华武术、中医学、养生学、堪舆学、物理学……）徽记上，到处都有太极图的影子。这些都充分表明太极"和"的思想被世界广为接受和运用。

太极图深邃的哲理意蕴，文化哲学源头的历史地位，以及深远的现实意义，无不昭示着太极图是中华哲学与中华文化的瑰宝。然而，由于被历代巫术利用，加之受近代极"左"思潮的影响，太极图在许多现代人眼中仍然是迷信的符号、文化的异类。这种现状，对于热爱中华传统文化的有识之士来说，无不痛心疾首；对于最具包容这一美德的中华民族来说，不能不说是一大憾事。作为中华民族的子孙，我们有责任来改变这一现状，保护我们的"母"文化，还太极哲学的本来光辉。在大力提倡文化复兴的今天，我们更要保护太极文化，踏踏实实地传承、研究和普及太极文化，让世人尤其是年轻人都知道中华民族不仅有流传世界的儒学、道学（道教），还有流传全世界的太极图和太极文化！为此，笔者呼吁迅即开展对太极图申请世界非物质遗产（以下简称非遗）的行动，避免"端午事件"的再次发生；创立"太极图学"，积极开展对太极文化的系统研究；设置图腾研究机构，培养图腾与符号学研究专家，以便更好地承继太极文化，弘扬太极哲学，留住人类文化共同的根脉。

我们深信，在经济腾飞和文化复兴的 21 世纪，太极哲学的光辉必将普照中华腾飞之途、世界和平之路。

（此文刊载于 2009 年 3 月 4 日《中国文化报》）

探赜索隐太极图

太极图是中国古代先民概括阴阳易理，探讨宇宙人生变化发展规律的图式。千百年来，它以博大精深的内涵、千古永辉的义理，激励着一代又一代的研究者对其寻根溯源、探赜索隐。

后世所绘太极图种类很多，如天地自然河图、唐朝的太极先天图、北宋周敦颐的周氏太极图、明朝来知德的来氏太极图、明朝左辅制作的景岳太极图与左辅太极图、清朝胡煦所制的循环太极图等。但一般认为，真正的太极图应当是以阴阳鱼相互涵容交感的圆形图案为主，外套八卦或六十四卦的环形图案。今日所见太极图为纯粹的阴阳鱼图，并无外套的八卦，实为时代发展要求图形日趋简明的结果。

太极图起源何时？最早由何人之手绘制？学界对此各持己见，难有定论。常见的有四种说法：一说太极图起源于远古的伏羲，他根据河图和洛书图研创的简易图，这种说法在古代典籍中有广泛记载；二说太极图起源于新石器时代陶器上的轮纹、漩涡纹、鱼纹等；三说太极图起源于东汉魏伯阳所作的《周易参同契》；四说太极图为五代宋初的陈抟、宋朝的大师如北宋周敦颐、宋元之际的佛徒寿涯等人所绘。持第四说者颇多，因有大量的古文献可以作证。

实际上，太极图起源之争涉及另一个问题——周易与太极图何者为先的问题。前两种说法认为在周易之前太极图就产生了，后两种说法则认为在周易之后才产生太极图。言先有周易后有太极图，证据好找；若说先有太极图后有周易，证据难找。故而，对太极图的起源大多数人更容易认同后两种观点。但笔者以为前两种说法也不无道理。理由之一是，图形虽是思想的表达，然记载思想的文字却产生于图形之后。先民的阴阳思想当源于对自然界的观察，而最早记载先民阴阳思想的当是图形。换言之，阴阳图与阴阳思想的次序当为：自然界阴阳现象——早期阴阳对称图形——阴阳思想——阴阳鱼图形。考古发现也在证明这一种推断的有效性：阴阳对称的图案在河姆渡遗址有出土，距今已7000年；新石器时代有大量的与阴阳鱼相近的图形。因此，这些图形当视为阴阳鱼图的早期雏形。亦即是说，若认同太极图的产生得益于中华先民阴阳易理的宇宙人生观念的滋养，就需承认原始时期那些蕴含着阴阳易理观念的图形是阴阳鱼太极图的图形渊源。理由之二是，周易作为阴阳易理思想的集大成者，它的产生除了得益于撰写周易的三贤对先民阴阳思想的概括、总结与诠释外，还来自于周易三贤对先民阴阳对称图形的领悟与研读。因此，原始时代那些蕴含着阴阳易理观念的图形，也应为阴阳鱼太极图的图形渊源。

如此，人们对太极图诠释历史的溯源常常追溯到《易传·系辞上》，就显得合乎逻辑了。一般认为，"太极"一词最早见于《易传·系辞上》："易有太极，是生两仪，两仪生四象，四象生八卦，八卦定吉凶，吉凶生大业。"孔子认为"太极"不仅是宇宙之"本"，也是宇宙演变之大道。宇宙之"本"运行，使阴阳相分并产生天地两仪。阴阳不断相分，便产生春、夏、秋、冬四象与宇宙万物。《老子·四十二章》也同样表达了一元论与变化论的"太极"哲思："道生一，一生二，二生三，三生万物。万物负阴而抱阳，冲气以为和。"太极是"一"，是宇宙万物之根；宇宙万物生生不息的运动与发展是太极之真性。与孔子不同的是，老子参透了太极法则中的矛盾论与和谐论。太极之"道"天然包含着对立的阴阳两面，但阴阳二气的互相激荡与矛盾运动最终成就了宇宙新的和谐体。后世人们据老子、孔子的太极哲思而图解太极图，并逐渐推演出成熟的太极观念。三国的魏孟康以"太极元气，含三为一"（《三统历》）解释太极图。"三"指阴阳鱼太极图中白、黑、及白黑的分界线。"含三为一"的字面意义是指白、黑及其分界线都包含在太极图的大圆圈内。实际上，后人认为"含三为一"既指事物由正、反、合三者组成的矛盾整体结构，也指天、地、人"三极"合一的宇宙结构。孟康之说既继承了老子"万物负阴而抱阳，冲气以为和"的太极思想，同时也将前人的太极观念从宇宙万物链接至社会人生。到了宋代，儒学大师以人学视角解读太极图，把太极法则设定为人的一切行为的标准，从而把"太极"学说发展为"人极"学说。周敦颐在《太极图说》中如是说："无极而太极。太极动而生阳，动极而静，静而生阴，静极复动。一动一静，互为其根。分阴分阳，两仪立焉。阳变阴合，而生水火木金土。五气顺布，四时行焉。五行一阴阳也，阴阳一太极也，太极本无极也。五行之生也，各一其性。无极之真，二五之精妙合而疑。乾道成男，坤道成女。二气交感，化生万物。万物生生，而变化无穷焉。惟人也得其秀而最灵。形既生矣，神发知矣。五性感动，而善恶分，万事出矣。圣人定之以中正仁义而主静，立人极焉。故圣人与天地合其德，日月合其明，四时合其序，鬼神合其吉凶。君子修之，吉；小人悖之，凶。故曰：'立天之道，曰阴与阳。立地之道，曰柔与刚。立人之道，曰仁与义。'又曰：'原始反终，故知死生之说。'大哉易也，斯之至矣。"该文承继了前人太极学说中的一元论、发展观、矛盾论与和谐论等思想，但特别强调人作为万物之灵对太极之道的参悟，并提出"立人极"即树立"中正仁义"的做人标准。周敦颐的人学解读影响了后人对太极图的诠释。北宋邵雍，南宋胡宏、陆九渊，乃至清代的戴震，都从太极图中阐释出以人为万物之秀、以人为天地之心的思想。

由上可知，太极图虽简单明了——一个圆圈、一条曲线、两个圆点，两条黑白鱼图形，但经过历代的图解与诠释，它构成了一个含义丰富、深邃的庞大的"太极哲学"体系。这个哲学体系的关键词就是阴阳。阴阳既蕴含着形而上的宇宙之道与天人之际的大法则，也包括形而下的人生法则。其中，"太极和"辩证法是太极哲学体系的核心。"太极和"思想认为，事物发展的终极目标不是事物的矛盾对立，而是事物之间的包容与妥协、共存与共容——共容与共存才是事物发展的根本规律。简言之，圆润的太极图形启迪我们，在一个矛盾对立体中追求平衡，在众多矛盾平衡体中追求相互的包容、化合，在矛盾对立中最终走向多元的和谐统一——这才是事物发展的终极目的与永恒动力。在此意义上说，"太极和"理论较之近代哲学中的"只有对立才有统一"的对立统一规律更为科学、合理。

太极哲学作为一种高屋建瓴的宇宙观，深刻地影响着中华哲学与文化的发展。千百年来，中华各种哲学、文化派别，包括中华科技之间都存在着明显的传承关系。其传承的纽带正是太极哲学对世界的理解与认识，如易学、儒学、道学、诸子学、中医学、武术、堪舆等，都体现了在对立统一中谋求圆融和谐的太极世界观。

不仅如此，太极图还揭示了阴阳平衡原理。春秋战国时期的百家争鸣，其实质是诸多思想的碰撞。在碰撞中，为什么儒、道能胜出，成为中华文化儒、道阴阳平衡的两大思想体系？其后为什么又与外来的佛教文化形成三教共存的局面？从太极图揭示的阴阳平衡原理上，我们就会自然地找到它们的答案，因为儒、道、佛三家在学理上阴阳互补、相互平衡，使中国文化格局臻达和谐的太极境界。

作为哲学图形，远在文字还未出现的六七千年前，太极图腾通过图形语言揭示了矛盾对立统一规律。它内含的阴阳两仪，其实质就是当今辩证矛盾学说最直观、最简洁的表达。太极图以均衡对称的图形方式，揭示了追求阴阳平衡的观点；鲜明地强调阴阳变化（矛盾运动）以平衡、"和谐"为根本目的，从而揭示了宇宙万物在运动中平衡发展的规律和人类进步、社会发展在于求"和"这一根本目的。

中国的文化是多元的，世界文化也是多元的。我们可以解释中华文化"百家争鸣"、世界文化"动乱纷争"的原因，都是因"和"而"不同"所致。所谓"和"，即和平、和谐的根本目的一致。"世界大同"就是指这一根本目的的一致性。所谓"不同"，即实现"和"这一根本目代表的阶层及其站的角度、走的方向路线、处的习性的不同。中华民族是一个包容的民族，"和而不同"使中华各民族和谐相处、各个文化派别相互学习借鉴。"三教平衡"，"中国不称霸"，"一个国家，两种制度"等等，正是中国追求

"和"的世界典范。世界各个民族、各种文化虽然"和"的目的性一致，但对"不同"的包容程度则大不相同，从而导致争议、争执，进而指责，甚至大动干戈！无可非议，太极文化的实质就是"和"文化。太极"和"文化不仅是中国文化的主脉，同样也是世界文化的主脉。

通过以上溯源我们大约可以推断以下两个结论：其一是太极图以简易的图形语言涵盖了中国"百经之首"——《易经》的大义要旨，创造了一个庞大的、根深叶茂的太极哲学体系，彰显了中华先民领悟宇宙万物变化之道的非凡智慧，因而享有"中华第一图"之美誉；其二是我们的祖先早在六七千年前就已通过太极图阴阳这一辩证矛盾，来概括宇宙万物的起源与变化，比公元 2600 年前的古希腊哲学起源至少早了两三千年，这充分说明太极图是中华哲学的起源，同时也是世界哲学的源头之一。

太极图不但深刻地影响着中华民族的思维方式、思想文化观念和人文性格，也对世界的发展产生了深刻影响。在韩国、蒙古国的国旗上；在联合国种族歧视委员会大会会徽上；在新加坡、安哥拉空军的机徽上；在韩国、德国奥运会，韩国亚运会会徽上；美国研制的世界第一台计算机商标上；在美洲印第安人的绘画和服饰上……太极图光辉无处不闪烁着人类的智慧和哲学的光芒。太极图是人类瑰宝，已成为人类的共识、世界的共识。同时，太极图还是当今社会建构和谐世界、和谐人文的重要哲学依据。

然而，由于太极图玄奥精深，以致被历代巫术利用，加之受近代极"左"思潮的影响，太极图在许多现代人眼中仍是"迷信"的符号和文化的异类而不屑一顾。这种现状，对于热爱中华传统文化的有识之士来说，无不痛心疾首；对于最具包容品性的中华民族来说，不能不说是一大憾事。作为中华民族的子孙，我们有责任来改变这一现状，保护我们的传统文化，还太极哲学的本来光辉。在大力提倡文化复兴的今天，我们更要高举保护太极文化的大旗，踏踏实实地传承、研究和普及太极文化，让世人（尤其是年轻人）都知道中华民族不仅有流传世界的儒学、道学，还有流传世界的太极图和伟大的太极文化！为此，笔者呼吁迅即开展对太极图申请世界非物质文化遗产的行动，以便更好地承继太极文化、弘扬太极哲学，留住人类文化共同的根脉。

（此文刊载于 2009 年 3 月 26 日《光明日报》）

新解太极图　还太极哲学光辉

　　人类文明史以文字出现为主要标志。那么，文字出现以前的史前史于现代人来说，是怎样一片迷蒙的天地？我们的祖先在进行怎样的刀耕火种？在漫长岁月中，人类文明是如何孕育和产生的？在这里，探秘太极图以及太极图对中国和世界的影响，会让我们感到五千年前的风物正迎向我们扑面而来。

　　太极图是中国古代先民概括阴阳易理，探讨宇宙以及人生变化、发展规律的图式。千百年来，它以博大精深的内涵，千古永辉的义理，激励着一代又一代的研究者对其寻根溯源，探赜索隐。

　　太极图简单明了，一个圆圈、一条曲线、两个圆点，两条黑白鱼图形，经过历代的图解与诠释，构成了一个涵义丰富、深邃的庞大的"太极哲学"体系。传说中的太极图由伏羲所制。笔者研究大量考古资料发现，古太极图形大量存于 5000—7000 年前的器皿上，这充分说明太极图诞生于新石器中后期。作为先古的图腾，太极图以图形语言记录和表达了中华祖先对神秘自然的认识和思考，这便是中华哲学的萌芽。作为这一时期中华祖先的代表伏羲，也随之成为当之无愧的中华哲学鼻祖。随着符号运用的进步，太极图所内涵的阴阳两仪思想，在夏商周甚至更早时期的甲骨或其他文物上得到充分表现。不仅如此，在夏商周时期，由于符号演变为单个文字，单个文字逐步形成系统文字，于是就出现了解释太极、阴阳、八卦的书籍——《易经》。《易经》自然地成为中国哲学第一书和中华符号学第一书，撰写《周易》的周文王理所当然地成为中华哲学之父。文字的产生极大地推动了社会的文明和进步，并形成了中华文化发展第一高峰——百家争鸣，同时诞生了中华历史上两大思想家——孔子、老子。与此同时，太极图得到更加广泛的推广与应用，并最终汇成了中华民族智慧的源头——太极哲学。在太极哲学的孕育下，中华民族创造了悠久璀璨的五千年文明。这一不争的事实不得不让我们反思这样一个理论命题：到底是先有哲学还是先有文明？

　　早在文字未出现的六七千年前，我们的祖先就借助图形语言，通过阴阳这一辨证矛盾来概括宇宙万物的起源与变化，比 2600 年前的古希腊哲学起源至少早了两三千年。这充分说明太极图不仅是中华哲学的起源，同时也是世界哲学的起源。而中华哲学起源比中华五千年文明早了一、两千年。据此，我们可以得出"是中华哲学孕育了中华五千年文明"的结论。

诞生于新石器时期的伟大的太极思想，支撑了中华科技的发展，并与新石器时期科技共同孕育了中华五千年文明。因而我们有理由说，孕育中华五千年文明之"父"是新石器时期的科技，之"母"就是太极文化。这充分说明，太极图就是中华文化之根、中华文明之母。此结论的得出，为中华文明探源工程中关于文明起源的问题做出了令人信服的注脚。

我们知道，对立统一规律是哲学的基本规律，是宇宙的根本法则。而太极图则是新石器时期中华祖先用图形语言表达的对立统一规律图，是世界上最早的图形辩证法。太极圆作为一个符号、一个代词，它实际上代表着宇宙万事万物；太极圆被阴阳一分为二，此"阴阳"即为矛盾，体现对立的一面；阴阳又共存于太极圆之中，以此表达了阴阳既是对立的、又是统一的关系；阴阳图形的对称、平衡方式揭示了事物在一个矛盾体中追求平衡，在众多矛盾平衡体中追求和谐的"太极和"真理。宇宙万物和人类社会都在平衡中发展、变化，都以"和"为其发展的根本目的。从某种程度上说，太极图阴阳平衡论较之近代哲学的对立统一规律更为科学合理。

中华文化，源远流长，博大精深。提到中华文化，人们首先想到的是儒学、道学以及易学和诸子学等。如果把上述各种文化作为子文化元素来看待，我们画一个大圈，把各子文化元素包含进去，这个圈就是中华大文化。这个大文化就是太极文化。换句话说，太极文化就是中国的大文化、源文化。

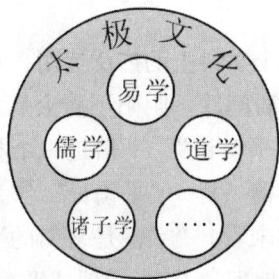

图 2　中华大文化——太极文化　　　图 3　中华大文化——太极文化

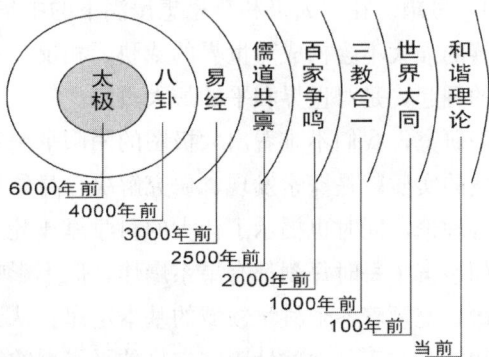

溯源太极这一源文化，我们不难明白在百家争鸣中为什么儒、道能胜出，成为中华文化的主文化，其后儒、道又与外来的佛教文化形成三教合一的局面了，因为儒、道、

佛三家在学理上吸纳了太极文化阴阳互补的精髓，追求儒、道、佛三教平衡的和谐境界：儒家教人知书达理，积极向上，追求事业高峰，代表着上升的理论，适应于中、青、少年；道家则教人无为而治，返璞回归，代表着向下（回归）的理论，适应于中、壮、老年。这一上一下、一老一少，构成了儒、道阴阳平衡两大思想体系。

"太极和"理论告诉我们，人类进步、社会发展的根本目的在于求"和"。这一根本目的决定了中国文化的永恒主题是"和"。同理，世界文化的永恒主题也是"和"——和平、和谐、和睦、和美、和好，即世界和平、社会和谐、民族和睦、家庭和美、人人和好……这些诗意的词汇，体现了在"太极和"思想滋润下的世界各族人民的美好向往和追求。

依据太极图阴阳平衡理论，我们可以解释中华文化"百家争鸣"世界文化"动乱纷争"以及"世界大同"格局的形成。其原因都是"和而不同"。所谓"和"，即"太极和"。无论"争鸣"，还是"争执"，其追求"和"的根本目的是一致的。"世界大同"就指这一根本目的的同一性。所谓"不同"，即实现"和"这一根本目的的代表阶层及其站的角度、走的方向路线、处的习性的不同，以至追求"和"而采取的手段的不同。

中华文化就是"和文化"、"包容文化"。也正是因为有了"和文化"和"包容文化"，中华五十六个民族方能友好和谐地相处。世界各民族、各种文化虽然"和"的终极目的性一致，但因对"不同"的包容程度不同，从而导致了争议、争执，进而指责，甚至大动干戈。至此，我们可总结出世界动乱纷争的三大原因：一是以对立统一规律中的"斗争论"为理论依据；二是某些民族和文化的包容度不够；三是人性的最大弱点——"自私"导致的贪欲膨胀。"太极和"理论告诉我们：武力和强权永远不能一统天下，一统天下唯有"和"。和平是人类永恒的追求，**中华民族对世界的最大贡献在于"太极和"思想**。在"太极和"思想浸润下的中华民族，必将成为世界和平的中坚力量；中华民族的强大不会构成对世界的威胁，相反，有利于世界的和平和发展。换言之，中华民族的崛起，是对世界和平的最大贡献。

仔细研究，我们不难看出太极图的阴阳平衡定律在各个学科上的广泛运用。我们知道，科技的实质就是探索发现、研究解决自身领域中的矛盾问题。阴阳平衡论是太极哲学的核心理论，同时也揭示了伟大的科学基本定律——"平衡论"。平衡是一个相对的概念，如宇宙中每时每刻都有星系爆炸，但不影响宇宙平衡一样。"平衡论"作为科学基本定律，统领着各个科学领域的基本定律：从天文学上来看，"宇宙是平衡的"——地球生物的存在正是地球处于宇宙最佳平衡点的结果；从地理学上看，"地球平衡运动"造就了地球六大板块和海陆、山脉等的合理分布；在生物学上，有"生态平衡"、"男女平衡"、"生理平衡"等；在物理学上，从"万有引力"到"运动平衡"，从"质量守恒"到"能量守恒"，包括"作用力等于反作用力"和"互补原理"等，平衡原理被彰显得淋漓尽致；从心理学上看，有"心态平衡"、"得失平衡"等；中医学、养生学、太极拳、堪舆学、美学、音乐、影视、建筑等科技行业，无不以"平衡"为基本准则；而社会学中，更是把追求"稳定发展"、"环境友好（天地人和）"、"社会和谐"、"世界和平"、"世界大同"作为根本理论和准则。

对太极图的探秘和仔细研究后，我们才恍然发现，无论在过去还是在现代，无论在中国还是在世界，太极图一直都作为一种图腾存在着。我们知道，国旗、国徽是国家和民族的象征，科学徽记、文化徽记则为这一科学、这一文化的标志。而太极图腾，无论在国旗和国徽，还是在科学和文化领域都被广泛应用着。中国有两个图腾走向世界。一个是"神图"龙图腾。龙图腾象征神力、吉祥、飞黄腾达，威猛、强大。中华民族对它崇拜有加，成为中华民族的象征。1888 年，清王朝把龙图腾作为国旗。在 2008 年的北京奥运会上，中国代表队以中国龙为服饰图案，喻示着中华民族是龙的传人。龙图腾还走向了世界，成为不丹国的国旗图案。另一个走向世界的图腾是"哲图"太极图腾。太极图腾象征思想、智慧，寄托着中华民族对"和"的追求和向往。太极图腾对世界的影响更为深远，是随处可见的图形标记，如联合国种族歧视委员会大会将其作为会徽以象征世界和平，韩国、蒙古国也将其烙在国旗、国徽上；此外，在新加坡、安哥拉空军的机徽上，在获诺贝尔奖的丹麦物理学家波尔的勋章上，在美国研制的世界第一台计算机商标上……在众多的文化（如易学、道学、道教……）、科技（中华武术、中医学、养生学、堪舆学、物理学……）徽记上，到处都有太极图腾的影子。

由龙图腾衍生的龙文化体现着中华民族的气质，重在形态；而太极图腾蕴含的太极哲学则是中华文明的精髓，重在思想。数千年来，中华龙图腾和太极图腾，已经成为中华民族绵延起伏、生生不息、横亘人类历史的神圣象征。中华民族是有思想的"中华龙"。只要我们自己不折腾，那么，中华龙腾飞之时，就是中华腾飞之时，也是中华盛世到来之时。

至此，我们可以得出世界四大文明古国中，为什么中国永不衰竭、为什么我们仅用改革开放三十年的时间，就缩短了自清末以来与世界巨大差距的答案。而这答案，正是因为我们有太极思想和龙的精神，有勤劳吃苦、善于包容的 13 亿中国人。今天，我们用改革开放的 30 年，取得了举世瞩目的成就，由此拉开中华盛世的序幕；明天，再用 40 年，我们将实现现代化，步入发达国家之林，完成伟人们提出的"三步走"战略目标；再下一个 50 年，中国将进入中华盛世期，至本世纪末成为世界强国：世界人口大国、世界文化大国、世界经济大国、世界科技大国，成为世界和平的中坚力量（如图 4 所示）。

悠悠千古昭然于世的太极图，蕴含的深邃哲学思想和丰富的文化内涵，对人类文明进程有着深刻的影响。那么，太极图到底对人类和世界有着什么样的历史意义和现实意义？综合以上阐述，结合本人研究太极文化的心得以及对文明探源工程的关注与研究，提出以下10个全新的、应引起社会关注的命题，供大家讨论：

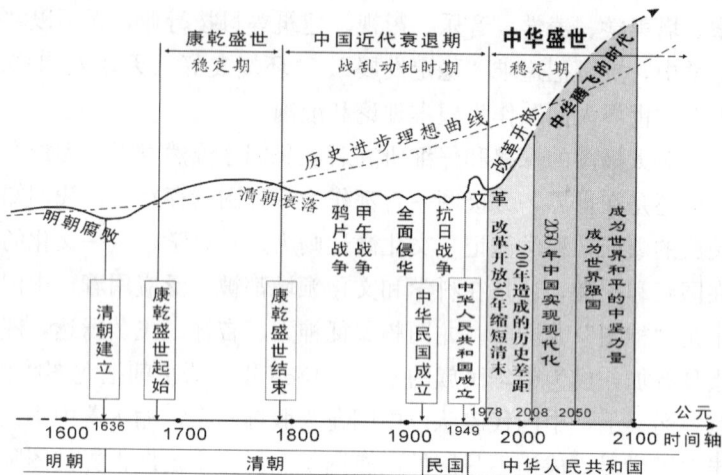

图4 从历史曲线看未来中国的发展趋势

1. 太极图是对立统一规律的图形表达，较之近代哲学的对立统一规律更为科学合理。

2. 太极文化是中华五千年文明之母。

3. 太极文化是中华根文化、大文化。

4. 太极哲学是世界哲学的起源。

5. 太极"和"文化是世界文化永恒的主题，是中华民族对世界的最大贡献。

6. "太极和"是解决世界动乱纷争的唯一方式，中国将成为世界和平的中坚力量。

7. "世界平衡论"是伟大的科学基本定律。

8. 21世纪是中华腾飞的时代，改革开放拉开了中华盛世的序幕。

9. 图腾研究、符号研究填补史前历史断层。

10. 太极图是世界非物质文化遗产。

风雨沧桑千万年，古图新解耀明天。由于太极图玄奥精深，古代巫术取其皮毛并穿凿附会，使其成为招摇撞骗的工具，以致太极图本身蕴含的光芒被乌云遮盖；加之近代新文化运动与现代"文化大革命"对中国传统的曲解与排挤，太极图更是被强行打上了迷信的标记，如今一提及太极图、太极文化，许多人仍然嗤之以鼻，不屑一顾，认为那是历史遗留下来的故弄玄虚、蛊惑人心的残渣烂质，而那些走在时代潮流前沿的年青一代更是觉得不可思议。

然而，我们的民族性格是我们的传统文化塑造的，我们的精神品质是我们的传统文化熏染出来的，为了在经济、文化全球化的形势下保持民族的独立性，为了向世界证明中华民族并没有丧失自我，那么，对传统文化的复兴就势在必行。而对于中华文化的母文化——太极文化，我们更应该让其重新归位，拨开迷信的乌云，还它夺目的光辉。"端午事件"的发生，赫然浮动在历史的一页，它告诉每一个中国人：我们弃若敝屣的，也许是暂时失去光彩的和氏之璧。故此，笔者认为，"太极图学"的创立、图腾研究机构的设置十分必要，而太极图申请世界非物质文化遗产（以下简称申遗）也已经迫在眉睫、时不我等。

我们坚信，在和平与发展的 21 世纪，在经济与文化快速发展的 21 世纪，太极哲学一定能重放光芒，照耀中华崛起之途，铺陈世界和平之路。

（本文为新加坡国际易学交流会论文）

太极图四字经[1]

（一）

人生短暂	弹指挥间	文化科技	代代相传[2]
新编太极	集韵歌赞	图文并茂	广闻广见[3]
中华文化	历史久亨[4]	保护文化	国人责任[5]
太极图形	第一发明[6]	普及教育	势在必行[7]
科学太极	绝非迷信[8]	揭示玄奥	依据为凭[9]

（二）

莽莽洪荒	原本混沌	盘古开天	阴阳两分[10]
天圆地方	无极圆形[11]	伏羲衍义	太极应生[12]

（三）

宇宙诞生	地球自成[13]	生命呈现	自然脉承[14]
人类进步[15]	认识天文[16]	工具使用[17]	石器图形[18]
信息交流	音体先行[19]	图形语言	思想留痕[20]
考古惊现	太极雏形	六七千年	彩陶器皿[21]
图形完善	纺织陶轮	屈岭文化	四千年整[22]
天地自然	八卦分层	符号时代	伟大发明[23]
太极八卦	尽善尽美[24]	八卦组合	易经告成[25]

（四）

文字时代	三易统陈[26]	文王周易	哲书先行[27]
文化高潮	百家响应	哲学高峰	世界共鸣[28]
孔子儒学	厚德礼仁	中庸和谐	太极核心[29]
老子论道	一生万物	万物归一	自然法证[30]
继承老子	道教张陵	徽以太极	抚正国民[31]
儒家阳学	催人上进	道家阴理	回归修身[32]
文化支柱	儒道共禀	两大体系	阴阳平衡[33]

外有墨子	非攻兼爱[34]	亦有孙子	兵法阐明[35]
韩非论法[37]	商鞅法秦	庄周忘我[38]	杨朱养生[39]
百家争鸣	议和求进	角度不同	各抒己论[40]

（五）

阴阳学说	哲学矛盾	新石器时	古典辩证[41]
中华历史	三段划分	太极文化	启蒙文明[42]
中华哲学	始源太极	矛盾阴阳	世界先领[43]
中华文化	和为内蕴[44]	三教平衡	相容互进[45]
中华精神	自强不息	厚德载物	民族强盛[46]
中华文明	太极育孕	和谐圆满	中华之魂[47]

（六）

图形哲学	无字天书[48]	以图述理	十大哲论[49]
一示一元	宇宙一统	始归一点	繁湮朗明[50]
二示二元	阴阳两分	对立统一	哲学核心[51]
三示变化	至大无边	衍小无内	变易无尽[52]
四示运动	双鱼追逐	生生不息	运转永恒[53]
五示核心	黑白"鱼眼"	阴阳帅印	坐镇指令[54]
六示轮回	鱼身环绕	头尾相接	循环昭本[55]

七示曲折	波浪呼应	绵延起伏	否定否定[56]
八示相容	一体同生	和合前提	包容共存[57]
九示圆满	形同月圆	璀璨光明	美满象征[58]
十示和谐	均匀对称	目的鲜明	阴阳平衡[59]
东汉伯阳	阴阳环分[60]	五代陈抟	双鱼成形[61]
宋朝周氏	图分五层[62]	明代来翁	阴阳抱心[63]
今有明氏	灰度太极	量变质变	独创新颖[64]
蝌蚪太极	环绕核心	尾部变性	头部相迎[65]
龙图太极	中华图腾	太和龙跃	无往不胜[66]
日月太极	天体运行[67]	熊猫太极	自然天成[68]

（七）

平衡定律	科学之本	支撑科技	泛及百门[69]
宇宙平衡	解释天文[70]	地球生命	平衡所成[71]
物理学域	遵循守恒[72]	化学反应	推陈出新[73]
数学方程	平衡计算[74]	生物世界	阴阳化生[75]
中医理论	阴阳五行[76]	养身精髓	重在平衡[77]
武术其道	太极神韵[78]	建筑园艺	风水人文[79]
社会科学	依沿其理[80]	世界百科	依准平衡[81]

（八）

太极图学	哲理宏深[82]	宇宙法则	人间通行[83]
大韩国旗	尊耀太极[84]	蒙古国旗	太极立心[85]
日本崇和	大和自称[86]	新加坡国	图显空军[87]
丹麦玻尔	太极勋章[88]	德国奥运	铸以徽形[89]
联合国会	太极运应[90]	纵观世界	太极随影[91]

（九）

多元世界	动乱纷争	和为一统	强权遁形[92]

文化主题[93]	"太极和"论[94]	中华崛起	世界和平[95]
太极瑰宝	华夏之根[96]	申遗保护	世界传承[97]
太极理论	引领和平[98]	世界大同	和谐欢庆[99]

注1：右上角数字为注解序号；注解见后。

本四字经共 1008 字，9 章，99 个注释。

1. 太极图四字经

图 5

中华太极图，悠悠千古昭著于世，像朝日那样辉煌宏丽，像明月那样皓洁璀璨。它是我们华夏先祖的智慧结晶，是中国传统文化骄傲的象征，更是中华民族献给人类文明的无价之宝。

然而，在极"左"思潮泛滥的年代，太极图被视为旁门左道和文化异类，以致人们把它看成是迷信和玄学的符号，进而对太极图的理解步入误区，认识不到它对中国文化的深远影响和对人类发展的重要性。

与在国内备受冷遇相比，太极图在国外却被推崇备至，受到前所未有的重视：韩国和蒙古国把它作为国旗；联合国反种族歧视大会用它作为会徽；新加坡、安哥拉用它作为空军机徽；丹麦物理学家玻尔用它作为家族的徽记；同时，太极图还用于奥运会会徽等。在国外，太极图不仅作为一种图腾和象征，更广泛地应用于物理、数学等学科和领域，破解了一个又一个人类和自然难题。

太极图是我们中华民族的骄傲。它蕴含的哲学意义和科学价值早已举世公认，它不仅成为中华文化的象征，而且也成为东方文化的象征，更成为人类文化与地球文明的标志。太极图是形象的真理，也是真理的形象。它是我们祖先奉献给人类的无价之宝。中华太极图是人类文明史上一颗璀璨无比的明珠，不仅有辉煌的过去，也一定有更加辉煌的未来！

太极图，作为一种文化遗产，是远古祖先留给我们的幸运礼物，也是民族文化经过历史风雨的淘洗后留下来的薪火。它包含着一个民族的价值观念、审美追求与情感记忆。同时，它也是现代民族国家共同体的构成基础与重要标识。保护文化遗产，也就是保护我们的情感与价值，守卫我们内心的家园，延续我们祖先的梦想，同时也维护全球化时代我们的文化的独立与主权。

华夏文化遗产是我们的母亲文化，是我们的根。在奔向未来的路上，我们不应该失去记忆，更不应该忘了回家的路。因此，我们必须弄清楚：中华文化的起源是什么？孕育中华五千年文明的思想之源是什么？太极图究竟是科学还是迷信、是哲学还是玄学？只有弄清楚这些问题，我们的传统文化保护才不至成为一句空话。

即使人类已经步入电子时代，但是书籍依然是传播和普及文化的重要渠道，同时也是回顾和保护传统文化的重要手段。在现在的图书市场上，关于国学（如易学、儒学、道学、道教等）的书籍十分丰富，遗憾的是，有关太极文化的书籍却太少。为了让人们正确认识太极图的真正内涵和科学价值，笔者经多方考证，集多年研究成果编著了《太极图探秘》一书。本书的主体内容为诗歌体四字经，共1008字，分为9章，有99个注释。每四句押基本韵脚，便于朗读和记忆，具有凝练、精简的特点。

本书把太极图的起源、哲理内涵和对中国哲学、文化、科技的影响，以及对世界的影响有机地结合起来，以期为太极图正名。

图6

图7

2. 人生短暂 弹指挥间 文化科技 代代相传

图 8

我们常听人说，某某命运好，所以事业有成，一帆风顺；或者说，人的一切都是命中注定的，人是无法与命运抗争的，所以听天由命算了。命运似乎成了冥冥中注定的、不可改变的特定人生标签。那么，"命运"到底是什么呢？

一、命运正解

1. 命运的定义

"命运"一词在词典中的解释是指事物有预定的一种模式，又解为时间与空间之间的规则。

2. 人生"命运"

所谓"命"和"运"，其实是两个不同的东西，合在一起就构成了我们常说的"命运"。

"命"是先天的、无法变更的定数。人生之"命"是父母赐予的，是无法选择的。

生命是在世间生存的时间。生命可以改变长短，但不能被无限延长。有生就有死，这是自然规律，谁也不能抗拒。

"运"是人的生命诞生之后，通过后天努力和环境影响改变的人生运动轨迹，如父母的培育、社会的培养和个人奋斗等。所谓"运"，其实就是人生命历程的运动轨迹。

3. 生命曲线

不同的人生有着不同的运动轨迹。按一般规律，将人的运动轨迹描述出来，就得到如下的人生曲线图（图9）。

如图9所示，人在幼儿时期主要依赖父母，青少年时期进入学校培养，在成年后主要依靠自己。从人生曲线图我们看出，人生的起点和终点都是一样的，所谓"哭着来，空手走"即客观规律。撇开幼儿期和老年期，人在青壮年期的运动轨迹却大不相同：在事业上通常可分为一般型、事业型、伟大型；人生历程上可分为稳定型、曲折型；而生命长短则可分为长寿型、薄命型、生命换事业型。

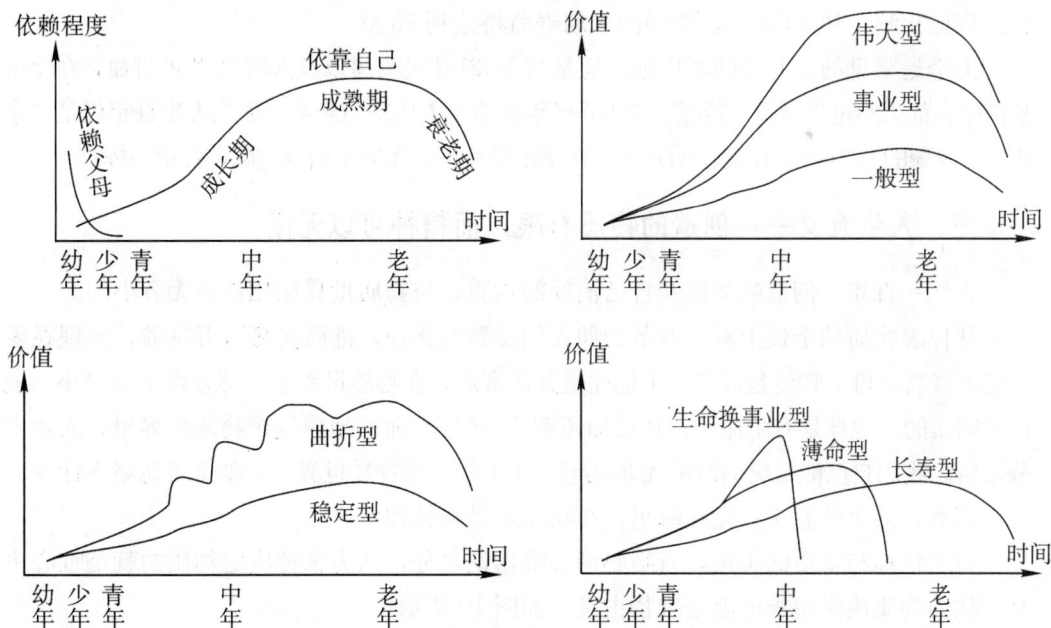

图9 人生曲线图

4. 人的命运掌握在自己手里

由以上人生曲线图不难看出，人生最理想的状态莫过于健康长寿、事业有成（相对而言），而真正的人生意义却在于自己身心愉悦、给他人带来快乐和为社会作出更多的贡献。

那么人要怎样才能达到理想的境界呢？

人的生命虽然是父母给予的，但命运却掌握在自己手里。有人说自己命苦，没有出生在好的家庭，命运对他不公平，上帝没有赐给他好的机会。其实，这些都是在为自己找借口和托词，真正的命运掌握在自己的手中，自己的人生轨迹只能靠自己描绘。总之，一个人的人生发展不是由"命"而是由"运"决定的，与个人的努力程度成正比。

二、人生百年，弹指一瞬间

在 2008 年《养生》杂志刊登的中国十大寿星中，最长寿的是 121 岁的维吾尔族男性；长寿者中年龄最小的 115 岁，平均年龄为 117.5 岁（其中男女各 5 名，女性的最高年龄为 117 岁，男性寿命比女性寿命长）。而吉尼斯世界纪录中，最长寿的是 256 岁的我国长寿气功养生家李庆远（1679—1935）。

由此可见，在当今时代，人能活过百岁并不是一件难事，从客观上讲是能够做到的。

全国目前超过百岁仍健在的老人多达数万人。2003 年，中国人的平均寿命是 72.2 岁。根据预测，到 2050 年，中国的人均寿命将达到 85 岁。

无论是罕见的 256 岁的李庆远，还是当今 121 岁的寿星以及人均 72 岁的寿命，在宇宙长河中，都只不过是瞬间。若把宇宙 150 亿年比喻为人生的 100 岁，那么人生百年仅是"宇宙 100 岁"的 0.21 秒，由此说明：人生在宇宙长河里，无异于白驹过隙、弹指一挥。

三、人生意义——创造的物质有限，而精神可以无限

人生一百年，创造的物质和自己消耗的物质，与物质世界相比都是无穷小的。

从代表物质的金钱上看，改革初期人们羡慕万元户，进而羡慕百万富翁，到现在羡慕亿万富翁。可不管他是百亿、千亿还是万亿富翁，在物质世界里，都显得十分渺小。地球是物质的，地球是有生命的。在已知还有 50 亿年寿命的地球这个物质世界里，人生十分短暂。我们自己能延续的时间无非几年、几十年，在物质世界里，似乎可忽略不计。

那么，人生的意义究竟在哪里？在物质还是在精神？

对于精神与物质的关系，有唯心论和唯物论之分，认为精神决定物质的就是唯心主义，认为物质决定精神的就是唯物主义，如图 10 所示。

图10

按照唯物论的观点，物质决定精神。那么，从高度而言，物质层面和精神层面谁能走向更高？从时间的延续性上看，谁延续的时间更长？

从物质层面看，我们人生创造的物质价值是有限的。比如，2008 年全球富豪榜排名第一的沃伦·巴菲特（美国，77 岁）资产为 620 亿美元，2006 年比尔·盖茨排名第一时为 560 亿美元。这些数字，对于物质世界来说，都可忽略不计。

从精神层面看，两千年前的老子著的《道德经》约 5000 字。若要把它折算成经济价值的话，假设一个字值 1 万亿，则总计 5000 万亿。5000 万亿能延续多久？几十年、几百年？可是《道德经》的思想价值无限，是传承千万年的中华哲学思想的瑰宝，是无法用金钱来衡量的。

由此，我们可以看到物质层面的有限性和精神层面的无限性。精神层面的三角形顶部可以无限延伸（如图 11 所示）。

人的一生创造的物质是有限的，但人的欲望却是无限的，这就产生了有限物质与无限欲望的矛盾。怎样解决这对矛盾？于是，就产生了科学（包括哲学）、神学和信仰。人们在人生有限的时间里，创造和消耗有限物质的同时，把无限欲望寄托在无限的科学追求、思想追求和信仰追求的精神世界中，寻找"物质—精神"的平衡，使文化、科技代代相传。

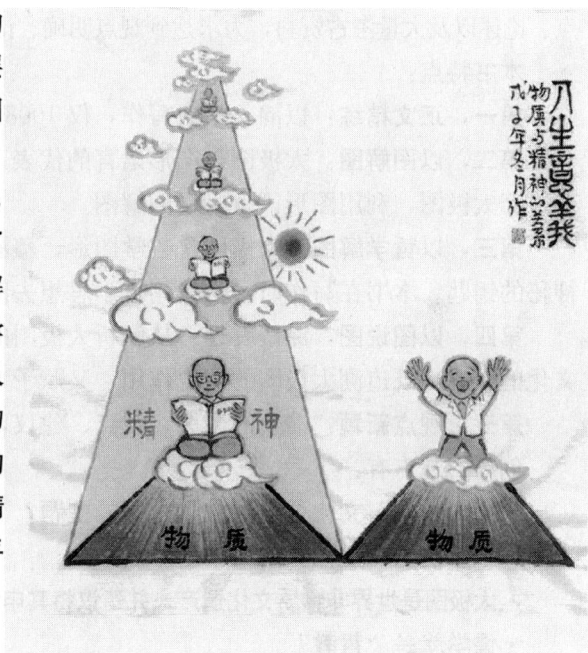

图 11

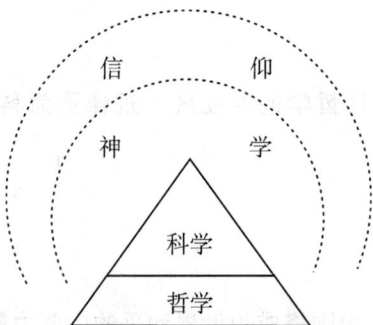

图 12 "科学—神学—信仰"关系图

图 13 "物质—精神"平衡图

3．新编太极　集韵歌赞　图文并茂　广闻广见

新编太极图四字经，四字为韵，图文并茂，诗、书、画一体，便于诵读，利于理解。

在写作上，遵从以图解图、图文并茂的方式，以大量图形、图表为依据，作为经文的补充、解析和说明，使玄奥、繁难的太极图知识简化。

在内容上，广泛涉及哲学、历史学、考古学、天文学、数学、物理学、化学、建筑学、风水学、中华医药、中华养生、中华武术等诸多学科知识，并参考了国内外大量学者的观点、论述以及大量考古资料，力求达到观点明确、论据充分、知识丰富、"广闻广见"。

本书特点：

第一，正文精练：以韵文形式写作，仅 1008 字。

第二，以图解图：太极图是图形语言的代表产物，本书的最大特点就是尽量利用图形诠释太极图，利用图形语言，以图解图。

第三，以哲学解图：太极图是哲学图形，蕴涵着丰富哲理。哲学是揭开太极图玄奥神秘的钥匙。本书在写作时，力图用哲学思想去阐释和解析太极图。

第四，以图说图，深研其理：从解析太极图的哲学到追述太极图对中国文化和世界文化的影响，既追溯太极图的历史作用，又赋予太极图新的现实意义。

第五，观点新颖：涉及的命题、观点、建议，具有一定的新颖性、创新性。

创新的观点有：

· "太极和"文化是世界文化永恒的主题

· "平衡论"是伟大的科学基本定律

· 太极图是世界非物质文化遗产，并建议将其申请世界非物质文化遗产（以下简称申遗）

· 儒学就是"哲教"

新颖观点有：

· 太极图是对立统一规律的图形表达，较之近代哲学的对立统一规律更为科学、合理

· 太极文化是中华五千年文明之母

· 太极文化是中华根文化、大文化

· 太极哲学是世界哲学起源

· "太极和"是解决世界动乱纷争的唯一方式，中国将成为世界和平的中坚力量

· 改革开放拉开了中华盛世的序幕，21 世纪是中华腾飞的时代

· 图腾研究、符号研究填补史前历史断层

4．中华文化　历史久亨

图 14

我们的国家叫"中华人民共和国"，我们的民族叫"中华民族"。"中华"两字是华夏子孙的种群烙印。那么，"中华"一说源起何时？

一、"中华"以及"中国"的源起

讲"**中华**"二字的缘由，要从我们中华民族的故称"**华夏**"族讲起。

我国历史上第一个朝代是夏朝，约在公元前 2070 年至公元前 1600 年之间，疆域以黄河流域为中心。这时开始，黄河流域的先民自称"**华夏**"。"华夏"一词最早见于《左传》襄公二十六年（公元前 547 年）："楚失华夏"。唐孔颖达疏："华夏为中国也。"从字义上来讲，"华"字有美丽的含义，"夏"字有盛大的意义，"华夏"即美好而盛大之意。

关于"**华夏**"还有一种传说。传说上古时代，夏族与华族是两个大族，华族世代居住在中原以东，而夏族则世代居住在中原以西。后来华族和夏族合并，称为"华夏"，泛指中原诸族。华夏族人称其四境的民族为蛮、夷、戎、狄，而自称为"**中国**"。华夏族是汉族前身的称谓，所以"华夏"至今仍为中国的别称。

我国古代文献中有"华夏"为族称的明确记载。最早的是《尚书·周书·武成》中记载的"华夏蛮貊罔不率俾"，意思是先圣王的后代，即远古社会的贵族。而后来的"**华**"作为族称见于《北史·西域传》，意思是所有的中国人，这是广义的内涵。

27

"中国"一词最早见于周代。周武王（公元前1090—前1042）时期的"何尊"① 上篆有这样的铭文——"余其宅兹中国，自之辟民"。大意是周武王在攻克了商的王都以后，就举行了一个庄严的仪式报告上天："我已经据有中国，自己统治了这些百姓。"可见，至少在距今3000年前的周武王时代，古人就已经开始使用"中国"一词。国家邮政局于1982年12月特别发行了《何尊》邮票，面值4分，就是为纪念这一发现。自汉代开始，人们常常把汉族建立的中原王朝称为"中国"。

何尊　　　　　　　　　何尊底部铭文　　　　　　　何尊邮票

图15

二、太极图与"中国"二字

暂且不说太极图在中国历史、中国文化中的重要地位，单就字形上来讲，"中国"二字就可以由太极图演变而来，如图16所示。

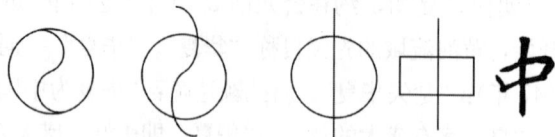

太极图→"s"曲线向外延伸→曲线变直→圆变方→中

太极图→加三层折线→s曲线变直→曲线变"或"→国

图16

① "何尊"：酒器，青铜制。1963年8月，何尊在陕西省宝鸡县贾村被发现；1975年，上海博物馆馆长马承源先生在铜尊的内侧底部发现了长达122字的铭文。

三、中华文化及其特点

人类学家对"文化"一词的解释是多种多样的。美国人类学家克罗伯和克拉孔在《文化：关于概念和定义的检讨》一书中，列举了 160 多种西方学者关于文化的定义。中国艺术研究院中国文化研究所所长刘梦溪认为："文化应该是指一个民族的整体生活方式及其价值系统。狭义的用法，可以指人类的精神生产及其成果的结晶，包括知识、信仰、艺术、宗教、哲学、法律、道德等等。"按照刘梦溪先生对文化的狭义用法，可以将中国文化理解为中华民族的精神生产及劳动成果的结晶。

中国是一个有着悠久历史的国家。从夏朝算起，已有 4000 多年历史；从炎黄算起，有约 4800 年历史；从伏羲算起，有 7000—8000 年历史；世界公认的中华文明，有 5000 年历史。

由于中华文化的悠久性，它和古希腊罗马文化、阿拉伯文化、印度文化并称为世界四大文化圈。其中，中华文化是世界最古老的文化之一。

上面我们简略讲到了"**中国文化**"的内涵和世界地位。需要指出的是，中国古代并没有"中华文化"这个直接的概念，直到晚清时期西方文化大规模涌进中国，为与之相比较和区分，才有了"中华文化"之说。

中华文化的主要特点，可用三个词来概括，即悠久、灿烂和延续。

（1）**悠久**。我们的祖先创造的优秀文化，从伏羲算起，已有 7000 多年历史。

（2）**灿烂**。中华文化在各方面都有辉煌成果：在科技方面，有世人皆知的四大发明，还有瓷器、丝绸；在思想方面，有追求阴阳平衡的"太极和"文化，有孔、孟、老、庄、朱熹等大批思想家；在文学方面有汉赋、唐诗、宋词、元曲和明清小说……历史上，中华文化空前的繁荣。

（3）**延续**。世界四大文明古国中，唯有中华文化得到了较好的保护和延续，如图 17 所示。

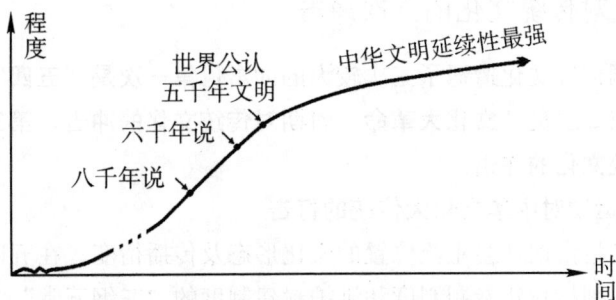

图 17　中华历史文明进程曲线

5．保护文化　国人责任

图 18

中华民族从夏朝延续下来至今已有几千年历史。在这几千年的悠久历史中，我们的祖先创造了灿烂辉煌的文化，深刻地影响了中华民族和世界。时代发展到今天，我们的祖先留下的优秀文化现在的境况又如何呢？

一、中国近代对传统文化的三次冲击

近百年来，中国传统文化遭遇了三次较大的冲击：**第一次是"五四"新文化运动对传统文化的冲击，第二次是"文化大革命"时期对传统文化的冲击，第三次是近三十年来现代化建设对传统文化的冲击。**

1. 五四新文化运动对中华文化大传统的打击

所谓大传统，是指占据社会主流位置的文化形态及传播衍变。在五四运动时期，传统文化的核心价值，则指封建专制制度和维护封建制度的"三纲五常"为代表的儒家理论。1915 年，陈独秀创办《青年杂志》（次年改名为《新青年》），开始检讨传统文化，提倡新文化。1917 年，胡适和陈独秀在《新青年》上分别发表《文学改良刍议》和

《文学革命论》，高举文学革命的旗帜，标志着新文化运动轰轰烈烈地开展起来。当时的时代精英如陈独秀、胡适、李大钊、鲁迅、傅斯年、吴虞、钱玄同等，一起站出来向中国传统文化挑战，提倡"西学东渐"。其中最激烈的当推鲁迅。他在1918年5月号《新青年》上发表的《狂人日记》，指出几千年的中国历史是"吃人"的历史。《京报副刊》请他给青年开一个必读的书目，他的建议是："我以为要少——或者竟不看——中国书，多看外国书。"

"五四"新文化运动高举了"德先生"和"赛先生"这两面旗帜，即民主和科学。"五四"新文化运动彻底反对封建专制、反对帝国主义列强欺凌的精神，将永载史册。

而"五四"精英们在批判传统的时候，为了矫枉，不惜过正，甚至提出了"打倒孔家店"、"废掉中国文字"、"全盘西化"的主张。他们做的不是一般的对固有传统的检讨和批判，而是对几千年的传统文化做一次总清理，全面系统地攻击中国文化传统的一切规则、理念、秩序和信仰，包括力图摧毁集中藏有传统文化密码的一些文化典籍。同时，"五四"新文化运动高举的科学旗帜，也是一把双刃剑：一方面对引导人们走向现代文明可赋予理性和方法；另一方面虽不一定割断传统，却足以让人们失去对传统的温情。

一句话，"五四"新文化运动在起着反对封建专制、反对帝国主义欺凌的伟大积极作用，同时也破坏了中国文化的大传统。

2. "文化大革命"对中国文化小传统的打击

小传统表现为地区与族群的风俗和习惯，是长期形成的，因而变易相当缓慢。以"革"文化的"命"为目标的"文化大革命"，破四旧，立四新，批孔，批"封资修"。"文革"中，不但中国的传统不要了，外国的传统也不要了，同时还打击、破坏了民间长期延续的风俗和习惯。

3. 近三十年来现代思潮对传统的冲击

著名女作家龙应台曾说："'现代化'是很多开发中国家追求的目标，开发中国家在趁势而起的同时暗暗忧虑'自己看不见了'。"

中国艺术研究院非物质文化遗产研究中心主任田青就曾忧虑地指出，过度的现代化犹如"橡皮擦"一样，把很多传统的东西都擦掉了。这种只要经济指标（比如GDP）、只要短期政绩、只要高楼大厦而不要传统的做法，其实是一种"左倾"。这种"左倾"甚至比1958年"反右"更甚。1958年"反右"冒进，砍伐大量树木大炼钢铁，破坏的是生态环境。而现在为了现代化，不惜铲掉大量蕴含文化意义的古旧建筑去兴建高楼大厦，这破坏的是不可重建的文化生态。

可以说，在一味强调现代化的条件下，我们的传统文化离我们渐行渐远了。

当我们离传统文化越来越远的时候，当我们"自己已看不见自己"的时候，我们应该感到惭愧和痛心。当世界都要从中国传统文化中吸取精髓的时候，我们更应该检视自己的传统意识，对祖先传留下来的文化立即加以保护并予以复兴。

二、三次冲击的后果——"太极迷信"成为历史上最大的文化冤案

对传统文化的三次冲击，造成了太极文化的传承被终止，并赋予了太极图迷信色彩，给太极图戴上了迷信的帽子，抹杀了太极图的哲学光辉，成为"中华历史上最大的文化冤案"。

改革开放以来，我们纠正了许多冤假错案，如 1958 年的右派，纠正了"打倒孔家店"的投"左"，解放了思想等等。但是，太极图这一文化史上的重大冤案，至今仍未被人们重视，太极图成为戴着迷信帽子的"右派"。这个右派虽然可以自由活动，如中国最权威媒体——中央电视台之《焦点访谈》、《东方时空》、《中华医药》、《百科探秘》栏目标识均采用了太极徽记，但由于它没脱掉"右派"（迷信）的帽子，而不能堂而皇之地大讲特讲、广为传扬。包括对太极图申请世界非遗等问题，在一些人眼里成为不可思议的事。

三、三个保护与国人天职

悠久的文化需要传承和保护。谈论文化的传承和保护，我们得先从荣辱观谈起。

2006 年 3 月 4 日，中共中央总书记胡锦涛在政协民盟民进联组会上关于树立社会主义荣辱观的讲话中提出了八荣八耻。

爱国是八荣之首。何谓爱国？爱国就是爱民族。何谓爱民族呢？爱民族应该表现在最基本的三个保护上：

保护国土——保护家园，这是军人的天职；

图 19

保护民族市场——建设家园，这是国人的天职；

保护民族文化——保护精神家园，这是国人的天职。

我们用三个圆圈分别表示我们的国土、我们的民族市场、我们的民族文化，那么，对这三个"圈"我们进行了怎样的保护呢？

新中国成立后，我们的军队实施了"抗美援朝"、"抗美援越"、"中印边境自卫反击战"、"中越边境自卫反击战"、"珍宝岛自卫反击战"、"西沙海战"等行动，用鲜血捍卫了我国领土和主权的完整，没有丢失一寸土地。

经济全球化兴起以后，当今世界之争已由过去野蛮的武装侵略变为"文明"的经济

之争，通过经济手段占领他国市场。在这样的争斗中，我们丢失了很多的市场。如汽车工业，绝大部分市场被国外企业占领，现在公路上行驶的大多数都是外国品牌的汽车。又如笔者所处的行业，在经营 50 强中，其中外企业多达 21 家，占 42％；引进外国技术和使用国外品牌企业 22 家，占 44％；仅有 7 家民族企业在自主研发、自树品牌的道路上打拼，如图 20 所示。

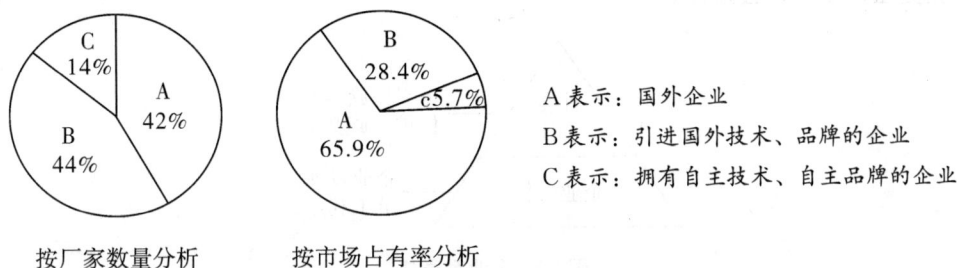

A 表示：国外企业
B 表示：引进国外技术、品牌的企业
C 表示：拥有自主技术、自主品牌的企业

按厂家数量分析　　按市场占有率分析

图 20

由此可见，我们在保护民族市场方面做得还远远不够。

再来看传统文化保护的现状。现代化使得高楼取代了古建筑，洋节日取代了传统节日。人们觉得春节没意思，喜欢过圣诞节；中秋节不好玩，喜欢在感恩节吃火鸡。可是很多人连圣诞节、感恩节是什么都不知道，只要是国外舶来的，他们就追赶、就吹捧。据统计，2006 年中国电影市场 46％被国外占领。就连传统的端午节，也在我们的漠视中被邻国申请了世界非物质文化遗产！因此，在保护传统文化方面，我们做得也远远不够！

综上，不难得出三个保护图（见图 21）。

关于文化的重要性，胡锦涛在党的十七大报告中指出："当今时代，文化越来越成为民族凝聚力和创造力的重要源泉、越来越成为综合国力竞争的重要因素，丰富精神文化生活越来越成为我国

保护国土　　保护民族市场　　保护传统文化
军人天职　　国人天职　　国人天职

图 21　三个保护图

人民的热切愿望。"他进而提出了"**弘扬中华文化，建设中华民族共有的精神家园**"。报告中指出："中华文化是中华民族生生不息、团结奋进的不竭动力。要全面认识祖国传统文化，取其精华，去其糟粕，使之与当代社会相适应、与现代文明相协调，保持民族性，体现时代性……加强对各民族文化的挖掘和保护，重视文物和非物质文化遗产保护。"

中国不仅是人口大国，更是一个文化大国，我们以拥有五千年文明史而骄傲。太极图是中华文化的瑰宝，它对中国乃至世界都产生着巨大的影响，且影响越来越大。在世

界都在从太极图中吸取精华时，我们对它的重视、研究和保护却远远不够。笔者写此书的目的，就是为了唤起全民族对太极图的高度重视。

四、企业家的社会责任

企业不只是经济实体，还是一个社会团体。企业的属性赋予了**企业家两个责任：一是企业责任，二是社会责任。**

社会责任 —— 振兴民族工业
保护民族文化

企业责任 —— 企业发展
员工利益

图22　企业家责任

企业责任要求企业获得盈利，使企业得以生存、发展、壮大，并使员工福利待遇得到提高。

社会责任要求企业首先应该是民族的，即民族企业。民族企业的主要责任就是树立民族品牌，保护民族市场，保护民族文化。这也是民族企业家的崇高追求。曾有很多朋友和媒体都问我一个问题："你是办企业的，怎么研究起太极图并出版太极图研究专著了？"也许，民族企业家的社会责任就是最好的回答吧！同理，一切成功的人士，包括演艺明星们，不仅应该做好公益事业，更应该在保护民族市场、民族文化方面，尽自己最大的努力。

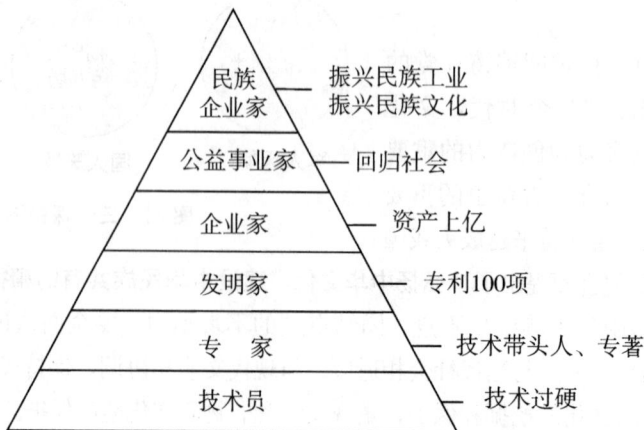

民族企业家 —— 振兴民族工业
振兴民族文化

公益事业家 —— 回归社会

企业家 —— 资产上亿

发明家 —— 专利100项

专家 —— 技术带头人、专著

技术员 —— 技术过硬

图23

6．太极图形　第一发明

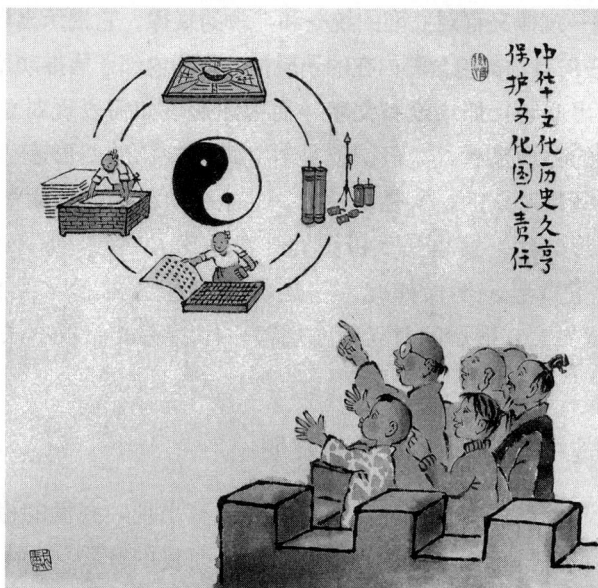

图 24

一、什么是太极

太极是太极哲学中的第二个关键词。从文字上来说，"太"有至的意思，"极"有极限之意。太极即可以理解为至极之理，包含至大至小的时空极限：往大的方面看，我们可以认为它是地球，也可以是太阳系、银河系，也可以大到整个宇宙（现在的观测表明宇宙就是一个太极形式的螺旋）；往小的方面看，我们可以认为它是分子、原子，甚至夸克……而太极图正是一张体现至极之理的图形。

《易经》的一位英译者布洛菲尔德将"太极"概念描述为："普遍真理，终极原因，至高无上，永垂不朽，万古不易，变化万千，独一无二，无所不包，此外无物。万物源此，无物源此。万物归此，无物归此。此乃万物，此非万物。此即太极。"老子在《道德经》中曾如是阐释："为天下式，常德不忒，复归于无极。"意指宇宙万物的本原为无形无象，无声无色，无始无终，无可名旨。可见，太极图就是远古的一个哲学图形。那么，它的哲学含义是什么呢？

35

二、科学太极——"对立统一规律"图形表达

学过哲学的人都知道，对立统一规律是哲学的核心。对立统一规律在《辞海》中的文字解释为："对立统一规律又称对立面的统一和斗争的规律。它揭示出自然界、人类社会和人类思维等领域的任何事物都包含着内在的矛盾性，事物内部矛盾推动事物发展。"

在此，我们提出命题：如果没有文字，而用图形该如何表现对立统一规律呢？

从太极图蕴含的哲理来看，太极图就是对立统一规律的图形表达式。太极图中的阴阳就是矛盾，他们既是对立的，又是统一的，共生共灭。因此，太极图就是远古时期的对立统一规律的图形表达。这也是太极图的神奇、伟大之处，它不仅从远古走到了今天，还从中国走向了世界。不仅如此，它还将以它伟大的哲学光辉照耀世界、以其"和"的思想统一世界。它揭示的对立统一规律，作为宇宙的根本法则、永恒真理，与人类的命运共存。

三、太极图是中国最伟大的第一发明

在至少六七千年前的远古时期，那时文字还没有出现，我们的祖先利用图形来记录和表达他们对事物的理解，而太极图雏形就是那一时代的产物。

从上面的解读我们知道，太极图就是对立统一规律图，它解释了宇宙万物在矛盾中运动、变化、发展的规律，是一张包含了天地万物基本规律的哲学图形。因此，我们有理由说太极图是中国的伟大文化发明、中国最伟大的思想发明。

提到伟大发明，人人都知道中国有四大发明，指的是中国古代在科技上的发明（见表1）。

表1

四大发明	时间	发明者
指南针	战国时期（距今约2400年）	不详
造纸术	公元105年（距今约1900年）	蔡伦（改进）
火药	唐代（距今约1400年）	不详
活字印刷术	北宋（距今约1000年）	毕昇（改进）

中国的四大科技发明，对人类的文明进程产生了巨大的推动作用。

我们知道，任何一项科技活动总是在一定思想指导下完成的。没有思想，就没有科技成果。思想，属于文化的范畴。那么中国的文化发明是什么呢？笔者研究发现，太极图就是中国最伟大的文化发明。

太极图堪称中国第一发明，乃至世界第一发明，因为：

1. **"太极图"即对立统一规律图。**"阴阳"即矛盾，"阴阳平衡"即矛盾对立中以平衡（"和"）为终极目的。

2. **太极图阴阳平衡具有鲜明的目的性——追求阴阳（矛盾）平衡。**阴阳对立是手段，阴阳平衡是目的；在众多阴阳（矛盾）平衡中求得和谐，进而揭示了人类进步、社会发展以统一、和谐为终极目的。回头看现代哲学中的矛盾对立统一规律，虽然它也强调了对立与统一的辩证关系，但它没有论述对立与统一的手段与目的的关系。由于这一缺陷，导致在应用这一规律时，有的选择以对立为目的，如"文化大革命"中以"阶级斗争为纲"就是一例；世界各文化派别、宗教派别、各政党之争，乃至世界的动乱纷争，都是强调了对立性，强调了自己的正确性，而忽视统一与和谐这一目的性。

3. **太极图揭示的"平衡论"是伟大的科学定律。**从哲学上，太极图阴阳平衡论揭示了对立与统一的手段与目的关系，揭示了人类进步、社会发展的终极目的。不仅如此，它还是伟大的科学定律——平衡论，揭示了宇宙、人类、社会以及其他学科都是在平衡中求得发展的科学规律，如：质量守恒、能量守恒、运动平衡、作用力等于反作用力、生态平衡、心态平衡、身心平衡、动静平衡、得失平衡、男女平衡、饮食平衡等。

4. **太极图是中国最古老的文化发明。**太极图有六千多年的历史，比四大发明早三千多年的哲学图形太极图，比黑格尔的辩证法早了五千多年。

作为最古老的哲学图形，太极图是当之无愧的"第一发明"，遗憾的是长久以来它并没有受到应有的重视。

四、对重科技发明、轻文化发明的反思

提到发明，没有谁不知道中国古代的四大科技发明，足见人们对科技发明的重视。然而，具有五千年文明历史的泱泱中华，难道就没有思想发明吗？没有思想的发明，没有先进的思想，就不可能造就中华五千年文明史，更不可能有科技上的四大发明。

造成重科技发明、轻文化发明的原因是科技更直接、更快地产生经济效益，更容易得到认同；文化是思想，是意识形态——不同的角度、不同的立场、不同的观点，对文化有着不同的认同度，并且文化不及科技在经济效益上见效快。因此，在科技与文化这对辩证矛盾中，自然偏重科技。然而我们不应忽视思想对科技的指导和影响，因为人类每一次物质文明的飞跃，总在先进的思想指导下完成。所以，我们应加强对文化发明的探索、发现和定论，寻找我们文化的根脉，为人类创造更为辉煌璀璨的物质文明。

五、中华第一图、世界伟大图形

无论从上述的哲学含义上看，还是从美学上看，太极图都堪称中华第一图。

中国有两个伟大的图腾走向了世界：一个是龙图腾（后有详释），一个是太极图腾。

太极图腾以其宏深的、伟大的哲学思想被世界追捧，被一些国家奉为国旗和国徽的图案；在联合国及其他国家得以广泛使用；在国内被易学、儒学、道学、道教、中医学、中华养生、中华武术、堪舆学等奉为徽记。

作为国旗、国徽和众多徽记的图案，太极图不愧是中华第一图、世界伟大的图形。

六、太极图的图形特征及思想内涵

我们认识太极图，不只是从图形上看待它，重要的是要从它的基本图形特征和实质以及思想内涵上去认识它。

图形特征：太极图由两个基本对称或对称的图形组成。图形外形为圆形、发散形或其他形式。

思想内涵：阴阳是太极图最重要的两个元素，也是太极哲学思想最基本的两个元素。

七、太极图的构成与标准画法

太极图由"四划"构成，即圆圈、S曲线、两点。图形简洁，内涵丰富而玄奥。

现在流传着很多种太极图，但很多太极图画法不规范，更谈不上标准化。太极图的标准画法如图25所示。

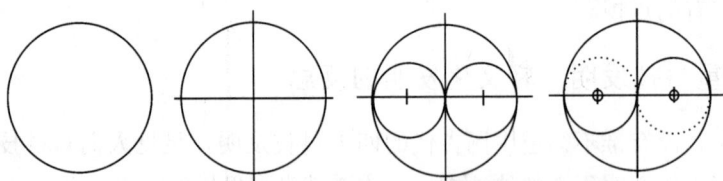

一个圆圈 → 找中心线 → 画两个内切圆 → 内切圆中心再画小圆

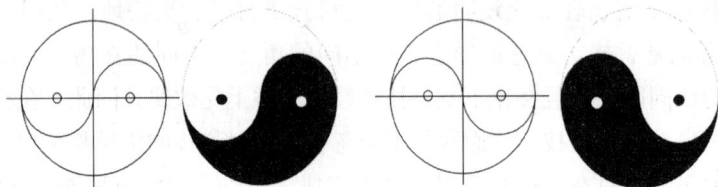

左旋太极图：去掉左内切圆上半圆、右内切圆下半圆；再去中心线，并着黑白色。

右旋太极图：去掉左内切圆下半圆、右内切圆上半圆；再去中心线，并着黑白色。

图 25

八、太极图种类

太极图作为中国的第一奇图，引起了历代很多君王、文人墨客、哲学家们的重视和研究，并著书立说。不少人还根据自己的理解，画出了不同的太极图。这里列举部分太极图（图26）。

 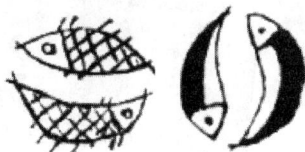  

1.2 万年前太极螺旋新井沟东头道梁 126 组 　6000 年前双鱼太极图 　螺旋太极图 仰韶文化 距今5800 年 　旋涡太极图 仰韶文化

4000 年前纺轮太极图 　圆圈太极图 　伯阳太极图 　陈抟太极图 　来知德太极图

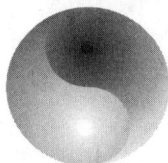   

明氏灰度太极图 　明氏蝌蚪太极图 　熊猫太极图（艺术型） 　发散形太极图（吴作人画）

69 太极图 　宇宙太极模型 　日月太极图 　太和龙跃

图 26

7．普及教育　势在必行

图 27

教育强则国强。教育不应仅仅局限在学校，而应对全民、全社会普及。

一、三个普及

提到普及教育，人们首先想到的就是**科技普及**和**法律普及。其实，**仅有这两个方面的普及教育是远远不够的，还必须提倡第三个普及教育——**传统文化普及教育。**

二、科技普及教育

科技是科学和技术的简称，它在人类社会发展中具有重要意义，是社会进步的保证。马克思曾经高度评价科技："劳动生产力是随着科学和技术的不断进步而不断发展的。"（《马克思恩格斯全集》第 23 卷，第 664 页）邓小平在 1988 年 9 月 5 日会见捷克斯洛伐克总统胡萨克时，提出了"科技是第一生产力"的著名论断。

科技的作用，也被中国的发展历程证实。在古代，中国的科技在很长一段时间内领先于世界。英国著名科技史家李约瑟曾明确地说："中国人对世界科学技术作出了重大贡献。他们首先发明了磁性指南针、炸药、造纸术和印刷术，以及接种牛痘。他们是世界上最先认识到营养缺乏症的国家，最先发明冶炼铸铁的国家。他们的传统药物中，今天仍有几种具有巨大的价值和用处。"正是由于科技的领先，中国在近代以前一直是世界上最先进的国家之一。而近代，由于各种各样的原因，中国的科技落后于世界发展水平。

为了跟上世界科技发展步伐、发展自主科技，新中国成立后，特别是改革开放后，国家投入了巨大力量发展和普及科技。2002年，国家颁布了《科学技术普及法》，将科技普及上升为国家意志，以法律为保障，大力推进科学技术普及。

三、法律普及教育

法律，是由立法机关制定，国家政权保证执行的行为规则。简单地说，法律是社会秩序的保障。正是由于法律在社会中的重要作用，1997年江泽民同志在中国共产党第十五次全国代表大会上明确提出了"依法治国"的理念："依法治国，就是广大人民群众在党的领导下，依照宪法和法律规定，通过各种途径和形式管理国家事务，管理经济文化事业，管理社会事务，保证国家各项工作依法进行，逐步实现社会主义民主的制度化、法制化，使这种制度和法律不因领导人的改变而改变，不因领导人看法和注意力的改变而改变。"

据统计，到目前为止我国共制定了1000多部国家法律法规。在法律面前，人人平等，人人都要知法、懂法、守法。法律普及教育的重要性由此可见一斑。

普及法律就是要我们大家都懂得一些基本的法律常识，懂得什么是法律允许的、什么是法律禁止的。通过法律普及教育，使得人人知法、懂法、守法而形成法律意识，有利于构建和谐安定的社会环境。

从1985年开始，国家连续在全国范围内进行法律普及教育，迄今已经完成了4次"五年普法"活动，进入了"五五普法"。这二十余年来的法律普及教育，大大增强了公民的法制观念，初步形成了"人人知法守法"的新局面。

四、传统文化普及教育

在极"左"思潮的影响下，太极图曾被一些人作为迷信符号来使用，因而被指为文化糟粕、被视为迷信，以致现在还有相当一部分人避讳谈论太极图。为了了解青少年对太极文化的认知情况，笔者做了问卷调查。

1. 调查情况

笔者对500名高中生进行的问卷调查表明：

99％的高中生都知道太极图；

99％的高中生都知道太极图是阴阳算命的符号和道教的徽记；

99％的高中生对太极图的涵义都知之甚少、甚至不知。

2. 传统文化教育的重要性和紧迫性

我们是该保护我们的传统文化，还是眼看传统文化慢慢流失？

要解决这个问题，首先要弄清楚文化对社会发展的作用和传统文化的重要性。

2007年，胡锦涛同志在十七大报告中指出"当今时代，文化越来越成为民族凝聚力和创造力的重要源泉、越来越成为综合国力竞争的重要因素"，将文化提到了事关综合国力的重要地位。在谈及传统文化时，他继续指出："中华文化是中华民族生生不息、团结奋进的不竭动力。"

遗憾的是传统文化的处境并不乐观。联合国教科文组织驻中国代表、汉学家多梅纳克撰文指出："中国传统文化令人迷惑。对于一个经常接触中国传统文化的人来说，这种文化有时会给人以垂死的印象。"

传统文化为什么会给人"垂死的印象"呢？这大概有三个方面的原因：一是近百年来在建立新思想、新文化的同时，对传统文化进行排挤（而不是相容，共同发展）并造成极大的冲击和破坏；二是对传统文化重视不够、了解不够、普及不够，同时，缺乏必要的保护措施和手段，使传统文化失去应有的魅力；三是一味强调现代化，忽视传统，造成"现代"冲击"传统"的现象。这三个方面的原因，造成了传统文化传播和继承的不力甚至缺失。而太极图和太极文化作为传统文化的精髓，不要说现在的年轻人对其理解肤浅，就连文化管理部门一些从事文化工作的人对太极图和太极文化都不甚了解，甚至排斥。

为了扭转这种局面并让我们不至于成为丢失传统文化的罪人，保护传统文化、普及传统文化教育，在当前就显得尤为重要和紧迫。

庆幸的是，党和政府已开始重视传统文化的普及和保护问题。胡锦涛同志在十七大报告中就明确地提出："要全面认识祖国传统文化，取其精华，去其糟粕，使之与当代社会相适应、与现代文明相协调，保持民族性，体现时代性。加强中华优秀文化传统教育，运用现代科技手段开发利用民族文化丰富资源。"这一讲话，为普及传统文化指明了道路。

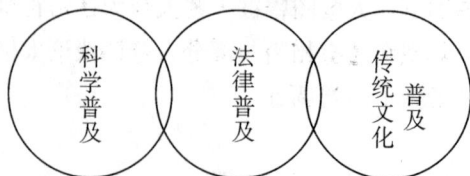

图 28　三个普及教育图

8．科学太极　绝非迷信

图 29

研究太极图，我们必须清楚太极图到底是什么、太极图到底是科学还是迷信的问题。

一、科学太极图

对太极图的定位，向来众说纷纭。近百年来，受极"左"思潮的影响，人们多把太极图当作"迷信"的符号。随着思想的解放、国学的兴起，认为太极图是迷信的说法少了，但说它是玄学的说法越来越多。

笔者在注释 6 中已经明确阐述了太极图是蕴含对立统一规律的远古哲学图形，是世界最古老的图形辩证法，是中国最伟大的文化发明。据此可见，太极图是科学图形。

二、绝非迷信

1．何谓迷信

"迷信"一词，在《辞海》中的解释为："一般指相信星占、卜筮、风水、命相、鬼神等愚昧思想。泛指盲目的信仰和崇拜。"然而，现在更多的人则认为星占、卜筮、风水、命相、鬼神只是民间信仰的一些形式和手段，并不是"迷信"的概念。进而，我们可以借鉴外国辞典中比较严格和科学的定义："**迷信是蛊惑人心的谬误的信仰。**"

2. 太极"迷信"的由来

在注释5已经提到太极图被戴上"迷信"的帽子，被视为文化异类，正是近代极"左"思潮对传统文化冲击的结果。

3. 墙内开花墙外香

通过上述调查可见，我们对太极图和太极文化这一传统文化普及的不力，以致人们对太极图和太极文化认识的肤浅，就与韩国、蒙古国把太极图奉为国旗图案，联合国把它作为反种族歧视大会徽记形成鲜明的对比。这种"墙内开花墙外香"的现象不能不令我们遗憾和反思。

4. 凶器是刀与刀是凶器

由于我们对传统文化的普及的不力，以致人们对太极图和太极文化的内涵与意义不甚了解，甚至产生误解。在太极图的应用上，确有一些人把它作为迷信符号，然而这不应当掩盖太极图的本来意义和实质。诚如有人用刀去杀人，即刀是凶器，但我们并不能据此说刀就是罪恶之源，从而拒绝使用刀。那么，为什么我们仅凭太极图被一些人作为迷信符号使用就否定它，就说它是迷信的，进而回避它呢？

5. 古有"谈虎色变"，今有"论太极变色"

如果说太极图是迷信符号，那么，我们如何解释以下现象：

为什么中国哲学以太极图为起源，以阴阳展开，推衍出八卦、五行，并成为中医科学、养生学、堪舆学的思想精髓？

为什么太极和八卦成为道教的徽记，并且易学、道学、太极拳都追捧它为徽记？

为什么世界大同、社会和谐与太极图追求的阴阳平衡的思想一致？

为什么韩国、蒙古国都以它为国旗？为什么联合国反种族歧视大会也以它为徽记？为什么新加坡空军、安哥拉空军均以它为机徽？为什么1972年慕尼黑奥运会、1988年汉城奥运会也均以它为会徽……

所有这一切，都证明了**太极图并非迷信！**相反，太极图是伟大的图形。

三、解放思想，为太极"平反昭雪"

由于太极图长期被视为迷信，对它的科学认识还需要人们在思想上有一个大转变，首先应提倡思想大解放，没有思想的大解放，不可能对太极图有正确的认识和定位。

让我们看看"文化大革命"后思想解放的伟大作用——

"文化大革命"中出现的极"左"思潮，如"斗私批修"、"批孔"、孔庙被破坏、古旧书籍被烧毁，连中医世家供奉的药王像也被焚毁，更别说佛教、道教寺院中的神像了。这些极"左"行为，使得传统文化受到了严重破坏。

"文化大革命"后，人们逐渐开始"拨乱反正"，进行了一系列的思想解放活动，出现了不少思想解放的标志性事件（见表2）。

表2

时间	内容	影响
1978 年	真理标准大讨论，重新形成了"实践是检验真理的唯一标准"的认识	引领了思想大解放，开始"拨乱反正"，为改革开放奠定思想基础
	为右派分子"脱帽"	思想解放的体现
1980 年	1980 年李谷一演唱大陆第一首流行歌曲《乡恋》	音乐领域的思想解放，打开了流行歌曲的禁区
1980 年	电影《庐山恋》上映	第一部以爱情为主题的电影，号称中国第一部吻戏。爱情片打破银幕禁忌

四、太极图在中央电视台的应用

受前些年思想解放的影响，太极图已逐步被人们认识，现在已有不少场合广泛使用太极图及类似图形，仅中央电视台类似于太极图形的徽记就有《焦点访谈》、《东方时空》、《中华医药》、《百科探秘》等栏目；用于动画片头的栏目中，涉及太极、八卦的有：《探索·发现》、《走进科学》（见图30）。这充分说明太极思想越来越受到人们的正视。

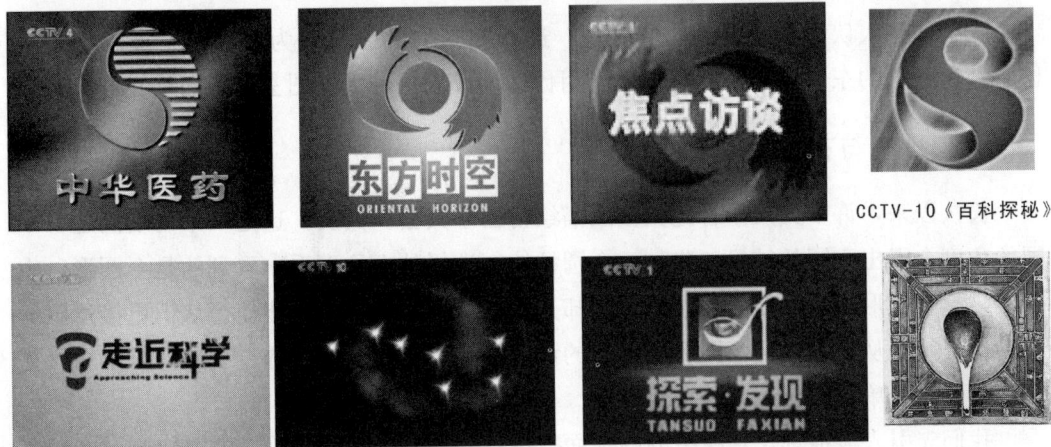

CCTV-10《百科探秘》

《走进科学》栏目前的太极图   《探索发现》栏目前的八卦司南

图30

9. 揭示玄奥　依据为凭

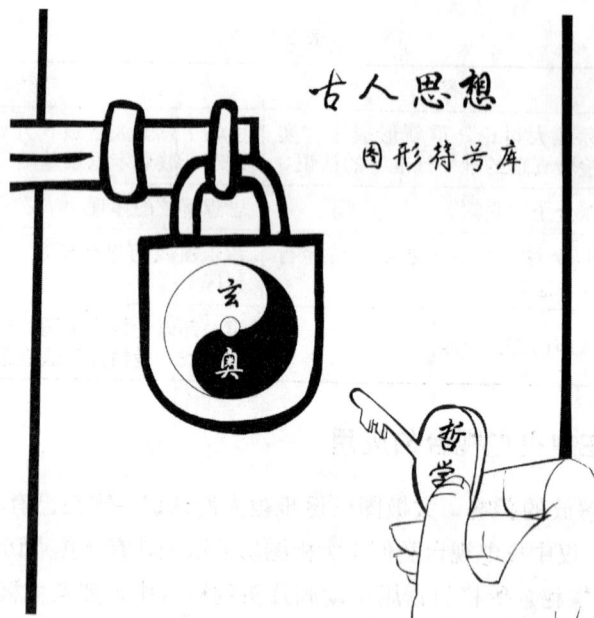

图 31

除了一些人认为太极图是迷信之外，还有相当一部分人认为太极图是玄学，是神秘、玄奥莫测的东西。那么，我们应当用什么手段去揭开太极图玄奥的面纱呢？

一、哲学与玄学之本质

长久以来，许多文人墨客把太极图描绘得玄乎其玄。其实，这是一个角度问题，不同的角度会得出不同的结果。犹如一个圆柱体，选择从上往下看，看到的是个圆形；水平看，是长方形；斜着切一刀，看起来却是个椭圆形……如何才能使得认识更接近本原呢？这必须先从哲学谈起，因为哲学讲的认识论，正是要求人们透过现象认识本质，把复杂的事物简单化。

我们先引入波浪理论：在平静的水面投进一粒石子，"一石激起千层浪"——石子会激起一层一层的波浪，不断向远方扩散，但所有的波浪都是围绕着石子的。

石子掉进水里才是事物的本原，波浪只是事物的表象。要寻找本原，只有逆着波浪扩散的反方向去寻找。

而哲学就是反思，是撇开现象看原本（去发现"石子"）。

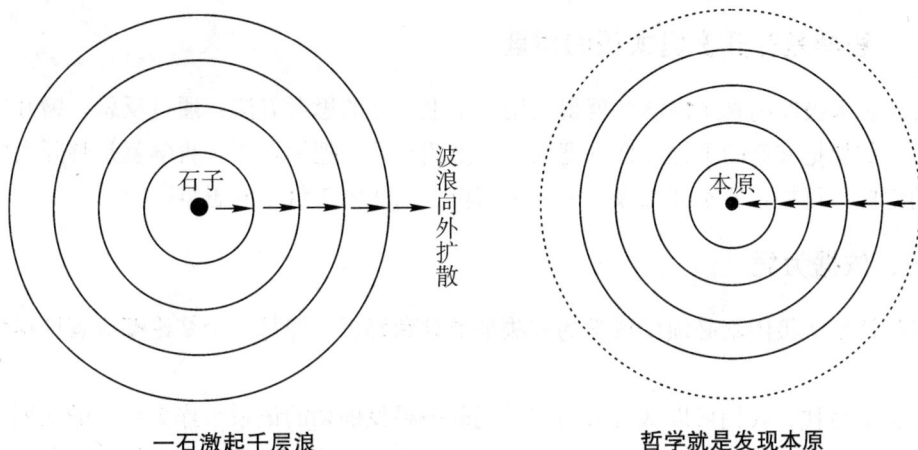

一石激起千层浪　　　　　　　　哲学就是发现本原

图 32

玄就是神秘、复杂，把简单的事物复杂化，而哲学就是把复杂的事物简单化。根据波浪理论，哲学是从波外往波内探索，越探索圈就越少，目的是发现本原，使之简单化；玄学则往波外走，越走越远，波越来越大，目的是为了说明它的玄奥。更有甚者，另抛众多石头入水，形成多个中心，波浪乱为一团，模糊了中心和本原。于是，大呼玄之又玄，奥之又奥。

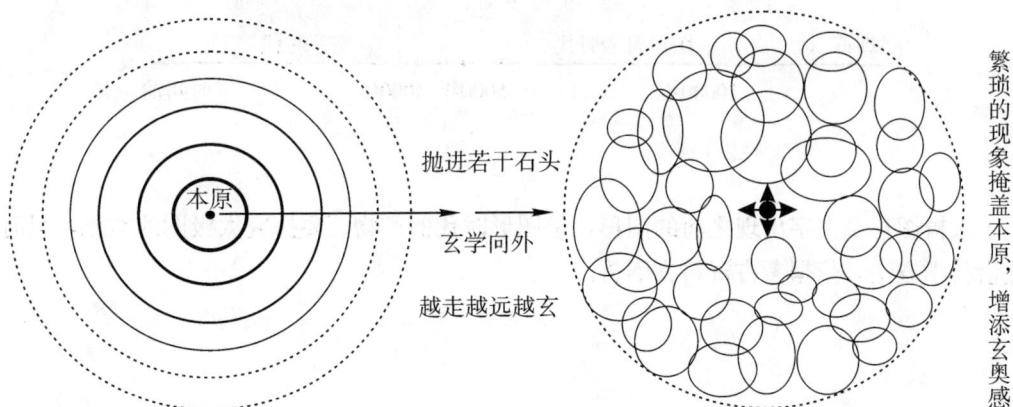

图 33　玄学思维图

回到太极图上来说，有人将其用于算命，有人将其用于数学，有人将其用于物理学——解释这、解释那，强调这个中心、那个中心……这种种应用、种种现象，等于在原本就复杂的波浪中，投进了更多的石子，更加干扰了人们对本原的认识，增添了更多的玄奥。

47

二、哲学是打开玄奥太极的钥匙

要认识太极图的真正内涵，就得运用哲学上正确的思考方法：通过反思，撇开现象看本原。如果把玄奥的事物比作一把锁，一把钥匙开一把锁，那么哲学就是解开太极图玄奥的钥匙。可见，要解开太极图的种种玄奥，只能依靠哲学的思维。

三、依据为凭

科学认识太极图就必须用科学的方法来推导和解析，即每一个结论都应有论据作为支撑。

在文字时代，我们可以从古人的文字记载中寻找确切的记录来作为研究的证据。

然而这又引出一个问题：文字是从距今三千多年前才产生的，而人类已经存在了几百万年，对于在文字之前的历史我们又从何了解呢？

其实，在文字产生之前，还有图形时代、符号时代，我们的祖先通过图形符号的方式将信息记录和传递下来；在图形符号之前，他们留下的活动遗迹，也依然传递着他们当时的信息。

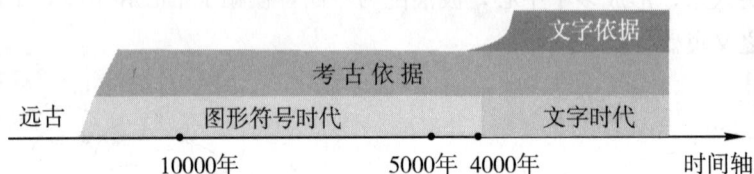

图 34

太极图正是文字出现之前的图形，是图形时代的产物。要探究太极图的本原，只有凭借科学方法，依据考古资料去解析。

10. 莽莽洪荒　原本混沌　盘古开天　阴阳两分

图 35

一、宇宙的起源

宇宙从何而来？它最初是什么样？涉及世界的本原问题，这也是从人类产生以来就长期困扰着人类的两个问题，直到现在人们也没有找出明确的答案。目前比较认同的是宇宙大爆炸理论。

在远古，人们对宇宙从何而来的问题，我们的祖先只有从神话、传说以及宗教中寻找答案。

在西方，基督教认为是上帝创造了世界。基督教的经典著作《圣经》中就记载：上帝第一天创造了白天和黑夜；第二天创造了空气；第三天创造了草木和蔬菜；第四天创造了历法；第五天创造了飞禽走兽；第六天按照自己的样子创造了人类（亚当和夏娃）。在东方中国，流传更多的是盘古开天地的神话。

二、混沌的世界

在古代，人们认为，天地是混沌一片的。老子《道德经》中"有物混成"一说就是这个意思。老子论道之"道"也就由此而展开。传说，天地混沌的局面最后是由盘古开天后才得以改变的。

老子在《道德经》中说："有物混成，先天地生，寂兮寥兮，独立而不改，周行而不殆，可以为天下母。吾不知其名，字之曰道。"这是老子对宇宙形成之说和"道"之阐述。

中国远古时代这一茫茫混沌之说，与20世纪宇宙学中的十大科技发现——宇宙大爆炸理论相一致（见注释13）。根据宇宙大爆炸理论，宇宙产生后的几千万年时间里，都是茫茫混沌一片。又在若干亿年后，才产生现在的星系。老子的"有物混成"就是宇宙产生后的初始阶段。由此可见，中国古代混沌学说与宇宙形成的科学理论基本是一致的。

三、盘古开天

在中国神话中，天地混沌一体的状态是在盘古出现后才得以改变的。

"自从盘古开天地，三皇五帝到如今。"盘古是中华民族认同的创世始祖神，是我国关于天地起源问题流传最广、影响最深的神话。盘古开天地的神话，现知最早的文字记载为三国时期吴国徐整编的《三五历纪》。书中这样记录盘古开天地的神话：

万物之初，一只鸡蛋包含着整个宇宙。鸡蛋里是一片混沌，漆黑一团，里面孕育了创造世界的盘古。

盘古在这只大鸡蛋里孕育成人以后，睡了一万八千年，才醒了过来。他胳膊一伸，腿脚一蹬，大鸡蛋就被撑碎了。可是，他睁大眼睛一看，周围漆黑一团、混沌难分。盘古急了，抢起拳头就砸，抬起脚就踢。他这一踢一打呀，凝聚了一万八千年的混沌黑暗，都被踢打得稀里哗啦乱动。盘古三晃荡、两晃荡，紧紧缠住盘古的混沌黑暗，就慢慢地分离了。轻的一部分（阳）便飘动起来，冉冉上升，变成了蓝天；而较重的一部分（阴）则渐渐沉降，变成了大地。

天地一分开，盘古觉得舒坦多了。他长长地透了口气，想站立起来，然而天却沉重地压在他的头上。他意识到天若不高高地升到空中，那么地上就永远不可能有生命存在。于是他坐下来，沉思默想解决这一问题的方法。最后，他断定，只有他把天托住，世上众生才能生存和繁衍。于是，盘古就手撑天，脚蹬地，努力地不让天压往地面。日复一日，年复一年，光阴过去了一万八千年。这中间，盘古吃的只是飘进他嘴里的雾，他从不睡觉。开始，他只能用胳膊肘撑着，伏在膝盖上休息，因为他必须竭尽全力，用双手把天推向天空。终于，盘古可以将身体挺直，高举双手把天空向上托起。他的身子一天长一丈，天地也一天离开一丈。天升得越高，盘古的身躯也变得越长。天地被他撑开了九万里，他也长成了一个高九万里的巨人。

天终于高高定位于大地的上方，而盘古却感到疲惫不堪。他仰视双手上方的天，接着又俯视脚下深邃的大地。他断定天地之间已经有了相当的距离。他可以躺下休息，而不必担心天会塌下来压碎大地了。

于是盘古躺下身来，睡着了。他在熟睡中死去了。盘古是累死的。他开天辟地，耗尽了心血，流尽了汗水。在睡梦中他还想着：只有蓝天、大地不行，还得在天地间造日月山川，人类万物。可是他已经累倒了，再不能亲手制造这些了。最后，他想：把我的身体留给世间吧。

于是，盘古的身体使宇宙具有了形状，同时也使宇宙中有了物质。

盘古的头变成了东山；他的脚变成了西山；他的身躯变成了中山；他的左臂变成了南山，他的右臂变成了北山。这五座圣山确定了四方形大地的四个角和中心。它们像巨大的石柱一样耸立在大地上，各自支撑着天的一角。

盘古的左眼，变成了明亮的太阳，高挂天上，日夜给大地送暖；右眼变成了亮光的月亮，给大地照明。他睁眼时，月儿是圆的。眨眼时，就又成了月牙儿。

他的头发和眉毛，变成了天上的星星，洒满夜空，伴着月亮走，跟着月亮行。

他嘴里呼出来的气，变成了春风、云雾，使得万物生长。他的声音变成了雷霆闪电。他的肌肉变成了大地的土壤，筋脉变成了道路。他的手足四肢，变成了高山峻岭，骨头、牙齿变成了埋藏在地下的金银铜铁、玉石宝藏。他的血液变成了滚滚的江河，汗水变成了雨和露。他的汗毛，变成了花草树木。他的精灵，变成了鸟兽鱼虫。

从此，天上有了日月星辰，地上有了山川树木、鸟兽虫鱼，天地间从此有了世界。

为了感念盘古的恩泽，后人将不少山峰以盘古命名，还兴建了不少盘古庙、盘古祠——江西会昌盘古山、河南泌阳盘古山、广东肇庆盘古山、湖南湘乡盘古祠、广西桐柏盘古庙……

盘古开天辟地的神话传说，给后人留下了宝贵的文化遗产和精神财富。

四、阴阳两分

盘古开天地的神话，其实是中国阴阳概念的传奇故事，其重大贡献在于它充分地体现了一分为二辩证思想的萌芽和阴阳观念。我们用图形来表示，见图36。

阴阳观念是中国哲学的精髓，那么究竟什么是阴阳呢？

历史上很多名人、名著都对阴阳作过阐述：

1. **老子**在《道德经》中提出"万物负阴而抱阳"，认为万物都由"道"所生，皆有阴阳的对立属性。

2. **孔子**在《周易·系辞》上认为，阴阳的相互交感作用是宇宙的根本法则，提出"一阴一阳谓之道"，影响甚为深远。

3. **庄子**在《庄子·田子方》中说："至阴肃肃，至阳赫赫。肃肃出乎天，赫赫发乎地，两者交通成合，而物生焉。"意为阴阳交感相合，而生万物。

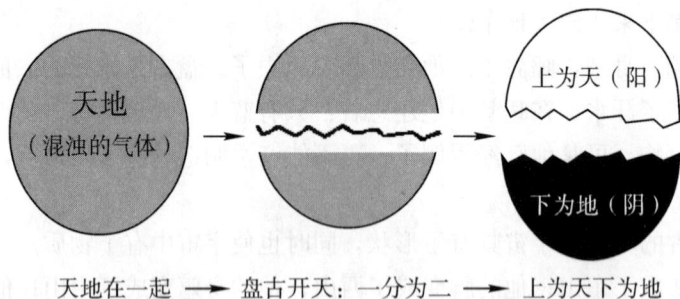

天地在一起 ➡ 盘古开天：一分为二 ➡ 上为天下为地

图 36

4. **早期道教经典《太平经》宣称**：天地人乃至君臣、四时都蕴含有阴阳的属性，"天下凡事，皆一阴一阳，乃能相生，乃能相养"，故"天失阴阳则乱其道，地失阴阳则乱其财，人失阴阳则绝其后，君臣失阴阳则其道不理，五行四时失阴阳则为灾"。该书认为阴与阳不能独生，必须有二者的和合作用，才能产生自然与社会中的各种事物。

5. **东汉魏伯阳认为**：天地万物都具有阴阳属性，乾坤互包，相融不分，雌雄交媾，精气抒发，化生万物。他著的《周易参同契》以阴阳论述丹道，对道教丹鼎派产生了较大影响。

6. **阴阳为气之说**：阴阳为化生天地万物的原质之气；阴阳为人身体内使人得以生存的两种气……

从"阴阳"二字的内涵，不难看出它与中国哲学有莫大的关系，是太极哲学中的第三个关键词（太极哲学共有六个关键词，详见后文关于"天圆地方　无极圆形"的注释）。在本书注释 44 中，我们将细说"阴阳"。

五、"鼠咬天开"的传说

对于开天辟地之说，还有一个"鼠咬天开"的故事。古语云："自混沌初分时，天开于子，地辟于丑，人生于寅，天地再交合，万物尽皆生。"传说天地之初，混沌未开。老鼠勇敢地把天咬开一个洞，太阳光芒出现，阴阳就此分开，老鼠也成为开天辟地的英雄。

图 37

2008 年是十二生肖的鼠年，中国邮政 2008 年发行的鼠年首日封和邮票。信封印有"和谐如意"，背面介绍说：传说中鼠有开天辟地之功，在民间将鼠视为仓廪丰实、吉祥富裕的象征，流传着鼠咬天开、老鼠嫁女等传说。

11. 天圆地方　无极圆形

图 38

一、天圆地方引出无极圆形

天圆地方是我国关于天地形态的认识，体现了古代人民的宇宙观。《吕氏春秋》载："天道圆，地道方，圣王法之。"这是古人对天地形状的最初想象：一个"无边无际"的圆圈"天"，笼罩着一个辽阔的方形"大地"。这个"无边无际的天"的概念，引出了"无极"的概念。

二、无极——太极哲学第一词

太极哲学的关键词有 6 个：无极、太极、阴阳、八卦、五行、风水。无极是第一词。

"无极"一词最早来自于老子《道德经·知其雄》："为天下式，常德不忒，复归于无极。"这里的"无极"就是广大无穷的意思。该句意指宇宙万物的本原无形无象，无声无色，无始无终，无可名旨。

宋代的周敦颐吸收了老子"无极"的思想观念，在《太极图说》中提出了"无极而太极"的命题，使之成为理学的重要哲学范畴。

回到字面上解释，"极"就是极限之意，"无极"就是无极限之意。从大处讲，宇宙

53

之外是什么；从小处说，夸克里还有什么。"无极"的哲学意义就在于它促使我们无止境地思考下去。

无极既为无极限之意，那么，太极呢？"太极"就是至大至小的极限。所以，周敦颐说"无极而太极"就是这个道理。从天圆地方到无极再到太极，用图形表示见图39。

天圆地方 → 无边无极 → 没有极限 → 无极而太极

图39　天圆地方与无极

三、国外天地传说中的圆形观念

国外一些关于地球的传说，也与圆有着密切关系。在古印度，印度教把地球描写为驮在6只大象背上的圆球，而地狱是由停留在蛇上的乌龟支持的。从流传下来的图形看，他们认为地球是半球形状的。而古希腊人认为宇宙是平坦的，地球在水上浮动。从中世纪留下的图解看，希腊人观念中的平坦宇宙，也是存在于一个"大圆"之中的。

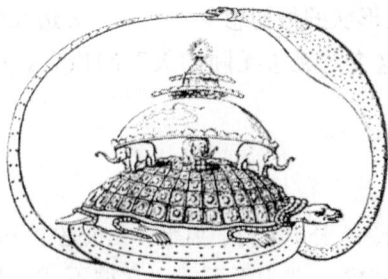

古希腊：浮在水上的地球

印度：龟背上的地球

图40

四、天圆地方观念对中国文化的影响

天圆地方的传说，深刻地影响了中国文化。

1. 对建筑的影响

天圆地方观念在中华建筑上得到了充分体现。我国现存最大的坛庙建筑——天坛，它的外形就体现了"天圆地方"的宇宙观：天坛整个建筑群分为内外两重，南墙呈方形，象征着地；北墙呈圆形，象征着天；同时，北墙又明显高于南墙，表示了"天高地低"的意思。

2008年北京奥运会主会场"鸟巢"为"圆"形建筑；在它旁边的游泳馆"水立方"为"方"形建筑——这充分地体现了中国的方圆文化。在奥运会开幕式中，也展示了方圆文化的表演梯队。

图41　鸟巢与水立方

图42　北京天坛

图43　奥运会开幕式展示的方圆图形

2. 在钱币上的应用

秦始皇统一中国后，将钱币的外形确定为圆形方孔，以象征天圆地方。这种圆形方孔钱一直延续到清朝，前后达两千多年。现今中国许多银行的标志（见图44），也在很大程度上体现了这一思想。

| 秦半两 | 唐朝开元通宝 | 宣统通宝 | 中国银行 | 中国建设银行 | 中国工商银行 |

图 44

3. 方圆理论——处事的方法

天圆地方除了体现了上述天地形成的概念外，还有什么哲学上的含义呢？现在，书店里到处可见方圆理论的书籍。这说明了什么？

俗话说："没有规矩不成方圆。"这里的"方"就是处理事务的原则性；"圆"就是处理事务的灵活性。"方圆理论"就是方法论，指处理事物的原则性和灵活性。通常说的"做事不能不认真，不能太认真"："不能不认真"指原则性；"不能太认真"指灵活性。用图形哲学来表现时：灵活性用圆圈图形来表示，表现为处理事务时灵活、机变；原则性用方形图来表示，表现为按规定、制度、法规办事。问题是方大于圆，还是圆大于方呢？根据通常中国的处事方法为圆大于方，上述方圆铜钱就是证明；西方人大都认为方大于圆。社会发展到今天，我们追求的是按法规办事，即"方"越来越大。

东方处事方法：偏重灵活性

西方处事方法：偏重原则性

（圆代表机变、灵活；方代表规矩、原则）

图 45　处事的方圆理论

12. 伏羲衍义　太极应生

图 46

历史上，伏羲一直被视为中华民族的"人文始祖"。伏羲到底是谁？为什么受到如此高的推崇？

一、伏羲其人其事

1. 伏羲的称谓

文献中对伏羲的称谓很多，如宓羲、庖牺、包牺、伏戏，亦称牺皇、皇羲、太昊……不同的典籍中称谓不一样，如《周易》中称为"包牺"、《史记》中称为"伏牺"、《战国策》中称为"宓戏"、《左传》中称为"太皞"……"伏羲"二字，最早见于《庄子·缮性》："逮德下衰，及燧人、伏羲始为天下，是故顺而不一。"

2. 伏羲生活的时代

从文献记录，尤其是从《周易·系辞传》中记载的"作结绳而为网罟，以佃以渔，盖取诸离"来看，伏羲教会了人们结网捕鱼的技术。而现代考古学家在甘肃大地湾遗址中出土了用于捕鱼的网坠，表明我们的先民在距今 8000 年左右就已经学会了结网捕鱼的技术。如果《周易·系辞传》中伏羲教人结网捕鱼的记录是真实的，那么我们可以推知伏羲的生活年代为距今 8000—5000 年之间，即新石器时期的中后期。

3. 伏羲的事迹

伏羲的出生。伏羲的出生很具有传奇性。传说伏羲的母亲华胥外出，在雷泽中无意看到一个特大的脚印，便好奇地用自己的脚丈量了这个脚印，却不知不觉感应受孕，12年后生下了人首蛇身的伏羲。后人把伏羲出生的地方叫做成纪，成纪就是现今的甘肃天水，因而天水也被称为伏羲故里。1992年，江泽民视察天水时为天水题词"羲皇故里"。

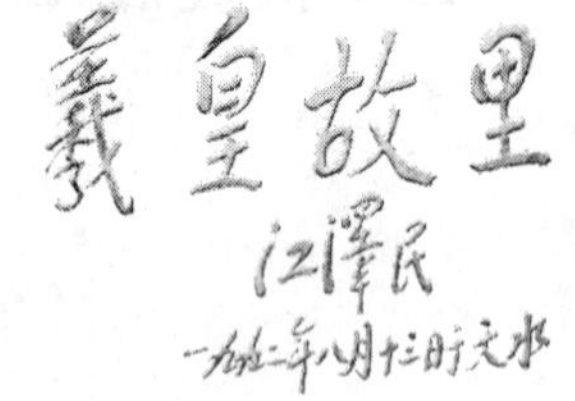

图47

伏羲教人渔猎。传说中伏羲是一位相当聪明的人，他教会人们结网捕鱼和农业种植。《汉书·律历志》也曾明确记载："太昊作网罟，以佃猎取牺牲。"

伏羲和女娲繁衍人类。传说中伏羲还有个人首蛇身的妹妹女娲，伏羲和女娲结为夫妇，繁衍了人类。唐代李冗在《独异志》中就记载了这个传说："昔宇宙初开之时，有女娲兄妹二人，在昆仑山，而天下未有人民，议以为夫妻，又自羞耻。兄即与妹上昆仑山，咒曰：天若遣我兄妹二人为夫妻，而烟悉合；若不，使烟散。于烟即合，其妹即来就兄，乃结草为扇，以障其面。今时人取妇执扇，象其事也。"1960年新疆吐鲁番出土的"伏羲女娲交尾帛画"也印证了这个故事。因为有"伏羲女娲繁衍人类"的传说，伏羲女娲也被理所当然地视为我们的祖先。其实在传说中，我们还有很多了不起的祖先，如教人类钻木取火的燧人氏、教人们建房居住的有巢氏、教人们农业医学的神农氏……

图48 长沙马王堆西汉帛画（局部）
帛画左嫦娥驭龙托月（月中有蟾蜍、兔），实际上是西陵氏蛙崇拜的神格化；右青龙扶桑阳鸟，是伏羲氏崇拜的神格化；中央为人身蛇尾的真神伏羲。

图49 伏羲女娲交尾帛画（公元6世纪）
1960年，新疆吐鲁番唐代古墓出土。

二、伏羲与蜥和龙的关系

关于伏羲与蜥和龙，历史上有很多传说和推测。

1. 伏羲与"蜥"图腾、龙图腾

伏羲的"羲"和蜥蜴的"蜥"音相近，女娲的"娲"和青蛙的"蛙"音相近，于是有人认为伏羲是"蜥"图腾（龙图腾）的代表，女娲是"蛙"图腾的代表。在出土的许多远古陶器上，绘制有蜥纹、鲵纹，而蜥、鲵这些本就是"龙"的构成元素。

1958年，甘肃出土了一件绘有蜥蜴纹的彩陶瓶，距今约有五千多年的历史。这也印证了蜥在新石器时的重要地位。国学大师章太炎曾经说龙形与蜥蜴同。不少人也认为这种蜥纹实际就是早期的龙纹，伏羲崇拜实际上也是早期的龙崇拜，详见注释66。

彩绘蜥纹瓶，仰韶文化庙底沟类型。1958年甘肃甘谷县西坪出土，甘肃省博物馆藏。距今5000多年。

人头形器口彩陶瓶，1973年甘肃秦安大地湾出土，距今5000多年。

鱼-蛙纹、四象九方彩陶盆，仰韶文化，陕西临潼出土距今6000年。

蛙纹彩陶钵，甘肃天水师赵村遗址，距今约5000年。

战国时期龙树纹——蜥蜴与树构成，对蜥和自然的崇拜。

图50

2. 龙是伏羲的化身

根据上面所述，伏羲就是"蜥"图腾的代表，而龙又是从蜥图腾的美化而来。另一种说法是龙由蛇图腾演变而来。司马贞在《补史记·三皇本纪》中说，伏羲女娲皆是"人首蛇身"、"有龙瑞"。在许多考古和出土文物中，出现了大量的伏羲女娲的蛇身交尾图。近代学者闻一多先生也考证出"风姓的祖先伏羲氏是人首蛇身"。至今人们还把蛇称为小龙。无论从蜥图腾到龙图腾，还是蛇图腾到龙图腾，其化身都是伏羲。换句话说，龙图腾就是伏羲的化身。**伏羲是龙崇拜之根，是龙图腾之源，龙的精神也就是伏羲的精神。**

3. 伏羲制龙图

传说伏羲的部落，先后征服了以雄鹿、鳄鱼、猛虎、苍鹰、巨蜥、红鲤、白鲨、长须鲸为图腾的八大部落，并取蟒蛇的身、鳄鱼的头、雄鹿的角、猛虎的眼、红鲤的鳞、巨蜥的腿、苍鹰的爪、白鲨的尾、长须鲸的须组成一个新的图腾。这个新图腾体现了华夏九州的大融合，被伏羲氏名为"龙"。伏羲氏实现了华夏九大部落第一次结盟。从此，伏羲氏"始定四海之广，制九州"，把自己统领的九大部落"号曰龙师"（见《纲鉴易知录》）。这样，伏羲氏成为远古华夏第一位帝王，"龙"也成为整个华夏的图腾。

三、伏羲创制太极八卦

伏羲被视为中华人文始祖，其中重要的一个原因就是传说他创制了太极八卦。关于伏羲创制太极八卦，比较明确的记载是《周易·系辞传》："古者包牺氏之王下也。仰则观象于天，俯则观法干地，观鸟兽之文与地之宜，近取诸身，远取诸物，于是始作八卦，以通神明之德，以类万物之情。"这说明伏羲考察天地自然的法则，创制了太极八卦图。

关于伏羲创制太极八卦，更为详尽和传奇的故事是：伏羲生活的远古年代，人们对于大自然一无所知。当下雨刮风、电闪雷鸣时，人们既害怕又困惑。天生聪慧的伏羲想把这一切都搞清楚，于是他经常站在卦台山上，仰观天上的日月星辰，俯察周围的地形方位，有时还研究飞禽走兽的脚印和身上的花纹。有一天，他又来到了卦台山上，正在苦苦地思索他长期以来观察的现象。突然，他听到一声奇怪的吼声，只见卦台山对面的山洞里跃出一匹龙马。说它是龙马，那是因为这个动物长着龙头马身，身上还有非常奇特的花纹。这匹龙马一跃就跃到了卦台山下渭水河中的一块大石上。这块石头形如太极，配合龙马身上的花纹，顿时让伏羲有所感悟，于是他画出了八卦。

图 51 戊子年伏羲明信片

实际上，太极八卦是整个中华民族智慧的结晶。伏羲演绎太极图和八卦的传说是后人考察不出太极八卦的明确作者，便将其归功于伏羲的。这更加彰显了对中华人文始祖的崇拜。

后人为了纪念伏羲，为其修建了很多祠庙，如在其出生地天水就有规模较大的伏羲庙。2008 年，为了纪念伏羲，国家邮政局还印制了伏羲明信片。

四、伏羲——中华人文始祖、中华哲学之祖

按照历史唯物主义的观点，只有人民群众才是历史的创造者。在中华儿女的思想意识中，我们把远祖的许多功绩都归结到伏羲身上，可以说已经将伏羲神话成了完美的人物。

伏羲虽然是被神话了的完美人物，可能与实际历史有一定的偏差，但这并不影响中华儿女对这位中华祖先的代表的崇拜。至此，我们不妨对我们心目中的伏羲做一个综合定位：伏羲是新石器时期中华民族祖先的代表，教会了人们结网渔猎，创造了太极和八卦。太极图腾、龙图腾产生的时代与传说中的伏羲时代相吻合。伏羲不仅是中华人文始祖，还是中华哲学之祖。

五、影视作品中的伏羲

近年来，由于影视技术的发展和对远古时代的思索，伏羲的故事被改编成电视剧，搬上了电视屏幕。

1. 电视剧《伏羲女娲》

《伏羲女娲》也叫《人祖伏羲》，由杨东明编剧、顾琴芳导演、朱金健作曲、阎肃作词。电视剧主要讲述了蛮荒时代，在火山、洪水、野兽肆虐的环境之中，人类的部落之间为抢夺生存环境和生活资料而相互争斗、频繁厮杀的故事。被雷神强暴的华胥，在激流中生下一个孩子，一条鳄鱼把婴儿驮到岸边。正在祭祀的鹿部落救起了这个孩子，起名"伏羲"。伏羲长大后，在部落混战中主持正义、扶贫弱，以仁爱之心博得了各部落的拥戴，建立了强大的龙部落，并娶女娲为妻。随后，在与天斗、与地斗、与人斗的恶劣环境中，伏羲又发明了织网捕鱼，创制了"八卦"，制定了婚娶制度，为创建人类远古文化作出了巨大贡献。

图 52

阎肃为本剧写的歌词也比较有意思，颇像祭祀祖先的词：

苍天昊兮，大野阔兮，谁我所敬，伏羲伏羲，其心聪兮，其智广兮，爱将仁爱，布八荒兮。山林花兮，香满冢兮，谁无所爱，女娲女娲，其心洁兮，玉无瑕兮，爱将良善，布四海兮。明月如盘，薄雾如纱，谁无怕爱，伏羲女娲，伏羲女娲，德辟中华，中华昌盛，万载其发！

图 53

2. 电视剧《天地传奇》

《天地传奇》由曹荣编导、焦恩俊和何琳主演。

该剧取材于流传在河南的伏羲和女娲的神话故事，运用多种中国传统文化元素和现代制作手段，艺术化地演绎了伏羲、女娲的创世神话传说，主题思想健康，情节曲折生动，人物形象鲜明。

13. 宇宙诞生　地球自成

宇宙如何产生，人类居住的地球从何而来？这是一直困扰人们的两个重要课题。历代科学家都在各自的科技背景下提出了许多猜想，希望解决这两个困扰人类的问题。

一、宇宙自生

宇宙演化的观点经过了漫长而艰苦的过程，从中国古人的开天辟地说到亚里士多德地心说，再到哥白尼的日心说。这一演化，经历了几千年的时间。直到 20 世纪 20 年代，哈勃发现红移定律后，宇宙演化的观念才得到人们的重视。但无论是牛顿的万有引力理论还是爱因斯坦的广义相对论，都不能得到稳态的宇宙模型。

1. 地心说

地心说的起源很早，最初是由古希腊哲学家亚里士多德提出的。公元 140 年前后，天文学家克罗狄斯·托勒密全面继承了亚里士多德的地心说。地心说认为地球是不动的，太阳、月亮、行星和恒星都以圆周为轨道绕着地球公转，即地球是宇宙的中心。在 16 世纪"日心说"创立之前的 1000 多年中，"地心说"一直占统治地位。

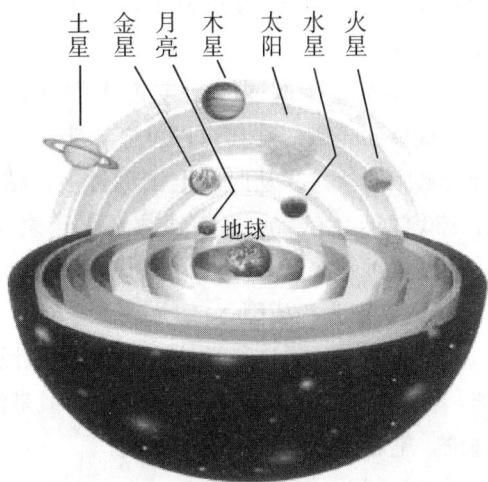

图 54　地心说示意图

2. 日心说

日心说，也称为地动说，它认为太阳是宇宙的中心，而不是地球。

通常认为完整的日心说宇宙模型，是由波兰天文学家哥白尼在 1543 年发表的《天体运行论》中提出的。实际上，在公元前 300 多年的赫拉克里特和阿里斯塔克就已经提到过太阳是宇宙的中心，地球围绕太阳运动。直到 1609 年伽利略发明了天文望远镜，并以此发现了一些可以支持日心说的新的天文现象后，日心说才开始引起人们的关注。

然而，由于哥白尼的日心说得到的数据和托勒密体系的数据都不能与第谷的观测相吻合，因此日心说在当时仍不具优势。直至开普勒以椭圆轨道取代圆形轨道修正了日心说之后，日心说在与地心说的竞争中才取得了真正的胜利。

3. 宇宙大爆炸说

20 世纪 40 年代，美国天体物理学家伽莫夫提出的宇宙大爆炸理论，为宇宙起源问题开拓了新的思维。这个理论很快得到证实：1965 年美国科学家彭齐亚斯和威尔逊用微波探测器，探测到宇宙深处的微波辐射，证明了宇宙大爆炸理论的成立。为此，他们两人荣获 1978 年度诺贝尔物理学奖，他们的发现也被称为 20 世纪天文科学十大发现成果之一。

红外线定律也证明了宇宙大爆炸的发生：从星系光谱的红移可以推断，宇宙处于继续膨胀的状态。从时间上倒溯过去，估计在 150 亿年（有 200 亿年到数百亿年之说）之前发生过一次开天辟地的大爆炸。

图 55　太阳中心说示意图

4. 宇宙太极模型

宇宙的产生通过科学的推论和公式计算，证明宇宙处于 150 亿年前的一个奇点大爆炸，证明宇宙处于不断的膨胀之中，但是没有宇宙爆炸和膨胀的图形模型。依据大爆炸理论，笔者绘制了这个图形模型：

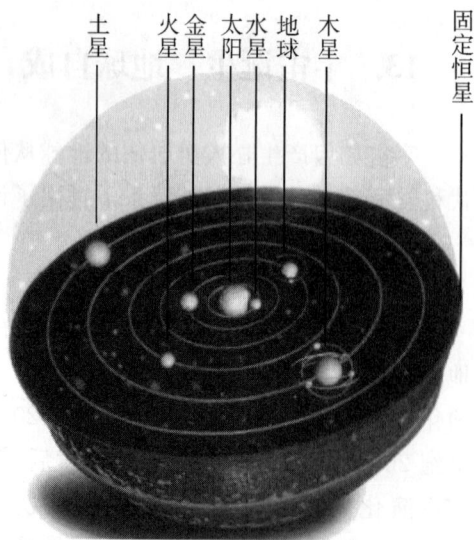

宇宙膨胀太极模型图　　　　　　宇宙收缩太极模型图

图 56

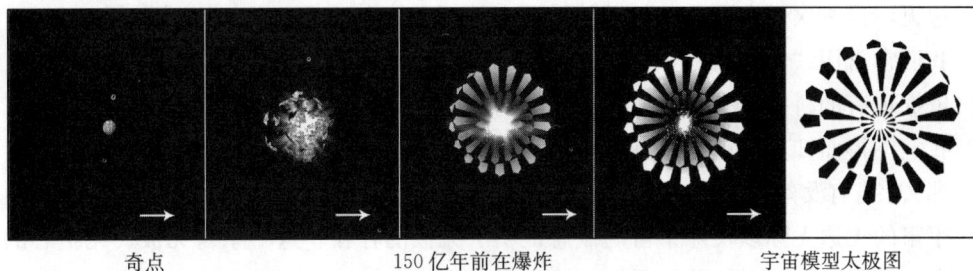

奇点   150亿年前在爆炸   宇宙模型太极图

图 57　150亿年前"奇点"大爆炸到现在的宇宙模型

5. 宇宙轮回说

大爆炸后，宇宙为茫茫一片，并不断膨胀，随之星系得以产生。科学家经过周密的测算后，认为宇宙会在一亿亿亿亿年后开始收缩，又在若干年后收缩为一个奇点。宇宙的产生（爆炸）与轮回如图 58 所示。

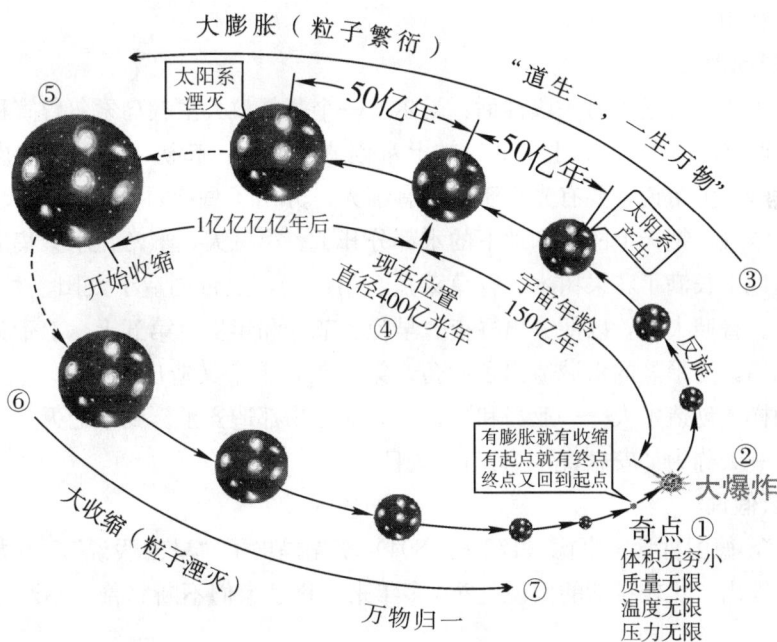

图 58　宇宙大爆炸及宇宙轮回图

①奇点→②150亿年前大爆炸→③粒子繁衍膨胀、宇宙膨胀→④现在我们所处的位置（太阳产生于 50 亿年前，还有 50 亿年的寿命）→⑤一亿亿亿亿年后，宇宙开始从膨胀转为收缩→⑥粒子湮灭、宇宙进一步收缩→⑦宇宙再收缩→①回归奇点。

6. 宇宙无极

在注释 11 的天圆地方说中，我们通过天圆地方的传说，说明了无极的产生。宇宙的无边无际再一次证实了太极哲学关键词中的"无极"的成立。

我们常常用"无边无际"、"浩瀚"等词语去形容宇宙的大小，那么宇宙究竟有多大？依据现有的科技水平观测发现，宇宙约200亿光年。那么，未能观测到的部分有多大？我们不得而知。宇宙之外称为"外宇宙"，我们就更无法知晓了。

那么宇宙有没有中心呢？科学家至今也没有观测到宇宙的中心，或许宇宙根本没有中心。

宇宙的无边无际以及外宇宙的概念证明了无极的存在。这一宇宙无极、无中心的现代理论与中国古代几千年前的无极理论完全一致。

二、地球自成

关于地球的产生有很多美丽的传说。近代科技发展起来后，关于地球的产生，人们又提出了一些新的假说。

1. 盘古开天地的传说

详见注释10。

2. 上帝创世说

基督教为我们讲述了另一段神话：爱尔兰一个基督教大主教乌索尔曾宣称，地球是在公元前4004年10月23日上午9时被上帝创造出来的。起初，地面上空虚混乱，又深邃，又黑暗。上帝说，要有光！于是就有了光，分出了昼夜，这是第一天。第二天，上帝创造了空气，把天上的水和地下的水都分开了。第三天，上帝让水聚集成海，露出陆地来，陆地上长满了花果树木、青草菜蔬。第四天，上帝创造了太阳、月亮和星星，让它们发光、普照大地，以便分出昼夜、早晚、节令和年岁。第五天，上帝为空寂的天空造出了飞鸟，为平静的水域造出了游鱼。第六天，上帝又造出了牲畜、昆虫、野兽，还按自己的样式创造了人——亚当和夏娃。天地万物都造齐了。到第七天，上帝就休息了。所以这一天称为"安息日"，又叫"圣日"。

3. 星云假说

1755年，德国哲学家康德（1724—1804）率先提出了"星云假说"，为太阳系包括地球的起源提出了比较科学的假说。200多年来，科学家们不断完善、不断证明"星云假说"。

科学家认为，大约150多亿年前，银河系中有许多恒星和弥漫的星云。弥漫星云在运动中形成大小不等的星云块，质量足够大的星云块由于引力而形成气体尘埃球。太阳系最早就是个气体尘埃球，我们称它为太阳星云。这些尘粒愈大，引力愈大，所以最大的尘粒通过聚积壮大而成为星胚，星胚进一步吸收一定区域的大小尘粒而成为行星。大约在50亿年前，太阳系的雏形形成了。原始太阳在转动中不断收缩，密度和温度继续升高，当内部温度达到700万摄氏度时，就有氢转变为氦的热核反应，原始太阳变成了太阳。

太阳系家族中，水星、金星、地球、火星距太阳近，称内行星。它们的体积、质量都较小，这些行星都近似在一个平面内绕太阳旋转，运行轨道都是偏心率不大的椭圆，几乎所有的行星都绕太阳逆时针旋转。在绕太阳公转的同时，绝大多数行星又围绕自己的转动轴逆时针自转。

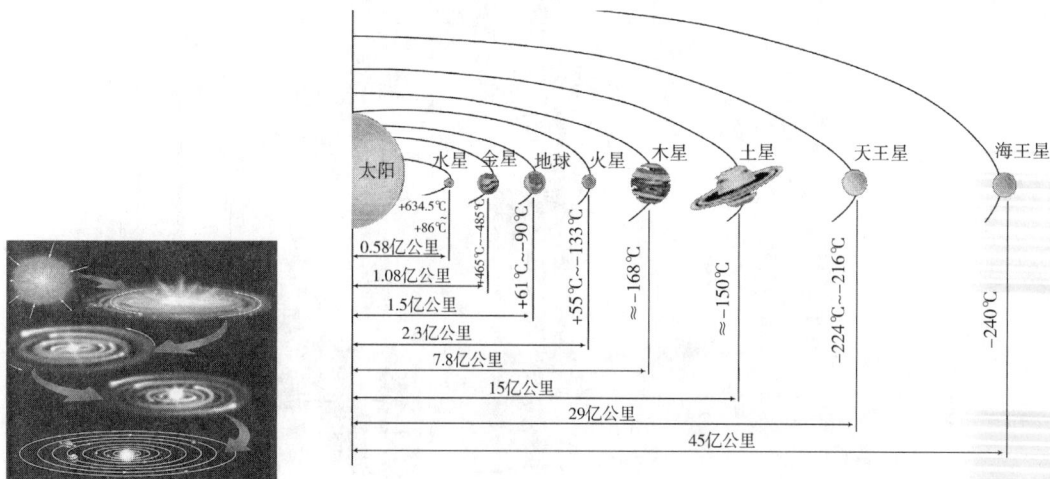

太阳系的形成示意图

图 59

三、地球在太阳系中最佳平衡位置为智能生命出现创造了条件

太阳系由太阳、8 颗行星（原先有九大行星，因为冥王星被剔除，认为它是矮行星）、66 颗卫星（原有 67 颗，冥王星的卫星被剔除）以及无数的小行星、彗星及陨星组成。

在太阳系的众多星球中，目前所知地球是唯一存在生命的星球。地球在太阳系中所处的位置，为地球成为目前太阳系唯一有生命的星球创造了重要条件。

地球距离太阳平均约 1.5 亿千米，这个距离恰好保证了地球接受太阳合适的光照，维持合适的温度。

八大行星中，比地球距离太阳更近一点的是金星，与太阳的平均距离 1.082 亿千米，其温度可高达摄氏 485 度左右，这个温度显然不适合生命生存。

比地球距离太阳稍远的是火星，与太阳的平均距离为 2.2794 亿千米。这个距离使得火星的平均温度维持在零下 63 度左右（最低零下 140 度，最高不超过 20 度）。这样极端的温度，也不利于生命的生存。

可以说，正是地球在太阳系中的最佳平衡位置，才形成了生命存在的适宜环境，使得地球成了生命的唯一温床。

14. 生命呈现　自然脉承

图 60

　　人类在目前的科学水平条件下，还没有在地球之外的其他星球上发现任何生命现象。也就是说，地球是宇宙中唯一存在生命的星球。

一、关于生命

　　什么是生命？目前学术界没有给生命下一个准确的定义。生命是一个十分复杂的现象，区别于非生命，至少有三个基本特征：第一是新陈代谢，即从环境中吸收自己生活过程中需要的物质，再排放出自己生活过程中不需要的物质；第二是能繁衍后代；第三是具有遗传能力，即能把自身的部分个体特征遗传到下一代。

　　目前有多少物种？目前人类对大量生命（生物）知之甚少，统计这个数据也十分艰难，结论也很多。现存的物种总数估计的最粗略范围是 1 亿～300 万种。牛津大学生态学家、动物系教授、曾任英国首相科学顾问的罗伯特·梅（Robert M. May）认为，在认可上较好的范围是 1500 万～500 万种，最好的估计是 700 万种。

二、不同的生命起源学说

生命从何而来？地球上第一个生命是怎样诞生的？这是一个饶有趣味又困扰人类千年的问题。历史上曾经出现的种种假说，大致可分为五类，汇总在表3。

表3

生命起源假说	假说内容	科学性	推理
神创说	生物由神创造	神的存在尚无证明，如何证明神创生物？	目前科学不能解释的许多现象，由神学来解释
外界移入说	生命是由外星球移入地球上来的	尚未发现外星生物，从何移入？	为文学作品创造了无限想象空间
宇生说	某些微生物孢子可以附着在星际尘埃颗粒上而落入地球，从而使地球有了初始的生命	宇宙空间条件不利于生命的生存	
自然发生说	非生物等物体产生生命	被"巴氏灭菌实验"否定	
化学起源说	早期地球复杂化学变化产生生命	已有实验证据	

三、地球生命的演化历程

地球是生命的载体，而且就人类现在的观测来说，地球还是生命的唯一载体。原始生命起源后，又经历了怎样的历程，才形成了现在我们所见的多彩世界呢？

在了解生命演化过程之前，我们有必要先了解生命载体——地球产生后的演化过程。

1. 地球的演化过程

从注释13中我们了解到，地球产生于46亿年前。最初形成的地球，到处火山喷发，地球上的物质也处于熔融状态，温度很高，发出炽热的光芒。就是这样一个"火球"，经过了冥古代、太古代、元古代、古生代、中生代、新生代6个地质年代，经过漫长的46亿年，才形成现在生物繁茂的美丽地球。我们把地球的演化过程归结在表4。

表4

代	纪	距今年代（亿年）	地质现象和自然条件
冥古代		46	火山频繁，地球物质处于熔融状态，温度极高
太古代		38	形成大陆，板块运动开始，火山和地震频发

续表4

代	纪	距今年代 （亿年）	地质现象和自然条件
元古代		24	岩层古老，地壳运动剧烈
古生代 （早期）	寒武纪	5.7	地壳静止，浅海广布
	奥陶纪	5	浅海广布，气候温暖
古生代 （中期）	志留纪	4.7	末期有造山运动，局部气候干燥，海面缩小
古生代 （晚期） 中生代	泥盆纪	4	海路变迁，出现广大陆地，气候转向干燥、炎热
	石炭纪	3.5	有造山运动，气候湿润、温暖
	二叠纪	2.85	造山运动频繁，气候干燥炎热。
	三叠纪	2.3	气候温和，地壳平静
	侏罗纪	1.95	气候温暖，有气候带分布
	白垩纪	1.37	有造山运动，气候变冷
新生代	第三纪	7000—500万年	气候渐冷，有造山运动
	第四纪	400—150万年	发生了大规模造山运动，包括喜马拉雅山在内的很多高山都在这一时期形成。这时地球面貌包括海陆分布、山岳位置、河流流向都与现在接近
		150—1万年	冰期来临，气候变冷。上冰川覆盖面积加大，海面下降一百多米。第四纪冰期又分为若干亚冰期，亚冰期之间是间冰期。间冰期气候转暖，海面上升

2. 地球生命的演化过程

伴随着地球的演化过程，地球上的生命也经历了产生、演化、蓬勃发展的过程。

图 61　叠层石（Stromatolites）

迄今为止，科学家们发现的最古老的生物化石是来自澳大利亚西部，距今约 35 亿年前的叠层石（见图 61）。这些化石里的生物类似于现在的蓝藻，它是肉眼看不见的一些原始的生命。

在三十多亿年的演化过程中，地球生命经历了个体结构由简单到复杂、种类由稀少到繁多的过程。这是自然选择的结果，用树状图来表示这个过程（见图62）。

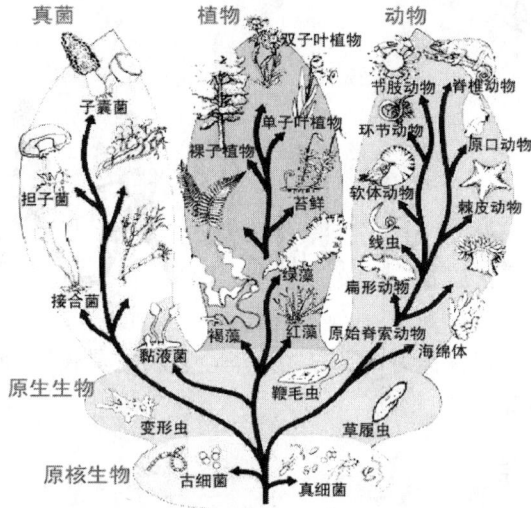

图 62　生物进化树

用时间轴来表示这个过程（见图 63）。

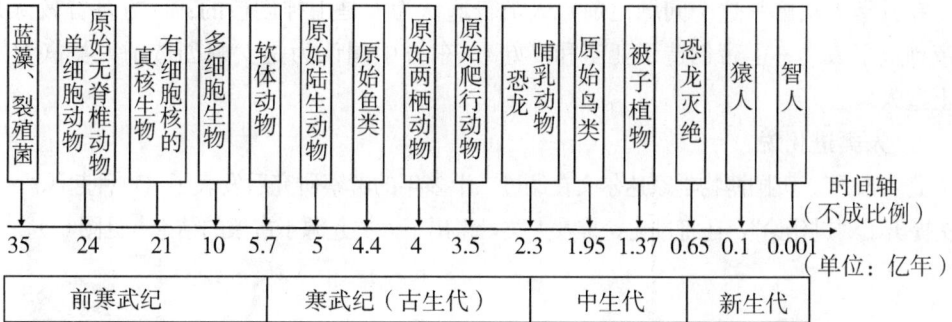

蓝藻、裂殖菌	原始无脊椎单细胞动物	有细胞核的真核生物	多细胞生物	软体动物	原始陆生动物	原始鱼类	原始两栖动物	原始爬行动物	哺乳动物恐龙	原始鸟类	被子植物	恐龙灭绝	猿人	智人	时间轴（不成比例）
35	24	21	10	5.7	5	4.4	4	3.5	2.3	1.95	1.37	0.65	0.1	0.001	（单位：亿年）

前寒武纪	寒武纪（古生代）	中生代	新生代

图 63

15. 人类进步

图 64

英国作家莎士比亚把人称为"宇宙之精华，万物之灵长"。那么人从何而来，又经历了怎样的发展历程呢？

一、人类的起源

关于人类的起源，一直是困扰人类的大问题。现今仍流传着几种说法，但比较认同的说法是劳动创造了人。

1. 神创造说

在科学无法解释这个问题之前，人类普遍认为人是由神创造的：西方基督教认为是上帝创造了人类（上帝创造了亚当和夏娃）；东方中国认为是女娲创造了人类（女娲用黄土造人）。

2. 人类进化说

到 1835 年，英国博物学家达尔文在经过二十多年的考察研究后发表了《物种起源》一书，首次提出了"进化论"，还将进化论推及人类，得出了人类起源于古猿的结论（见图 65）。

查尔斯·罗伯特·达尔文（1809—1882)，英国博物学家，进化论的奠基人。1859 年出版了震动当时学术界的《物种起源》。书中用大量资料证明了形形色色的生物都不是上帝创造的，而是在遗传、变异、生存斗争中和自然选择中，由简单到复杂、由低等到高等，不断发展变化的，提出了生物进化论学说。

森林古猿

图 65

达尔文在《物种起源》中提出人类起源于古猿的理论，经过一番激烈的学术和宗教的大动荡、大争论后，渐渐被学术界接受。在以后的岁月里，古生物学家通过对古生物化石的研究，在达尔文学说的基础上，形成了现代人类起源说。他们认为，人类是古猿经过数百万年的漫长岁月，在万物更迭、交替变化中逐渐进化而来的。这一理论，从其他学科，比如胚胎学、比较解剖学、现代生物学及生物化学等学科中寻找到了证据。根据这些证据，人们推测地球生物进化的总模式是：无脊椎动物——脊椎动物——哺乳动物——灵长类动物——猿猴类动物——人类。马克思十分欣赏达尔文的进化论，同时认为，在由猿到人的进化中劳动起了决定性的作用。

3. 人的进化阶段

一般认为，人类是由古猿中的一支进化而来的。古猿早在 3000 多万年以前就已出现在地球上，体形较现代猿类小。考古学通常讲的"拉玛古猿"，大约生活在公元 1400 万—1000 万年前，身高仅 1 米多一点，体重在 15~20 千克左右。比拉玛古猿稍晚，在中国云南地区距今 1000 万年左右生活着禄丰古猿。所谓的"南方古猿"，大约生活在距今 500 万—100 万年以前，人类就是由南方古猿的一支演化而来的。大约在 200 万—300 万年前，南方古猿的一支脱离了古猿类，朝着人类的方向进化。根据化石发现，现在一般将人类脱离古猿后的发展历史分为三个阶段：

（1）**猿人阶段**，年代大约为距今 300—30 万年。这时的猿人会制作一些粗糙的石器，脑容量大约在 630~700 毫升，会狩猎。晚期猿人化石发现较多，我国发现的元谋人、蓝田人、北京猿人（周口店），以及在坦桑尼亚发现的利基猿人，都是这个时期的化石代表。这时的猿人已经很接近现代人，打制的石器也比较多样化，有用于狩猎和劈裂兽骨的砍砸器，有用来剖剥兽皮和切割兽肉的刮削器。最有进步意义的是，此时的猿人已经懂得了使用火，并知道如何长期保存火种。

（2）**早期智人阶段**，大约年代为距今 30—5 万年。古人的特征是脑容量进一步增大，已经达到现代人的水平，脑结构比猿人复杂得多。其打制的石器也比猿人规整，有石球和各种尖状的石器；能人工生火；开始有埋葬的习俗；不知是为了遮羞还是为了保温，已经开始穿所谓的衣服，不再是赤身裸体。在世界的不同地方，古人的体质也开始了分化，出现明显差异。

（3）**晚期智人阶段**，大约开始于距今 5 万年前。我国发现的山顶洞人就属于晚期智人。晚期智人化石在体态上与现代人几乎没有什么区别，其打制的石器相当精致，而且石器形状多样，各种石器在使用上已有分工，并且出现了骨器和角器。他们甚至已会制造装饰品，进行绘画、雕刻等艺术活动。此后，人类便进入了现代人的发展阶段。

关于人类的进化过程，尤其是华夏祖先的进化过程，我们概括为表 5。

表5

	距今 (万年)	地点	特点	考古实证
拉玛古猿	1500	印度半岛	已走出森林，在开阔地活动。为人类远祖	发现了骨头化石
禄丰古猿	1000	云南禄丰	比拉玛古猿进步。接近人类早期形态	下颌化石
巫山人	200	重庆巫山	早期直立人	已发现牙齿化石，但学术界尚有不同看法
元谋人	175	云南元谋	早期直立人，是纤细类型。南猿向直立人过渡的代表	牙齿化石
蓝田人	80	陕西蓝田	石器出现，类别分工，是已发现的亚洲北部最早直立人	蓝田人头骨化石及复原图
北京人	50	北京周口店	会制造和使用石器、木器、骨器，掌握了人工取火技术	
金牛山、马坝、丁村人	28	辽宁营口广东曲江山西襄汾	脑容量比先前更大。打制石器的技术比先前不断提高	金牛山人头骨化石　丁村人牙齿化石
山顶洞人	1.8	北京周口店	会缝制衣物。无论是从脑容量还是人体特征上，山顶洞人已经十分接近现代人	山顶洞人头骨化石

二、人类进步

恩格斯认为，从猿到人的进化，劳动起了决定性作用。华夏祖先，在数百万年的进化过程中，创造了灿烂的文明。通过表6，我们可以了解祖先的进步历程。

表6

文化划分	科技进步	考古证据	人类进化		时代
远古原始人文化	人类的早期祖先之一	1978年在云南禄丰发现	禄丰古猿	1000	石器时代
	中国早期直立人	1985年在重庆巫山发现牙齿化石	巫山人	200	
	制作和使用粗糙打制石器，会使用天然火	1965年在云南元谋发现牙齿化石和石器	元谋人	170	
	打制不同类型的石器，工具出现原始分工	1963年在陕西蓝田出土大量化石和石器	蓝田人	80	
	逐渐学会人工取火，晚期开始制造和使用更为精细的磨制石器	1929年在北京周口店发现北京人头骨化石	北京人	50	
		1954年在山西丁村发现	丁村人	30	
		1930年北京周口店发现	山顶洞人	3	
贾湖文化	制造陶器和乐器（骨笛）	1983年在河南贾湖出土大量石器、骨器、陶器	贾湖人	0.9	玉器、陶器时代
河姆渡文化	制造陶器、骨器、种植水稻，农业发达	1973年，浙江河姆渡出土大量陶器等	河姆渡人	0.7	
仰韶文化	制造陶器，种植黍、粟，饲养猪、狗等家畜	1916年在河南渑池发现仰韶遗址，出土陶器等	仰韶人	0.68	
大汶口文化	制陶水平高，农业发达，私有制开始产生	1959年山东泰安大汶口出土大量陶器、玉器等	大汶口人	0.63	
红山文化	玉器、陶器制作精良，农牧渔猎较发达	1935年内蒙古赤峰出土大量陶器、玉器	红山人	0.55	
屈家岭文化	彩陶工艺先进，纺织技术发达	1955年发现于湖北京山县屈家岭，出土大量彩陶	屈家岭人	0.5	
夏文化	青铜器出现，国家出现，我国进入奴隶社会	公元前2070年大禹建立夏朝。1959年河南二里头遗址就是夏朝遗址	夏朝人	0.4	青铜时代
商文化	青铜技术进步，文字出现	公元前1600年左右汤建立商朝。河南殷墟遗址就是商朝遗址，出土甲骨文的龟甲、骨头	商朝人	0.36	
周文化	青铜器齐全精美，周文王演后天八卦，作《周易》	公元前1046年周武王建立周朝。1935年开始在陕西西安发现的丰镐遗址就是周朝时期的遗址	周朝人	0.3	
封建文化	铁的冶炼、铸造技术兴起并大发展，拉开了我国封建社会繁荣的序幕	春秋战国时期，铁器大量出现。1952年长沙龙洞坡墓就出土过这一时期的铁刮刀等铁制工具		0.25	铁器时代

（时间不成比例）
时间轴
距今（万年）

三、从人类生命曲线看人类发展的一般规律

地球生命还可以存在 50 亿年，人类在地球上的生命至少可以存在 30—50 亿年，从

人类的寿命曲线来看（见图 66），从猿到现代人仅 1000 万年的历史（人类文明仅 5000 年的历史）。在人类历史长河中，人类 1000 万年历史尚处于"婴幼儿时期"，我们怎样看待人类所处的"婴幼儿时期"呢？怎样看待人类还可存在 30—50 亿年的漫长历史呢？

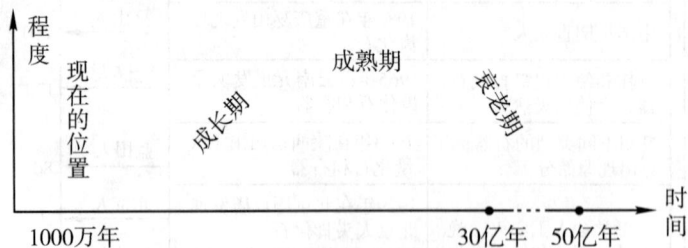

图 66　人生生命曲线

人类在自己 1000 万年的"婴儿时期"经过漫长的发展，到了离今约一万年的时间里，加快了文明的进程，创造了中华文明、古埃及文明等一系列文明。尤其是近 100 年人类发展的速度更加迅猛。20 世纪是人类历史上科学技术发展最为辉煌的时代，无论是从深度还是广度上，都大大超过 19 世纪取得的成就，也远远超过几千年的总和。这种迅猛发展的背后，却是不断地折腾着的人类自身。

将上述人类生命曲线中人类现在处的位置取出来放大（如图 67 所示）。我们将人类长达几十亿年的生命曲线比喻成"高速公路"，把在高速公路上行车比喻为人类的发展速度。由于人性的贪婪，总是想占有（导致战争）和急于求成（导致折腾）。人类在高速公路上行车时总是想"超速行驶"，遇到"事件"时，不得不"急刹"，形成"加速（占有和急于求成）——事件（如世界金融风暴）——急刹（调整）"的恶性循环。我们可以设想："车"一会儿加速、一会儿减速，"坐车人"是多么难受。这就是折腾，这就是自己折腾自己（见图 67 右图）。理想的状况应该是适度的匀速前进（见图 67 左图），这样才能获得较少的"折腾"。这就是陈云"急于求成反而慢"的理论；这就是道家"治大国若烹小鲜"的道理。

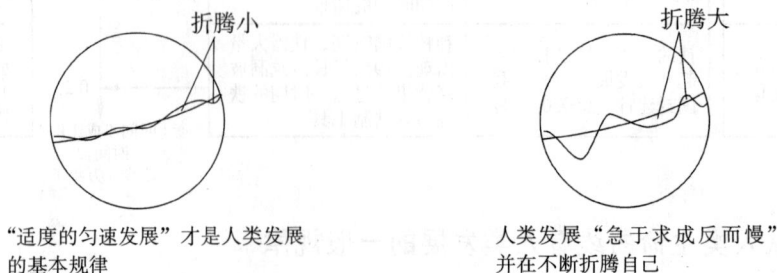

"适度的匀速发展"才是人类发展
的基本规律

人类发展"急于求成反而慢"
并在不断折腾自己

图 67

16. 认识天文

图 68

古人在生产劳作和与自然灾害斗争中形成了对天象的认识。天空布满了星星，天地昼夜交替，日出月隐，彩虹……对这些自然现象的认识，使古人逐渐产生了天地"无极"、万物交替变化的概念，为太极图圆形的产生奠定了基础。

图 69　古人看到天空中的圆及变化

华夏先民对星宿的划分足以证明中国古代天文水平的高超。他们把连续通过南中天的恒星分为28群，各以一个字来命名：角、亢、氐、房、心、尾、箕、斗、牛、女、虚、危、室、壁、奎、娄、胃、昂、毕、觜、参、井、鬼、柳、星、张、翼、轸，总共28个星宿。同时把28个部分归纳为4个大星区：东方青龙、北方玄武、西方白虎、南方朱雀，每一个方位星区有7宿。自古以来，人们都是依据它们的出没和中天时刻来定一年四季二十四节气。

以前的观点认为，28星宿体系确立于公元前8—前6世纪，距今不到3000年。然而1987年河南濮阳西水坡仰韶古墓M45的发掘，却例外改变了这一认识。

M45墓室中部有一个壮年男性骨架，其左右两侧，用蚌壳精心摆塑着龙虎图案。有专家认为此墓的蚌壳堆塑是反应28星宿的上古天文图。而根据考古测年，M45墓的所处年代为距今6400年。这就是说，M45墓的考古发现，将28星宿体系的起源时间提前到了距今6400年。

中国有世界上最早、最完整、最丰富的日食记录。最早是《尚书》记载的发生在公元前1948年的一次日食。《诗经》中更是详细记载了发生在公元前776年9月6日的日食："十月之交，朔日辛卯，日有食之。"

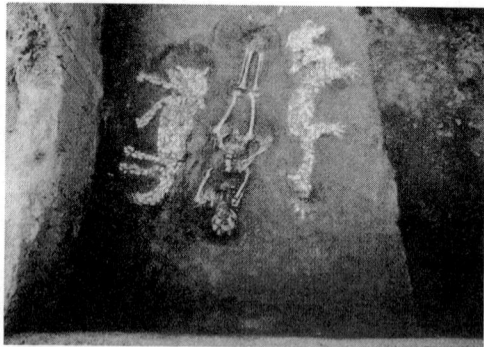

图70

《诗经·小雅》中记载的"彼月而食，则维其常"，指发生在公元前776年的月食。这是世界最早的月食记录，比国外早55年。

殷商时代的甲骨文，也记录了4次日食和5次月食，时间大约在公元前12世纪到公元前14世纪，比古巴比伦最早的日食记录约早500年，比埃及最早的月食记录要早400年以上。

在观测太阳的过程中，我们的祖先还发现了太阳黑子活动的现象。黑子是太阳光球层上的斑点，温度比光球要低，在光球层的衬托下就成为暗淡的黑斑。早在殷商时代，就有关于太阳黑子的记录。后来，关于黑子的记载，史不绝书。《汉书·五行志》记载的西汉河平元年（公元前28年）"日出黄，有黑气，大如钱，居日中"，是世界公认的关于太阳黑子最早的正确的记录。

人们从天文、日出月隐这些自然现象中了解天地自然的交替的变化，而华夏祖先对神秘自然的认识和思考，便是中华哲学的萌芽，为太极圆和太极阴阳的产生奠定了基础。

17. 工具使用

图 71

人类有两项重要的活动：其一是认识世界，其二是改造世界。

人类怎样改造世界？答案是劳动。提到劳动就离不开劳动工具的使用。人类劳动的根本标志是制造和使用工具。马克思将能否制造和使用劳动工具作为人和动物的根本区别。

工具的制造和使用在人类发展中有如此重要的作用，那么我们祖先使用工具的情形如何呢？

一、原始工具的形状

从考古发掘的原始工具来看，它们形状各异，有圆球形、圆锥形、椭圆形、三角形……可知祖先们对圆球形、圆锥形、椭圆形、三角形都有了初步的认识。

他们的这些认识从何而来呢？显然，来源于他们对自然的观察。这些原始工具的形状来源于自然图形：圆形的太阳、弯弯的月亮、三角形的山脉、尖锐的树刺……祖先们观察到了这些图像，并依据这些图形来制作简单工具，进而发展到制造复杂工具。

二、以工具划分祖先们的时代

学会制作和使用工具标志着人类进化的一次质的飞跃，正如马克思所说："制造和使用劳动工具，将人和动物根本区别开来。"在数百万年的历程中，我们祖先用以制造工具的材质和技艺随着时代的发展也不断进步。依据考古发现，我们根据出土工具的材质和技艺将祖先们经历的岁月划分为石器时代（旧石器时代、新石器时代）、陶器时代、青铜器时代、铁器时代。

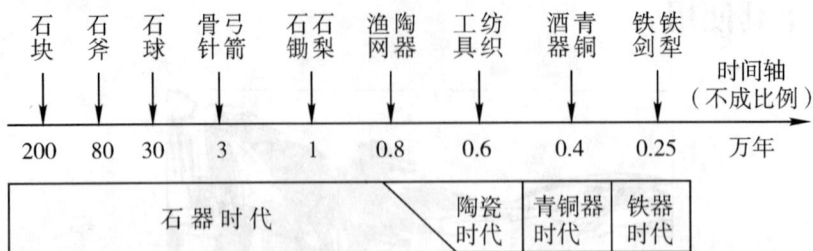

图72

石器时代，时间大约距今 200 万年至 1 万年前。这一时期，因为生产力水平和制作工艺低下，祖先们将石头简单加工（如砍砸、打磨等）制成工具。在古人类遗址中出土了大量这类工具，如石块、石斧、石球、石锄、石犁等。

陕西蓝田人使用的手斧
距今80万年

山西丁村人使用的石器
距今 28 万年

图73

陶器时代，时间大约距今 1 万年至 4000 年左右。陶器指以黏土为胎，经过手捏、轮制、模塑等方法加工成型后，在 800～1000℃ 高温下焙烧而成的物品。根据颜色的不同，陶器又有灰陶、红陶、白陶、彩陶和黑陶等诸多品种。陶器的发明是人类文明的重要进程——是人类第一次利用天然物，按照自己的意志创造出来的一种全新的东西；彩陶的出现使陶瓷与美学、图形和符号得到完美结合。现今出土的比较著名的陶器有西安半坡遗址出土的人面鱼纹盆、甘肃临洮出土的双鱼彩陶壶等。

人面鱼纹盆

双鱼彩陶盆

双鱼彩陶壶

图74

青铜器时代。中国的青铜器时代大约开始于距今 4000 年左右。青铜是红铜和锡的合金，因为颜色青灰，故名青铜。青铜由于硬度高，多用于制作兵器、礼器，也被用于农业生产。青铜器的产生，极大地提高了农业和手工业水平，加快了文明进程。现今出土的比较著名的青铜器有夏朝的长流爵、商朝的司母戊大方鼎等。

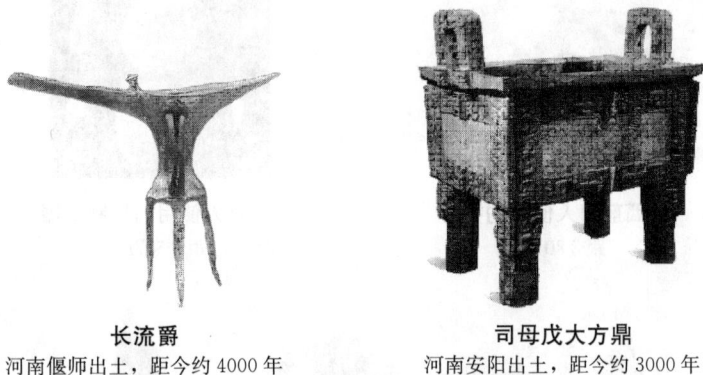

长流爵
河南偃师出土，距今约 4000 年

司母戊大方鼎
河南安阳出土，距今约 3000 年

图 75

铁器时代。中国的铁器时代大约开始于距今 2500 年左右。铁器坚硬、韧性高、锋利，胜过石器、陶器和青铜器。它兴起后被广泛用于农业和手工业活动，极大地促进了生产力的发展，加速了奴隶社会的灭亡。现今出土了大量春秋战国时期的铁剑、铁犁。

春秋时期的铁农具
距今约2500年

图 76

作为兵器的天下第一剑——越王勾践剑，于 1965 年 12 月在湖北荆州一座楚国的墓葬中出土，现收藏于湖北省博物馆。它长 55.6 厘米，由铜、锡等合金构成。除了金属自身防锈外，表面还进行了镀铬处理，被称为冶炼热处理之最。

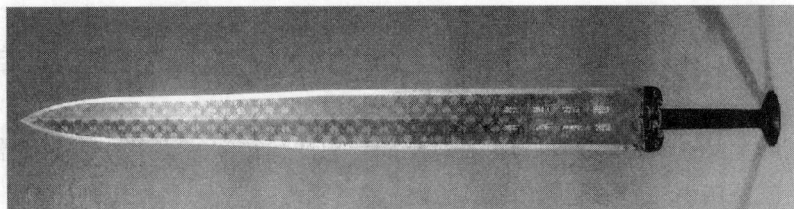

天下第一剑——越王勾践剑

时间：距今约2500年
馆藏：湖北省博物馆

图 77

18. 石器图形

陕西蓝田人使用的手斧
距今80万年

北京人使用的打制石器
距今50万年

山西丁村人使用的石器
距今28万年

内蒙古海拉尔出土的
削割器
距今约1万年

图78

在注释 17 中，我们已经谈及石器是一种很古老、很原始的工具。确切地说，石器指以岩石为原料制作的工具，它是人类最初的主要生产工具，盛行于人类历史的初级阶段。从人类出现直到青铜器出现前，共经历了两三百万年时间。

可以毫不夸张地说：人类进化过程中，石器是使用最早、持续时间最长的**第一工具**。

从考古发掘的石器来看，我国原始人使用的石器多以三角形、圆形为主。

这些出土的原始石器的形状具有一定的规律性：一是挖掘用、砍砸用石器多采用三角外形，目的是取其尖锐、锋利的特点；二是用于远程投掷攻击的石器多采用球形，目的是取其光滑、阻力小的特点。

这些规律性，实际上又透露出了我们的祖先对不同物理性状物体的认识。这些石器的外形，就是先祖将这些认识用于劳动的结果。

19. 信息交流　音体先行

图 79

　　信息交流是人类进步的重要标志，是人与人进行沟通的必要手段。现代人可以借助文字、网络、音响、影像、电话等手段进行交流。在生产力水平极端落后的原始社会，人们又靠什么来交流呢？

　　人类交流由最原始的声音、肢体进行交流，发展到图形、符号，最终形成文字。按它们产生的时间顺序汇总在表 8 中。

表 8　人类交流语言进步图

音体语言：用声音、肢体表示	图形语言：用图形表示	符号语言：用符号表示	文字语言：用文字表示
			时间轴 →

远古　　　约4万年　　　约1万年　　　约4千年

　　声音（最后发展为语言）和肢体动作是人类最早的信息交流方式。通过声音、肢体进行交流，动物也具备这样的能力。人类从猿进化而来，其音、肢体的交流从动物猿那里延续下来，成为人类最早的交流方式。人类在喜怒哀乐等情感的冲击下，强大的气流通过声带产生声音。这些声音在劳动、生活中不断获得修正和认同，最终形成了重要的交流工具——语言。

除语言外，肢体动作也是人类早期的信息交流方式并一直延续至今（如聋哑人靠以手势为主的哑语传递信息，现代的正常人也经常在说话过程中通过加入肢体语言来表达或强调）。这种经由身体的各种动作，希求达到表情达意的沟通目的的交流方式就是我们现在说的肢体语言。苏联早期有一名语言学家叫马尔，他提出"手势语起源"的说法。马尔认为，由于劳动创造了人，而人在劳动中以手势相互沟通——这一点也是人与猿人的最大区别。后来随着人类发音器官的发达，渐渐才产生了有声语言。因此，马尔得出了手势语是人类有声语言的雏形的结论。

随着人类的进步，古人通过手势（如现代的哑语就是典型的肢体语言）的比划发展到用手作图进行交流。图形的简化，便产生了符号；符号的简化变成了原始文字；原始文字的再精简便成了当今文字。这一过程就是人类产生的全过程，至今约有 1000 多万年。

图 80

20. 图形语言　思想留痕

图81

一、历史语言与图形语言

历史语言学（historical linguistics），亦称越时语言学（diachronic linguistics），是一门研究语言变化的学科。历史语言学是语言学的一个重要分支。最初的历史语言学是比较语言学，中文习称为历史比较语言学（historical comparative linguistics）。它以历史比较法为基础，研究语言的亲属关系。它关心的主要是对语言谱系的梳理和对史前语言的测拟。

根据文明史研究的需要，我们提出历史语言的新概念。历史语言是指能够记录历史的语言体系的总称，按出现的时间顺序来划分，分别有图形语言、符号语言、文字语言。到了近现代，科技的发展使原本无法记录历史的声音、图像也能够记录和保存，用以保存的照片、磁带、DVD等也可归为历史语言。

在人类发展早期，仅靠声音和肢体语言进行信息交流有着相当大的局限性，它们转瞬即逝，既不能保存，也无法传播到更远的地方，而某些需要保留和传播到较远地方的信息，单靠人脑的记忆是不行的。于是，把不能留存的肢体语言演变为绘刻语言，即图形语言。图形语言通过绘制、刻制的图形语言使信息得以记录和保存，以特定的图样形式来表达人的情感世界，以特定的形象——具象、意象、抽象等形象要素作为媒介，通过非固化的外部形式来表现作者内在丰富的情感精神。

古代大量的原始岩画、石洞壁画的出现，标志着人类**图形语言**概念的形成，也标志着人类形象思维与逻辑思维的进一步发展。

图形语言是人类发展史上最早能留存下来的语言，因此图形语言是最早的历史语言。

二、最早的图形语言——岩画

岩画，顾名思义就是绘制或镌刻在洞窟石壁或山野石头上的古代艺术符号。岩画是远古人类描述生活、自我表述的一种文化形式，是反映远古以来物质生产与精神文化的一种形象化或符号化表现。岩画是人类最早的造型艺术的滥觞，它开创了原始艺术的先河。岩画开始于史前，从远古狩猎时代到近代原始部落都有产生，是人类生存活动的真实记录和具有连续性的历史篇章，是世界性的文化语言，是世界上最早的文化。

世界上最早的岩画首推法国奥瑞纳文化中的岩洞原始绘画（距今 3.4 万年—2.9 万年，著名的野牛、野马岩画就是代表），以及后来德国、法国的马哥德林文化（距今 1.7 万年—1.15 万年）中的岩画。

奥瑞纳文化著名的野马岩画
距今约 3.4—2.9 万年

马格德林文化岩画
距今约 1.15—1.7 万年

图 82

我国最早的岩画，是宁夏贺兰山岩画，距今 4 万年—1.7 万年前。早在 4 万年—1.7 万年前，我国先民已进入图腾崇拜阶段，在岩画上也有了人面图像。

图 83

宁夏大麦地岩画，是典型的从复杂图形到简单图形的过渡图形，出现了许多符号性质的刻画，或单个，或成组，占大麦地岩画总数的 10％ 左右。这些符号可能属于表意的符号，可能与中国古文字的发生、发展有一定的联系。大麦地岩画中，有许多象形与抽象符号可能是古老文字产生前的图画形式，距今有 1—1.3 万年左右。

| 新井沟东头道梁
编号126组 | 1道梁
编号101组 | 新井沟东头道梁
编号141组 | 3道梁
编号33组 |

图84　大麦地岩画

三、彩陶上绘制的图形语言及太极雏形

随着信息交流和语言的进步，古人将自己对自然的朴素认识通过图形来表达和描述，进而进行记忆和交流。太极图的雏形，就是在以图形传递信息的过程中形成的。它包含了古人的思想。最早的太极螺旋，可能要算大麦地岩画之编号 126 组的螺旋图形。随着陶瓷的诞生，大量的图形语言被刻制在陶瓷器皿上（这需要图腾学家去研究）。而这些陶瓷器皿的图形语言，记录了大量的太极雏形。对此，我们将在下一注释中详细介绍。

新井沟东头道梁
编号126组

**最早的太极螺旋图，
距今约1～1.3万年**

仰韶文化图形

图85

四、思想留痕

无论是远古岩石上的岩画、壁画，还是生活器皿上的装饰纹路和符号，都是远古人

类对其日常生活的写实或者对其头脑中的抽象意识的描绘，是其思想的痕迹。远古人类的知识、思想被附着在这些图形和符号之上，在人与人之间、代与代之间传递。这样的记录和传递过程，对人类文明的进步产生了重要的促进作用。

如果要了解远古人类的思想状况，我们只能透过这些留存下来的图形、符号，通过对它们的研读，提取出上面附着的古人的思想信息。

21. 考古惊现　太极雏形　六七千年　彩陶器皿

图 86

太极图是图形时代的产物，从何时、何处而来，众说纷纭。最多的传说是伏羲所制，神奇的说法是外星人送给地球人的宝物……真相究竟是什么？大量的考古出土文物上，有无祖先留下的信息呢？

一、考古论证太极雏形的产生

历史研究，要研究古代的思想、文化、科技，最可靠的手段是考古。通过对历史遗留物（历史文物）的考证，探究它们传递出来的信息，进而对历史事物做出判断。文字记载是历史研究的重要手段，但是在没有文字记载的时候，我们唯一能依靠的只能是考古。

太极图是图形时代的产物。对太极图起源的研究，我们也只能依靠考古。

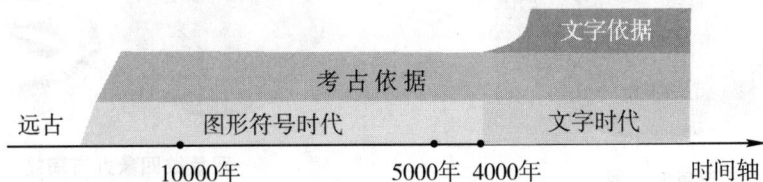

图 87

二、考古发现　太极雏形

太极图产生于何时、何地、何人，是颇有争议的问题；但不管怎样，太极图蕴含着丰富的哲学思想却是一个不争的事实。要探究太极图的起源和解析它的内涵，我们必须弄清楚太极图的基本特征和内涵。

1. 太极图的基本特征和内涵

我们认识太极图，不只是从图形上看待它，重要的是要从它的基本图形特征和实质以及思想内涵上去认识它。

图形特征：由两个对称或基本对称的图形组合成，图形外形为圆形、发散形或其他形式。

思想内涵：阴阳是太极图最重要的两个元素，也是太极哲学思想最基本的两个元素。

将上述图形特征和思想内涵作为衡量太极图的基本标准，那么就不难发现，在距今六七千年前的陶器上，就出现了包含以上内涵的图形，这也印证了关于太极图的雏形起源于新石器时期中后期的推论。

其中最典型的是出土的仰韶文化陶器上的双鱼图形，符合上述标准。最值得一提的是关于图形中蕴藏的阴阳概念。

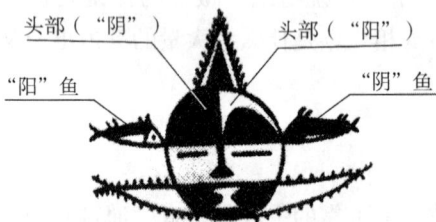

人面鱼纹八卦彩陶盆

仰韶文化
陕西西安半坡1955年出土，
距今7000年

双鱼追逐图

半坡文化
距今6000年

双鱼纹四象九方陶盆

仰韶文化
陕西临潼出土
距今6000年

图88

2. 考古发现的其他太极雏形图

以下是出土的彩陶上描绘的各种太极图雏形图（图 89）。

（侧视图）　　　（俯视图）

人面鱼纹八卦彩陶盆

仰韶文化

陕西西安半坡1955年出土，
距今7000年

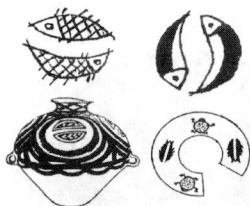

5000年前陶器上的双鱼图

鲜明太极线彩陶壶

屈家岭文化

（距今4000~4500年）

中国邮票 T149

螺旋敛口彩陶

马家窑文化

甘肃永靖县出土，
距今4500~5000年

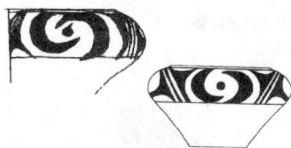

漩涡图

仰韶文化（郑州大河村）

（距今5800~5390年）

绘有鲜明太极线陶罐

良渚文化

（距今4000~4500年）

马厂型彩陶

（距今4200~4000年）

其他陶瓷器皿上的螺旋形图

玉器饰纹

红山文化

内蒙赤峰、辽宁牛河梁等地出土，
距今5000~6500年

旋纹彩陶罐

马家窑文化

距今4200~5500年

甘肃青海马家窑文化彩陶图形

（距今5100~4700年）

多种形态的太极图

图 89

22. 图形完善　纺织陶轮　屈岭文化　四千年整

图 90

进一步的考古发现，在距今四五千年的纺织陶轮上，出现了大量与现在太极图基本一致的太极图形。

一、纺织陶轮

中国的纺织历史悠久，闻名于世。远在六七千年前，人们就懂得用麻、葛纤维为原料进行纺织。目前所知最早的编织实物是河姆渡遗址出土的距今 7000 年的芦苇残片，纹样为席纹。西安半坡遗址出土陶器底部的纺织印痕有蓝纹、叶脉纹、方格纹和回纹等。

有纺织就要用到纺织工具，纺轮就是纺织工具的重要组件。从外形上来看，纺轮为圆形，中心穿孔；从质地上来看，目前出土的早期纺轮，有石质和陶制两种，但以陶制居多。

制陶技术成熟后，产生了大量彩陶纺轮。在众多的彩陶纺织轮上，绘制了多种形式、多种变化的太极图形，其中就有与现在几乎一致的太极图形。

二、屈家岭文化遗址中的纺织陶轮

在全国范围内，都有绘有太极形图形的纺轮出土，如图91所示。

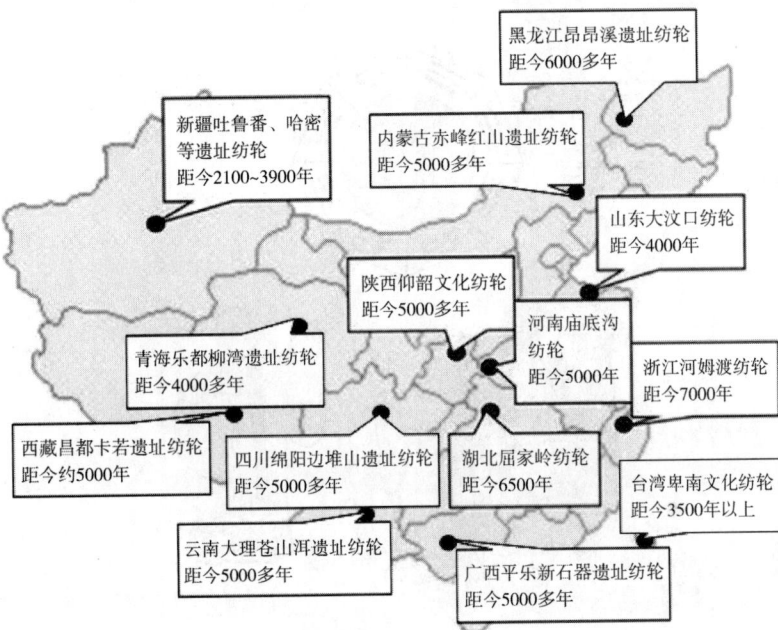

黑龙江昂昂溪遗址纺轮
距今6000多年

新疆吐鲁番、哈密等遗址纺轮
距今2100~3900年

内蒙古赤峰红山遗址纺轮
距今5000多年

山东大汶口纺轮
距今4000年

陕西仰韶文化纺轮
距今5000多年

河南庙底沟纺轮
距今5000年

浙江河姆渡纺轮
距今7000年

青海乐都柳湾遗址纺轮
距今4000多年

西藏昌都卡若遗址纺轮
距今约5000年

四川绵阳边堆山遗址纺轮
距今5000多年

湖北屈家岭纺轮
距今6500年

台湾卑南文化纺轮
距今3500年以上

云南大理苍山洱遗址纺轮
距今5000多年

广西平乐新石器遗址纺轮
距今5000多年

图91

在这些遗址出土的陶轮中，尤其以湖北屈家岭文化遗址的陶轮最为典型。

屈家岭遗址，1954年由中国社科院考古研究所发现于湖北京山县屈家岭，距今约5000—4600年。屈家岭出土了大量绘有太极图形的彩陶纺轮。

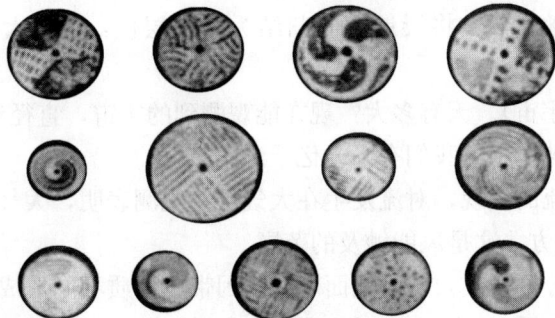

图92　**屈家岭遗址出土的陶纺轮**（距今5000—4600年）

23. 天地自然　八卦分层　符号时代　伟大发明

图 93

　　按照神话传说，盘古开天地，造就了我们人类生存的空间。那么，古人是如何认识天地之间的自然现象呢？

一、天地自然八卦图

　　古人仔细观察天地自然，将天地之间归结为 8 个层次：天、太阳（火）、风、雷、雨、山、泽、地。

　　天：泛指天空（宇宙）。天有多大？现在能观测到的宇宙，直径约 200 亿光年。

　　火：太阳是个火球。距离我们有 1.5 亿千米。

　　风：风是空气对流的表现，对流发生在大气层。观测表明，大气层可以延伸到地面以上 1000 多千米的地方，这是风能触及的范围。

　　雷：云体内各部分之间或云体与地面之间，因带电性质不同形成很强的电场，产生放电现象就形成了雷。雷一般发生在对流层，在赤道地区，对流层的高度可达 18 千米，所以雷的高度也可达 18 千米。

　　雨：是空气中的水汽积聚成水珠掉落到地面的结果。雨形成的高度可达地面上 10

千米左右。雨降落到地面后，即所谓水。

山：指地壳上升地区经受河流切割而成，一般指高度较大、坡度较陡的高地。地球上最高的山峰是珠穆朗玛峰，海拔为 8844.43 米。

泽：我们把洼地统称为泽。这样来说，马利亚拉海沟就是最深的泽，深度为 11034 米。

地：指我们居住生活的大地表面。

以上 8 个自然元素，将它们合起来即成一副天地自然图。依此 8 个元素之间的关系，笔者绘制了一幅由图画反映的八卦图，如图 94 所示。

（油画，存放于成都耍都太极会所，笔者创意。画家：王宏）

图 94　中华第一八卦画

二、天地自然与八卦

在文字未出现前，我们的祖先依靠八卦符号来表示天地自然的变化关系。

1. 辞典中八卦的解释

关于八卦，辞典中的解释为："远古中国的一套象征性符号，由三条长画或断画组成的八种图式，在中国和日本用于占卜和象征。"

2. 八卦符号、名称与天地八元素关系及哲学含义

解释中所说的"长画"和"断画"，分别为"——"与"— —"，人们称为"爻"，为八卦的基本符号，其中，"——"代表阳，"— —"代表阴。3个爻的重叠构成八卦符号。

八卦是古人对天地自然认识的高度概括和总结。

乾，代表天，代表天体运行。哲学含义为"**健**"。

离，代表太阳和火。内阴外阳，光芒四射、躁动万物。哲学含义为"**丽**"。

巽，代表风。风即空气，包括云层。风桡万物者。哲学含义为"**入**"。

震，代表雷，震动万物者。哲学含义为"**动**"。

坎，代表雨，滋润万物者。哲学含义为"**陷**"。

艮，代表山，终万物、始万物者。哲学含义为"**止**"。

兑，代表低洼，形成山谷和地面河流，悦万物者。哲学含义为"**悦**"。

坤，代表地，滋养、包容万物者。哲学含义为"**顺**"。

八卦的构成、名称与对应的天地8个元素的关系及哲学含义，如图95所示。

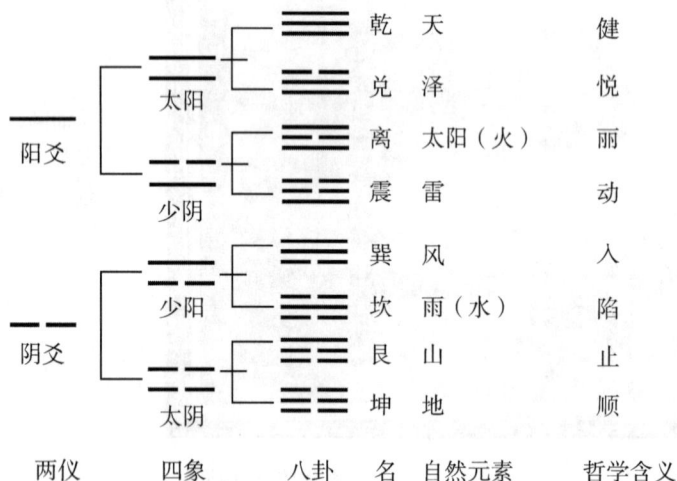

图 95

3. 八卦的伟大意义

八卦是太极哲学的第三个关键词，是符号时代的产物，是符号时代的伟大发明，其意义主要有二：

第一，用阳爻、阴爻的不同组合，表示阴阳渐变的程度，是阴阳观念的延伸。

第二，将太极图的阴阳辩证矛盾，又向前推进了一步。它将天地之间的8个元素，概括为4对辩证矛盾——"天－地"、"水－火"、"风－雷"、"山－泽"，以此去认识和解

释世界。八卦的出现，充分说明至少在三四千年前就有了哲学的核心思想——辩证矛盾的概念。这是继太极图之后的又一伟大发明。

三、符号时代

符号即"印记、标号"。与图形不同，符号更加简洁，具有以更少的笔画表达更多含义的特点。图形、符号、文字都是人类历史上传递信息的重要语言。

1. 符号是简单的图形，是文字的"胚胎"

就图形、符号、文字三者的辩证关系而言，图形简化为符号，符号是文字的雏形或者"胚胎"。

从狭义的医学观点来说，脱离母体存活下来的胎儿，才能完全具备"人"的称谓。一般来说，在母体中孕育超过 6 个月的胎儿诞生后才有可能成活（英国曾有个胎儿早产 4 个月奇迹般存活，创造了此项记录），也即从胚胎到"人"至少要经历 6 个月的过程。类似的，文字产生之前的符号，相当于文字的"胚胎"，它经历了几千年的发展和演化，才最终形成文字，为人类文明史上第一个文化高潮的出现奠定了基础。**有人认为在六七千年前的彩陶盆盆边上就有像八卦的符号和代表方向的符号。**而八卦符号的出现，为文字的发明奠定了基础，是文字的雏形，是符号中的重大发明。

人面鱼纹八卦彩陶盆	双鱼纹四象九方陶盆	人面网纹八卦彩陶盆
仰韶文化	仰韶文化	仰韶文化
陕西西安半坡1955年出土	陕西临潼出土	陕西西安半坡1955年出土
距今7000年	距今6000年	距今6000年

（俯视图）

图96　绘有图形、符号的出土陶瓷

2. 符号时代的例证

陶器是我国史前文化的重要组成部分。目前出土的很多陶器上都有形状各异的刻划符号。以郭沫若、于省吾等为代表的史学家认为这些符号有着重要意义，认为它们很可能是我国古代文字的原始形态之一。

现将已经发现的部分刻画符号归纳在表 9 中。

表9

来　源	时　间	符号举例
大地湾遗址 （甘肃秦安）	距今8200年	／丅↑✕δ⌐ら（见图93—1）
王家阴洼遗址 （甘肃秦安）	距今6800—5800年	W X
傅家门遗址 （甘肃武山）	距今5900—4000年	✳ ✕✕ ￥ ♯ ↟ ⅓
马家窑遗址 （甘肃临洮）	距今5900—4000年	⊟工￥🗲➔✻中 ♯田∞✳↟（见图93—2）
地巴坪遗址 （甘肃广河）	距今5900—4000年	✕Ⅰ∨Ⅱ⋈W三卍（见图93—3）
柳湾遗址 （青海乐都）	距今5900—4000年	✳⊟（见图93—4）
宗日遗址 （青海同德）	距今5500—4200年	✕ⅠS二（见图93—5）
秦魏家遗址 （甘肃永靖）	距今4100—3600年	↓↑↓⌐（见图93—6）
姬家川遗址 （甘肃永靖）	距今3400—3000年	⌐↑↑⋙二∨✳↟ⅠⅠD

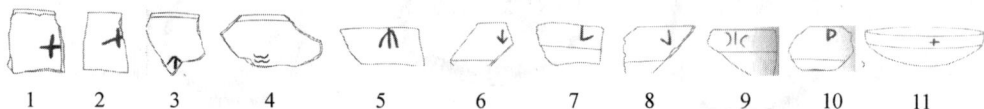

图97　大地湾文化陶器符号

图98　马家窑陶器符号

图99　地巴坪遗址陶器符号

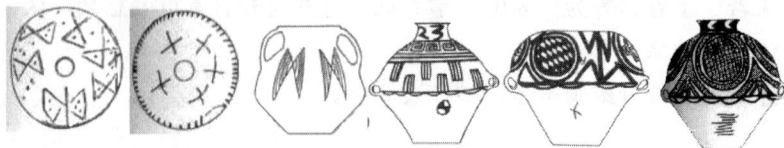

图100　柳湾陶器符号

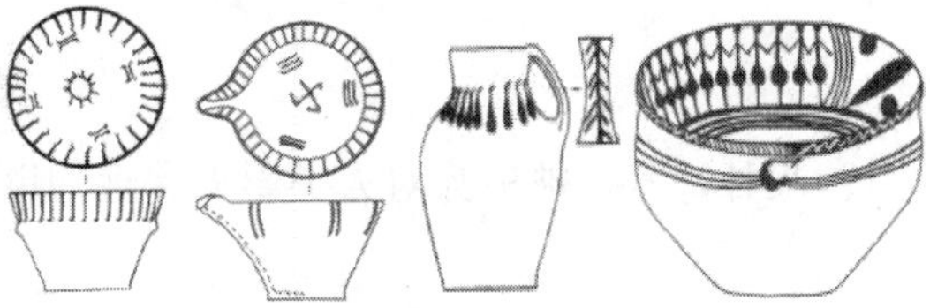

图 101　宗日文化陶器符号 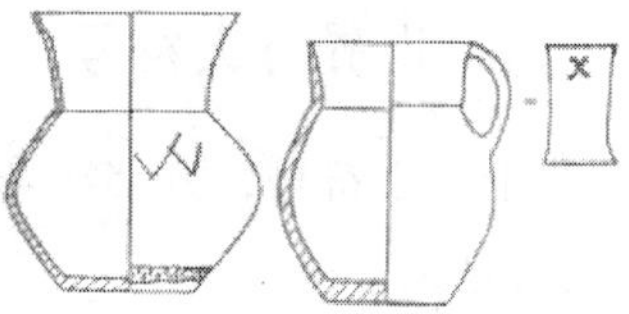　　　　　　　　图 102　秦家魏遗址陶器符号

随着考古发掘的发展，带有符号的出土文物越来越多，单就黄河上游地区（青海、甘肃、宁夏等地）出土的史前带有符号的陶器就有近千件。这些符号约有 160 多种形式，各种符号多寡不同。我们对青海柳湾遗址出土的 679 件陶符进行统计，不难看出不同符号的出现频率（见表 10）。

表 10

符号形状	＋	×	 𝟴	∧	卐	△	⋈	其余	合计
数量（件）	116	52	30	27	26	14	10	均少于 10	679
比例（％）	17	7.6	4.4	4.0	3.9	2	1.5	均少于 1.5	100

学者们按照不同的形式，把这些刻画符号分成数字类、单字类与象形类三种（见表 11）。

表 11

类　别	举　例	意　义
数字类	 一 = 三 三 ㆒ ‖ ⫼ × ＋ ∧ ㄓ =	类似数码、表征数字
单字类	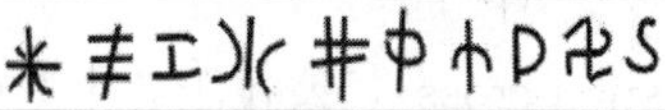 米 ≠ 工 Ⅼ 米 丰 中 ⋔ Ϸ 𝒮 S	不属于数目字的单个符号
象形类	 ⩳ 𓂝 米 W 米 ✦ ◯	对自然景物、物体形状的模仿

一些专家将这些符号与商代甲骨文和周代金文进行对照研究，探讨了一些符号的涵义。这对研究我国文字的起源具有重要意义。我们可以借鉴这些专家的研究，来理解部分符号的涵义（见表 12）。

表 12

古字符	一	二	三	×	＋	∣	‖
今涵义	一	二	三	五	七	十	二十
古字符	≠	 ↑	 ⊕	 米	◉	 𝟴	 ⚲
今涵义	玉	巾	中	水	日	串	人

四、世界三大符号

"十"字符号、万字符号（"卐"、"卍"）、八卦符号，被称为对人类影响深远的世界三大符号。

通常说符号是文字的先驱，现在来看八卦符号、十字符号、万字符号的时候，我们会发现它们有启迪文字、领先文字的含义，但要真正弄清楚里面的含义，人类仍需不懈研究。

1. 八卦符号

八卦符号，前面我们已经作了介绍。它以其古老的辩证思想影响世界，在中国哲学中，占据非常重要的地位。继八卦之后的易学、道学、道教，都是对这一符号的解读和延伸。

2. "十"字符号

两条互相交叉的线条即成"十"字，其含义为荣誉、胜利、爱。这种简约的图案似乎是人类历史上出现频率最高的标志之一。它的普及当然首先归功于基督教，但事实上，早在基督教诞生以前，人类祖先就开始使用"十"了。

安荷"十"（Ankh）又叫古埃及十字，是生命的象征。在奥西里斯等诸神像和木乃伊棺上，我们都可以看到安荷。

基督教进入埃及后，安荷很自然地和圣物十字架结合起来，在东方教会中使用，于是形成了两种被基督教异端诺斯替派和科普特教会使用的十字架。

基督"十"（Christian cross），或拉丁"十"（Latin cross），西方教会的最主要标志之一。

希腊"十"（Greek cross），东方教会的传统图案，与西方的"发展"相比，东方更注重"平衡"。

东方"十"（Eastern cross），或拜占庭"十"，东正教会使用的"十"字图案之一。ICXC 是基督耶稣的希腊语拉丁化写法 IHCOYC XPICTOC 的首字母和末尾字母。

拜占庭"十"，在东正教堂的屋顶可以看到。

教宗"十"（Papal Cross），罗马教宗的标志。

国际红十字会标记。十字星代表扶伤。

不少国家和组织将"十"作为旗帜或标记（如图 103 所示）。

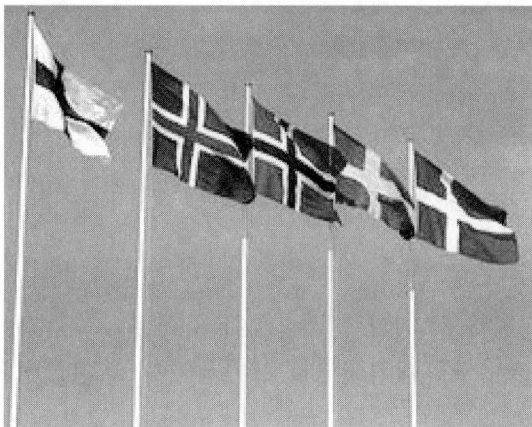

从左向右：芬兰、冰岛、挪威、瑞典、丹麦

图 103

3. 万字符号（"卐"、"卍"）

在人类文化史上，"卍"与"卐"作为符号，很早就出现了。从符号的形态上来看，它是从自然中的螺旋现象提炼而来。在中国和世界其他地方，在长达 3000—6000 多年的历史长河中，许多出土文物上都有这一符号。它用在不同的场合，有不同的含义。

（1）**"卐"是纳粹党排犹运动的标志**。流年似水，人类进入了 20 世纪。希特勒认为雅利安人是最优良的人种，犹太人是低劣的人种。他在狂热地追求"种族纯洁"时，掀起了一次又一次的排犹运动。20 世纪二三十年代，他在为德国国家社会主义党设计党旗时，在红布上的白色圆圈中嵌上黑色的"卐"。"卐"是雅利安人的符号，作为反对犹太人的标志。1935 年 9 月，它成为第三帝国的国旗和徽章。在红白黑三色的"卐"符旗下，纳粹党的排犹运动、第三帝国等法西斯国家挑起的第二次世界大战，造成了人类浩劫。

（2）**"卍"（"卐"）是佛教中的重要符号**。佛经中的"卍"有时作"卐"，写法不一。唐慧琳《一切经音义》提出，应以"卍"为准。逆时针方向的"卍"和顺时针方向的"卐"，在不同地域是有区别的。藏传佛教以"卐"为吉祥标志，将"卐"写在庙门、墙壁及其他器物上。"卍"则是苯教崇奉的符号，藏语称"卍"为"雍仲"，意为"坚固"。苯教（类似萨满教的原始宗教，以占卜吉凶、祈福消灾、请神驱鬼、除病解厄等为主要活动）认为"卍"含有"固信不变"的意义，将"卍"写在庙门、墙壁、经书和宗教画卷上。有些地区的藏民，在逝者的额上画一"卍"字。苯教徒是以左旋的逆时针方向，围绕着寺院、佛塔、神山、圣地巡礼的，藏传佛教是以右旋的顺时针方向巡升的。"卍"和"卐"，表示苯教和藏传佛教的不同巡礼方式。

五、八卦的产生

八卦的产生有多种说法。

1. 来源于天地自然的认识总结

这就是本注释中之一、之二所述,即八卦来源于天地之间的八元素,由此解释了天地自然现象及其演变关系。

2. 来源于龟甲占卜

古人在龟甲上占卜时刻划了许多符号(包括记号、数字、文字),尤其是刻画横线的数字符号,距今 3500 年前。这些符号被刻画在甲骨上得以传承,这就是甲骨文。

图 104　商周卜骨上的数字符号

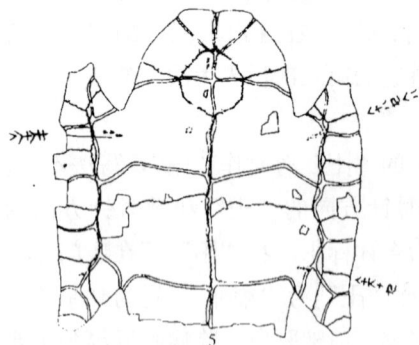

图 105　龟甲上的占卜符号
(安阳殷墟出土)

表 13

陕西西安半坡	仰韶文化	
陕西郃阳莘野村	仰韶文化	
陕西长安五楼	仰韶文化	
陕西临潼垣头	仰韶文化	
陕西姜寨	仰韶文化	
陕西宝鸡北首岭	仰韶文化	
青海乐都柳湾	马家窑文化	
浙江良渚	龙山文化	
湖北宜昌杨家湾	太溪文化	
河南偃师二里头	夏　早商	
郑州二里岗	商	
河北藁城台西	商	

从以上图、表中的划痕的符号来看,"卦"字的来历正是这些占卜划痕符号的组合。

3. 来源于蓍草占卜

占卜术出现后,人们嫌用甲骨刻符号占卜太复杂,到了周朝,改用蓍草占卜:巫人任取一把蓍草，按双数取出，最终剩下一根或两根草——前者用一根长线表示，后者用两根短线表示，长线代表阳，两根短线代表阴。这就是现在的八卦符号。但这一说法在考古实物上没有被发现。

4. 来自太极图阴阳程度的展开

根据阴阳渐变原理，由古太极图展开，从而获得八卦符号与太极阴阳程度的关系，如图 106 所示。

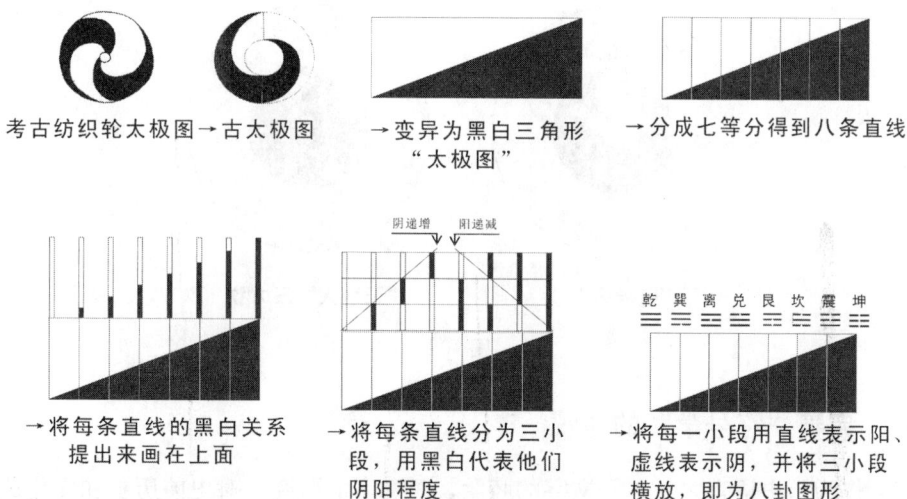

考古纺织轮太极图→古太极图　　→变异为黑白三角形"太极图"　　→分成七等分得到八条直线

→将每条直线的黑白关系提出来画在上面　　→将每条直线分为三小段，用黑白代表他们阴阳程度　　→将每一小段用直线表示阳、虚线表示阴，并将三小段横放，即为八卦图形

图 106　八卦产生过程解释图

5. 来源于具有八个方位的图形和图腾

在注释 20 的考古图形中，有大量的符号。一种解释说八卦来源于这些具有八个方位的图形。比较典型的是 1987 年安徽含山县凌家滩出土的距今约 5000 年的一块玉板（图 107）：上方所刻 9 孔，象征北斗九星；下方所刻 4 圆孔，象征地；左右各刻 5 个孔，象征十月太阳历；玉版中心为一个八角垂芒纹，外圆，中心点方，即原始八卦图。故此，有人认为玉版就是一个河图洛书和八卦的组合图。

图 107

然而，无论是古陶器上的刻符还是含山玉版上的八角垂芒纹，都与现在流行的八卦符号（阳爻、阴爻）有很大的不同。在考古中，至今还未发现与此八卦符号完全吻合的符号形象。

6. 来自"天地人"三才之说

《易经》是解释天地人关系的书籍。在《易经》出现之前，更多的是解释"天帝神"的关系，是鬼神说，其目的是为统治阶层服务。而《易经》的"天地人"关系强调人的社会地位和价值，是对"天帝神"的冲击和反对，目的是为了提升人的社会价值。

八卦中的三爻分别代表天、地、人的三个层次。三爻的变化，表现了天、地、人的变化关系。

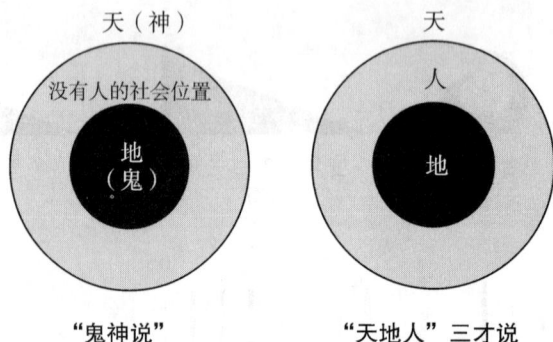

图 108

六、完善"符号学"的建议

符号作为历史语言之一，是文字的胚胎，对文字的研究、对史前历史和文化的研究起着不可低估的作用。为什么历史研究会出现断层？就是因为研究历史仅以文字为主，而忽略了没有文字出现时的符号时代，自然会造成研究的断层。为此，笔者建议设置符号研究机构，培养符号学专家，创立"符号学"，从事符号研究，从而使历史研究延伸到史前，在宏观上更系统地把握历史的脉络。

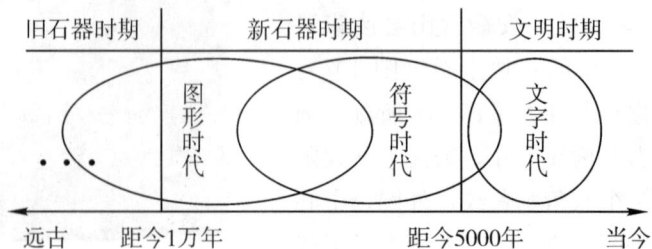

图 109　历史语言的划分

24. 太极八卦　尽善尽美

图 110

八卦以符号的方式，代表了阴阳的 8 种渐变程度，并分布在太极图的周围，对太极图阴阳变化进行了图外补充，使之实现完美，成为图、符结合的最佳案例。

一、八卦与太极图的组合

将八卦符号排列在太极图的周围，就形成了太极八卦图。太极图与八卦符号组合是对太极图的进一步完善。不同的排列方法得到不同的组合（如图 111 所示）。

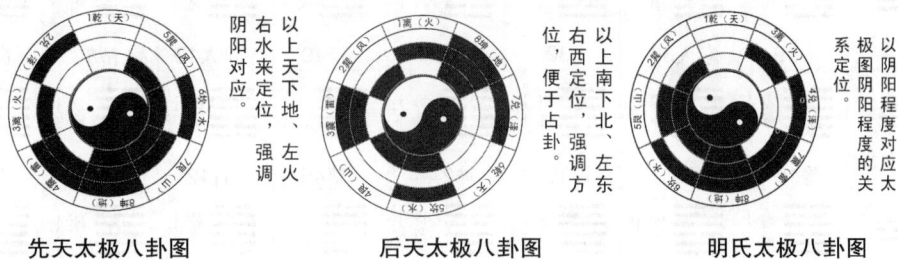

先天太极八卦图　　　　　后天太极八卦图　　　　　明氏太极八卦图

图 111

二、世界伟大图形

国旗、国徽是一个国家、一个民族的象征；文化徽记、学科徽记是这一文化、这一科学的象征。太极图被国内外广泛应用，说明它是受人尊崇的世界性的伟大图形。太极八卦图在国内应用最多的是道教，其次是道学、易学等。太极八卦图传到国外，现已作为韩国国旗，更多的应用见本书第七、八章中的注释。

图 112

25. 八卦组合　易经告成

易经是文字时代的产物，是在八卦排列组合的基础之上用文字阐释八卦的著作。

一、八卦组合

易经将八卦（3爻）进行重叠成为6爻，组合成了64种排列，这就是所谓的64卦（6爻的排列图像）。

下卦＼上卦	震（雷）	巽（风）	离（火）	坤（地）	兑（泽）	乾（天）	坎（水）	艮（山）
震（雷）	震51	益42	噬嗑21	复24	随17	无妄25	屯3	颐27
巽（风）	恒32	巽57	鼎50	升46	大过28	姤44	井48	蛊18
离（火）	丰55	家人37	离30	明夷36	革49	同人13	既济63	贲22
坤（地）	豫16	观20	晋35	坤2	萃45	否12	比8	剥23
兑（泽）	归妹54	中孚61	睽38	临19	兑58	履10	节60	损41
乾（天）	大壮34	小畜9	大有14	泰11	夬43	乾1	需5	大畜26
坎（水）	解40	涣59	未济64	师7	困47	讼6	坎29	蒙4
艮（山）	小过62	渐53	旅56	谦15	咸31	遁33	蹇39	艮52

图113

二、易经和八卦

易经通过文字对八卦的含义进行文字阐述。历史上曾有"三易"之说，即夏代的《连山》、商代的《归藏》、周代的《周易》。前两种易经已轶失，仅留下《周易》，距今已有三千多年。易经以八卦为本，对八卦进行文字阐释。而太极图又是八卦之根，所以易经的根源在于太极。故今天的易经学、易经研究会及其他与易经相关的活动均以太极八卦图为徽记。

图 114

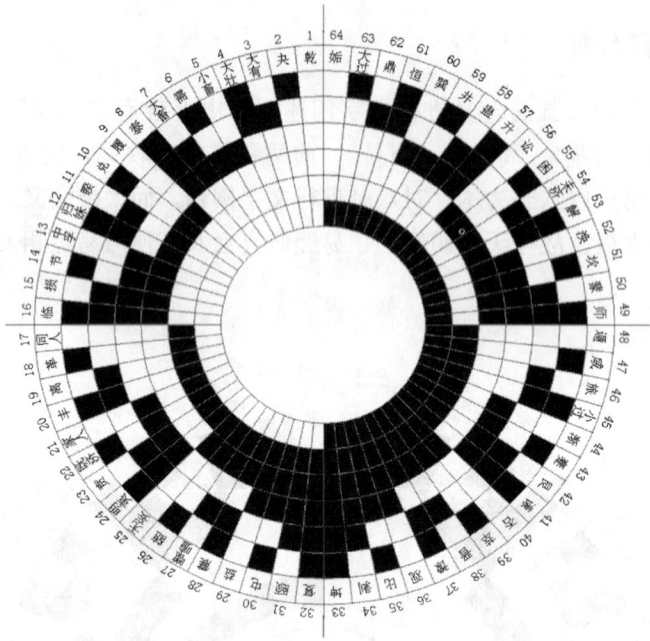

图 115　伏羲圆形排列图（二进制）

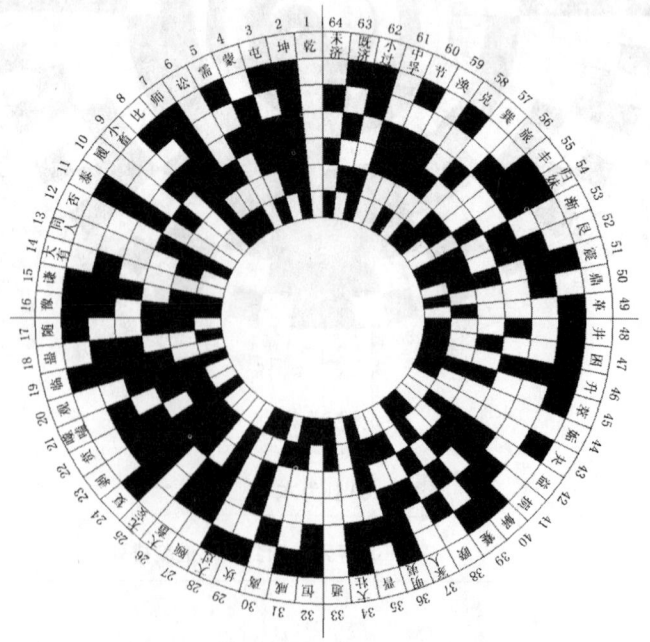

图 116　周文王圆形排列图（卦顺序）

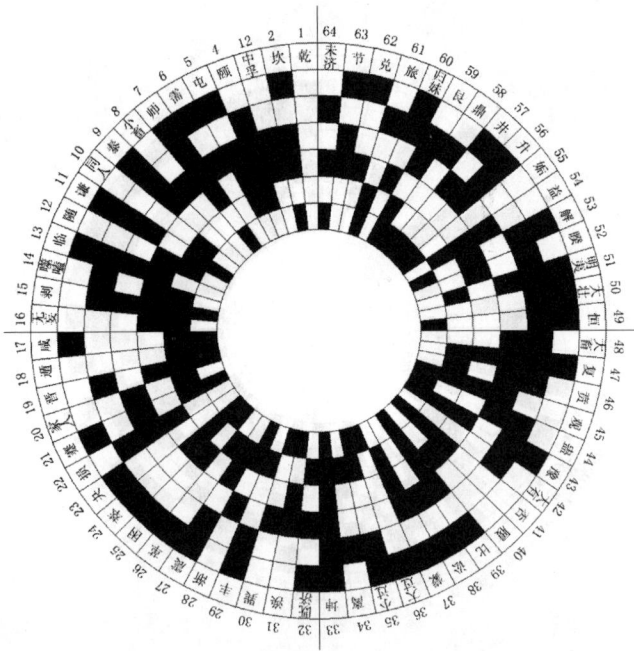

图 117　周文王圆形排列图（矛盾顺序）

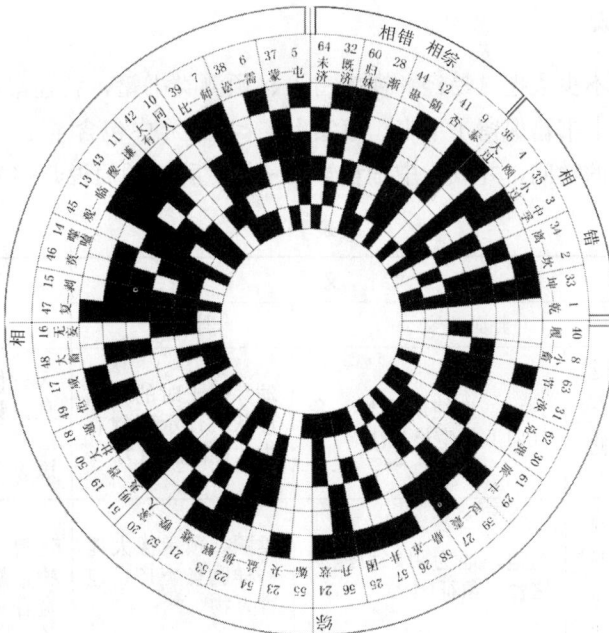

图 118　相错相综圆形排列图

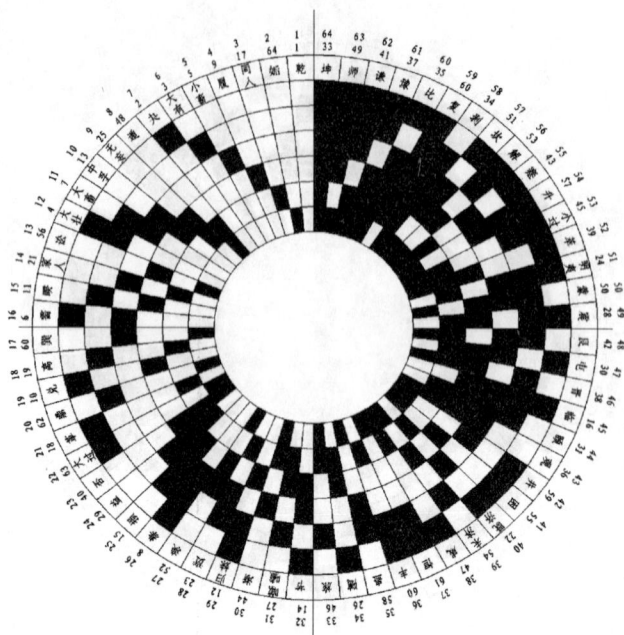

图 119　周氏阴阳渐变排列图

三、易经简说

历史上曾经有不少人把《易经》视为占卜、预测类书籍，就连秦始皇"焚书坑儒"时，也将其视为占卜书籍保留了下来。事实上，《易经》中包含了很多关于人类思想和宇宙本质规律方面的学问，并成为中华哲学第一书。我们的简说归纳为表14。

表 14

卦序	卦名	卦画	卦义		启示
			卦画之义	卦名之	
1	乾	䷀	乾（天）乾（天）为天，为纯阳之性，象征向上与生长规律	幼芽破土时的弯曲形状，预示刚健有力才能战胜阻力	天行健，君子以自强不息；要遵循规律；懂得进退、存亡、得失之道；谦虚谨慎
2	坤	䷁	坤（地）坤（地）为地，地为阴，为纯阴之性，象征顺从	柔顺，预示像大地一样胸怀宽广、包容万物	地势坤，君子以厚德载物；顺从法则；处世宽容

110

卦序	卦名	卦画	卦义		启示
			卦画之义	卦名之	
3	屯	䷂	水下响雷,象征初生的险难与不安定,故应深谋远虑	初生,预示不安定与险难	万事开头难,需要深谋远虑;要奋发图强,开拓进取;要有规划,不能急于求成。
4	蒙	䷃	山下出水,为山下有泉水之象,但要发现甘泉,必须找出泉水位置,意味着先进行启蒙教育	启蒙,预示必须得到指引与教育	通过合理的启蒙、教育,开人心智,指明方向
5	需	䷄	水汽集于天之上,有降雨的征兆但未下,象征等待	需要等待,预示等待合理时机,谋求发展	凡事要顺其理、待其时;要谨慎戒备,看准时机,再谋求发展
6	讼	䷅	天下水,天为刚健,水为险陷。刚与险,健与陷,彼此反对,定生争讼,非善事,象征慎重戒惧	分歧、争执,预示谨慎对待	虽然分歧难免,但是终非善事,所以应谨慎对待、小心处理
7	师	䷆	地下水。地为顺。水为流动,表示师出有名;水为险,表示兵凶战危。但若顺乎形势,能化凶为吉。象征率军出征	率军出征,预示师出有名,化凶为吉	虽率领的人多,但必须兴正义之师,才能化凶为吉
8	比	䷇	水附大地,地纳河海,象征相互依赖、亲密无间	紧挨着,预示和平相处、精诚团结	和平相处,才能亲近团结、相亲相辅
9	小畜	䷈	风行于天,蓄积雨势,而未成云,象征时机未成	蓄积,预示时机未成,必须蓄积力量	时机未成熟,力量不足之时,只有积蓄能量,争取支援,才能实现理想
10	履	䷉	以天喻君,以泽喻民,君上民下,各得其位。兑柔遇乾刚,所履危,象征谨慎行事	实践,预示脚踏实地地向前进取	处事应谦虚谨慎,循礼而行,避免摩擦;处事应量力守分、脚踏实地

卦序	卦名	卦画	卦　义		启　示
			卦画之义	卦名之	
11	泰	䷊	坤（地） 乾（天） 地天阴阳交感，上下互通，天地相交，万物纷纭，象征应时而变	通泰。预示应时而变则一切顺利	万事万物皆对立、转化，盛极必衰，衰而转盛。若遵循事物之理，应时而变，则会一切顺利
12	否	䷋	乾（天） 坤（地） 天地不交，阳气上升，阴气下降，万物不通，象征阻塞	不交不通，预示阻塞与不顺利	泰极而否，否极而泰，互为因果，是必须遵循的自然规律。人们应该遵循规律将否转化而泰
13	同人	䷌	乾（天） 离（火） 上天下火。天为君，火为臣民百姓；火性上升，同于天，上下和同，同舟共济，象征天下大同	上下和同，预示人际关系和谐	为人处世必须与人和同。只有人际关系和谐、上下和同，才能同舟共济、共渡难关
14	大有	䷍	离（火） 乾（天） 火在天上，普照万物，万民归顺，顺天依时，象征大有所成	大有收获，预示顺天依时就会有大的收获	按客观规律办事，才能有收获；收获时，要妥善处置，才能富有长保
15	谦	䷎	坤（地） 艮（山） 地面有山，地卑而山高，是为内高外低，象征功高不自居，名高不自誉，位高不自傲	谦虚。人若谦虚，则无往不利	六十四卦中唯一的六爻均吉利的一卦，可见谦虚美德的重要。满招损，谦受益
16	豫	䷏	震（雷） 坤（地） 地上雷。地为顺；雷为动。雷依时出，预示大地回春。因顺而动，和乐之源。象征依顺时事	顺时依势，预示因顺而动，依时而行	时势造英雄。人只有按照客观出现的可能性条件去实践自己的计划，才能得到预期的成功
17	随	䷐	兑（泽） 震（雷） 震为雷，为动；兑为悦。动而悦就是"随"，象征相互顺从	随时变通，预示随时而动	相互顺从，己有随物，物能随己，彼此沟通。随时依时顺势，有原则和条件，以坚贞为前提
18	蛊	䷑	艮（山） 巽（风） 山下风，喻器皿久不用而生虫称"蛊"，喻天下久安而因循、腐败，象征振疲起衰	多事、混乱。预示必须采取积极的行动改变现状	乱象环生时，不可坐以待毙，必须革新创造、治理整顿、挽救危机、重振事业

续表14

卦序	卦名	卦画	卦义		启示
			卦画之义	卦名之	
19	临	䷒	坤（地） 兑（泽）	泽处地下，地高泽卑，象征监视、统治	临视，预示上看下，监视、统治	上级应以德抚育下级；下级应以德感应上级。这样才能上下融洽
20	观	䷓	巽（风） 坤（地）	风行地上，喻德教遍施。在下者以敬仰瞻上，象征人心顺服归从	观下瞻上，预示上观下，感化、观察	上若有德，人心得以感化，则下自然归从，事事顺遂
21	噬嗑	䷔	离（火） 震（雷）	火雷相交，咬碎硬物，象征恩威并施，宽严结合	刚柔相济，预示惩戒应该宽严结合	恩威并用，小惩大戒，坚持原则，才能政通人和、天下太平
22	贲	䷕	艮（山） 离（火）	离为火为明；艮为山为止。贲卦论述文与质的关系，象征以质为主、以文调节	文饰、修饰，预示用光彩来修饰、装点	大自然需要装点，人也需要适当修饰；但有内涵、重内在的朴实面目，才是纹饰的极致
23	剥	䷖	艮（山） 坤（地）	高山附于地。五阴在下，一阳在上，阴盛而阳孤——二者都是剥落之象，象征小人得势、君子困顿	剥落，预示坏对好的侵蚀	黑暗时期，小人当道，此时君子只应顺应时势、谨慎隐忍
24	复	䷗	坤（地） 震（雷）	地下响雷。震为雷，为动；坤为地，为顺。动则顺，数其自然。动在顺中，内阳外阴，循序运动，象征进退自如、利于前进	回复、回归，预示寓动于顺	在恢复时期，虽有好的转机，但是一切未定，此时应更加谨慎
25	无妄	䷘	乾（天） 震（雷）	乾为天为刚为健，震为雷为刚为动。动而健，刚阳盛，人心振奋，必有所得；但唯循纯正，不可妄行。象征无妄必有获	无妄而得，预示不妄行就会有所得	不虚伪、不妄虽然不一定有善报，但这是天理、人道。立身处世只有真实、无妄才能心安理得
26	大畜	䷙	艮（山） 乾（天）	乾为天，刚健；艮为山，笃实。畜者积聚，大畜意为大积蓄，象征不畏艰险、丰富德业	止而不止，预示不断的积蓄	既富且强时，容易过度自信而轻举妄动，陷入困境，因而需要冷静警觉

卦序	卦名	卦画	卦义		启示
			卦画之义	卦名之	
27	颐	䷚	艮（山） 震（雷） 山在上而雷在下，外实内虚。春暖万物养育，依时养贤育民，象征颐养	纯正以养，预示实者养人，虚者为人养	谋生养育不可依赖他人，应当自食其力，运用自己的智慧获得生存和供养的条件
28	大过	䷛	兑（泽） 巽（木） 兑为泽、为悦，巽为木、为顺。泽水淹舟，遂成大错，象征大的过失	非常行动，预示大的过失引起艰难险阻	自然界及人类社会，难免出现失调的现象。解决的原则是刚柔相济，力求平衡，不能太过
29	坎	䷜	坎（水） 坎（水） 坎为水、为险。两坎相重，险上加险，象征险阻重重	行险用险，预示行动遭遇艰险阻碍	在艰险中，退缩是没有出路的，越是向前的行为越是崇高
30	离	䷝	离（火） 离（火） 离者丽也，附着之意。一阴附丽，上下二阳，象征附着、结合	附和依托，预示人要有所依附和依托	不论尊卑，人都要附着于处的时代、社会；人要有依托才能安全，但要谨慎选择依托对象
31	咸	䷞	兑（泽） 艮（山） 兑柔在上，艮刚在下，水向下渗，柔上而刚下，象征交相感应	相互感应，预示应开阔心胸和眼界、接受感应与影响	君子应虚怀若谷，容纳感化众人，接受他人的感应；自我封闭有碍于建立良好的人际关系，不可能有大作为
32	恒	䷟	震（雷） 巽（风） 震为男、为雷；巽为女、为风。震刚在上，巽柔在下。刚上柔下，造化有常，相互助长，象征恒久	恒心有成，预示只有恒久坚持才能取得胜利	人贵有恒，立身处事应有持之以恒的精神
33	遯	䷠	乾（天） 艮（山） 天若君子，山若小人。天处山之上，君子远避小人，象征退避	退避，预示适时避开危机与小人	事物发展受阻时，必须暂时退避；但是退避并不应是消极的逃避，而应等待勃发的时机
34	大壮	䷡	震（雷） 乾（天） 乾刚震动。天鸣雷，云雷滚，声势宏大，阳气盛壮，万物生长。刚壮有力曰壮。大而壮，故名大壮。象征力量强盛	壮勿妄动，预示积极行动但不能妄为	大为强盛是事物发展的美好阶段，此时不能恃强"用壮"，要谦退持中

卦序	卦名	卦画	卦 义		启 示
			卦画之义	卦名之	
35	晋	䷢	离（火） 坤（地）	离为日，为光明；坤为地。太阳高悬，普照大地，大地卑顺，万物生长，光明磊落，柔进上行，象征前进、长进	求进发展，预示事业蒸蒸日上	周围人的信赖与支持是获得"晋"的前提，要注意好人际关系；要谨慎实行，不可贪得无厌
36	明夷	䷣	坤（地） 离（火）	离为日，为明；坤为地，为顺。日没入地，光明受损，前途不明，环境困难，象征才能受到压抑	晦而转明，预示遵时养晦、坚守正道、韬光养晦	光明被创伤之时，有内明外柔、韬光养晦，才能承受大难
37	家人	䷤	巽（风） 离（火）	风从火出。外部的风来自于本身的火，就像家庭的影响和作用都产生于自己内部，象征做事应有根据	家庭，预示做事应有根有据和恒心	家道端庄，外事才能安定；治家之道，在于各尽其责
38	睽	䷥	离（火） 兑（泽）	上火下泽，相违不相济。万物有所不同，必有所异，象征相互矛盾	矛盾，预示面对矛盾的时候应异中求同	事物虽然背离，但必也存有可同可合之处。要因势利导，求同存异，化解矛盾。这类同于对立统一的哲理
39	蹇	䷦	坎（水） 艮（山）	山高水深，困难重重，人生险阻，见险而止，明哲保身，可谓智慧。象征困难	跋行艰难，预示险阻在前时应该见险而止	要想渡过困难，必须进退得宜；在困难时，在自救的同时，也要谋求别人的相助，共渡难关
40	解	䷧	震（雷） 坎（水）	震为雷、为动；坎为水、为险。险在内，动在外，象征舒缓、舒解险难	消除解脱，预示万象更新、冬去春来、一切消除	采用柔和平易的方法，才能得到他人的支持、解除困难
41	损	䷨	艮（山） 兑（泽）	上山下泽，大泽侵蚀山根。损益相间，损中有益，益中有损。二者之间，应慎重对待，象征减损	损益制衡，预示治理国家过度会损伤国基；应损则损，但必量力、适度	减损之时，只要心存诚信，就会获得吉祥；只要坚持正道，就有利于获得成功
42	益	䷩	巽（风） 震（雷）	风雷激荡，其势愈强，雷愈响，风雷相助互长，交相助益。故益象征相益、增益	损上益下，预示损益是相对的、此消彼长的	诚心诚意相助他人，必然会得到诚心诚意的回报；急难时，可以向他人求助，但要知恩图报

卦序	卦名	卦画	卦　义		启　示
			卦画之义	卦名之	
43	夬		兑（泽）乾（天） 乾为天为健；兑为泽为悦。泽气上升，决注成雨，雨施大地滋润万物，象征当即、当机立断	决断，预示遇事不应优柔寡断，而应当机立断做出决策	面对诡计多端的小人，若感化不成，就应该果断地离开或者将其清除
44	姤		乾（天）巽（风） 天下有风，吹遍大地，阴阳交合，万物茂盛，象征邂逅	遘，预示阴阳相遇、邂逅	对于意外相遇、意外获得的事物，应当仔细审查；不是自己的东西不宜动用，也无须强求
45	萃		兑（泽）坤（地） 泽泛滥淹没大地，人众多相互斗争，危机必四伏，务必顺天任贤、未雨绸缪、柔顺而又和悦，才能彼此相得益彰、安居乐业。象征汇聚	荟萃聚集，与人团结而共渡难关	聚合以诚信为本才能精诚团结，不正当的聚合必招致唾弃
46	升		坤（地）巽（风） 坤为地，为顺；巽为木，为逊。大地生长树木，逐渐成长，日渐高大成材，象征步步高升	柔顺谦逊，预示事物成长需要一定的时间而应循序渐进	事物的发展要遵循循序渐进的规律，升进应该将前人的足迹作为借鉴
47	困		兑（泽）坎（水） 兑为阴为泽喻悦，坎为阳为水喻险。泽水困，陷入困境，才智难以施展，象征穷困	困境求通。预示遇险应坚守正道、自得其乐，必可成事、摆脱困境	穷则思变，困则谋通；变则富，通则活。这是自然规律——在穷困中，必须谨慎突破，不能操之过急
48	井		坎（水）巽（木） 以水养木，木得水滋养，水得木净化，象征并驾齐驱	并列。预示助人者人恒助之，应彼此帮助寻求双赢	君子应当修善自身，善始善终；应当发现人才，寻求其帮助，获得成功
49	革		兑（泽）离（火） 水在上而下浇，火在下而上升。火旺水干；水大火熄。二者相生亦相克，必然出现变革，象征变革	变革，预示改变以顺天应人	当颓象显现时，需得勇敢变革；变革如果获得他人的支持，就容易成功
50	鼎		离（火）巽（木） 燃木煮食，化生为熟，除旧布新的意思。鼎为重宝大器，三足稳重之象。煮食，喻食物充足，不再有困难和困扰。在此基础上宜变革，发展事业，象征革故鼎新	稳重图变，预示在力量充足和条件允许的情况下要适时图变	变革成功后，必须尊重人才；若贤能没有得到重用，也不能灰心。只要坚守正道，总能被权力者青睐，有机会施展抱负

续表14

卦序	卦名	卦画	卦 义		启 示
			卦画之义	卦名之	
51	震	䷲	震（雷）震（雷） 两震相叠，反响巨大，可消除沉闷之气，亨通畅达，象征戒备而得以亨通	戒备。预示平日应居安思危，怀恐惧心理，不能有所怠慢；遇到突发事件，也能安然自若、谈笑如常	平时戒慎恐惧，反省检讨，在灾难未到来之前，才可防患于未然
52	艮	䷳	艮（山）艮（山） 二山相重，喻静止。静止如山，宜止则止，宜行则行，象征行动与静止	动静适时。预示审时度势，动静适宜	前进途中，应当自我节制，适当休止；休止得当，动静得宜，才能得到吉祥
53	渐	䷴	巽（木）艮（山） 山上有木，逐渐成长，山也随之增高。这是逐渐进步的过程，象征渐进	渐进蓄德，预示渐渐前进而不急速	欲速则不达，应当循序渐进、重视积累
54	归妹	䷵	震（雷）兑（泽） 震为动，为长男；兑为悦，为少女。以少女从长男，产生爱慕之情，有婚嫁之象；男婚女嫁，天经地义。象征女子出嫁，为正当、吉祥之事	立家兴业，预示事情如男婚女嫁一般天经地义、顺其自然	做事要遵循自然天理，如同男婚女嫁一样要顺乎自然、不可强求
55	丰	䷶	震（雷）离（火） 雷在火上，电闪雷鸣，如日中天，象征丰盛、鼎盛	丰盛，预示成就达到顶峰而应居安思危	盛极必衰，在丰盛完满之时也得警惕；居安思危才能保全既有
56	旅	䷷	离（火）艮（山） 山中燃火，烧而不止，火势不停地向前蔓延，如同途中行人急于赶路而不做停留，象征困顿、徒劳	困顿、徒劳，预示努力白费而应依义顺时	在不安定的状态中，必须守正又柔顺，才能安然度过；如果有恃无恐，难免会失败
57	巽	䷸	巽（风）巽（风） 两风相重，长风不绝，无孔不入，巽义为顺。象征顺从、谦顺	谦逊受益，预示谦逊的态度和行为可无往不利	谦虚顺从容易被接纳，得到帮助；但谦顺不是盲从，还要有所作为、持正不阿
58	兑	䷹	兑（泽）兑（泽） 上下皆为泽（兑），兑为悦，象征欣悦	喜悦，预示只有大家欢悦才是真的欢悦	自己喜悦，使人喜悦，才能使人际关系和谐

卦序	卦名	卦画	卦 义		启 示
			卦画之义	卦名之	
59	涣		巽（风）坎（水）风行于水上，推波助澜，四方流溢，象征漫涣离散	水流流散，预示组织和人心涣散，而必须用积极的手段和方法克服、战胜弊端、拯救涣散	丰盛安逸的环境，人心容易涣散，因此当显露涣散迹象时，就应准备强有力的对策、增强团结
60	节		坎（水）兑（泽）泽有水而流有限，多必溢于泽外，象征节度	万物有节，预示有节度才能安稳	合乎规律的节制，有利于事物的正常发展，但盲目节制就有奉贤之嫌。过与不及会造成伤害
61	中孚		巽（风）兑（泽）孚本义孵，孵卵出壳的日期非常准确，有信的意义。卦形外实内虚，象征心中诚信	诚信立身，预示诚信是立身处世的根本	疑惑就不要信任，信任就不要疑惑
62	小过		震（雷）艮（山）山上响雷，不可不畏惧。阳为大，阴为小，卦外四阴超过中二阳，故称"小过"，象征小有过失	行动有度，预示应自我控制而不要越过	过与敛，刚与柔，应知因时机。即使是正义的，也不可太过固执；否则会造成伤害
63	既济		坎（水）离（火）水在火上，可煮食成功，亦可将水烧干，象征祸福相依而应未雨绸缪	盛极将衰，预示提前做好应付变故的准备	即便成功，也不能骄纵而得意忘形；应该继续奋发，争取更上一层楼
64	未济		离（火）坎（水）火上水下，火势压倒水势，救火未成功，象征事情不成	事业未竟，预示应再接再厉而争取事情成功	宇宙万物，不能永远圆满。盈亏相交，满损相接，循环往复是不变之理。人在有余时要念不足，不足之时要求有余。要始终保持谨慎

26. 文字时代　三易统陈

图 120

通过前文简述，我们已经了解太极图是图形时代的产物，《易经》则是文字时代的产物。

一、文字时代

恩格斯说，人类因文字的发明及其应用于文献记录而过渡到文明时代。在中国，古代传说认为，汉字是黄帝时期的仓颉所造。但这毕竟是传说，其实文字应当是人们在漫长的劳动过程中产生的。

随着生产力的不断发展，人们产生了信息传递和交流的需要。这使得仅靠图形、符号来传递、记载信息越来越困难，人们迫切需要一种新的笔画简单、含义丰富的媒介，这就是文字产生的时代背景。在这种情形下，人们将符号不断抽象、演化，并最终形成了文字。

二、甲骨文的发现

公元 1899 年夏天，时任国子监祭酒（相当于中央教育机构的高级官员）、著名的金石学家王懿荣患了疟疾。一位老中医给他开了一个药方并取了药，其中有味药材叫"龙骨"。王懿荣惊讶地发现"龙骨"上隐隐约约地刻有一些符号。经过仔细研究，他认定这些"龙骨"是"商朝卜骨",而这上面的符号就是"甲骨文"。由此,甲骨文被发现,而王懿荣也被称为"甲骨文之父"。甲骨文的发现,与敦煌石窟、周口店猿人遗址的发现一起并称为 20 世纪中国三大考古发现。

刻有甲骨文的兽骨,最初出现在河南安阳小屯村。当地的村民并不知道这是国宝,而把它当作"龙骨"磨成粉末,用于止血和治疗创伤、疟疾。

自殷墟甲骨发现以来,殷墟先后出土了甲骨约 15 万片,上面的文字记载涉及商朝的政治、经济、生活的方方面面,并隐含了造字的许多规律法则,对研究历史文献和文字演变具有非常重要的意义。

图 121

殷墟发现的甲骨文,从字体结构上来说已经比较完备,且字数已经超过五千字,已经形成了比较完整的文字体系。可以说,在殷商之前,中国已经进入文字时代,开始用文字来记载和传递信息。

三、"三易"的说法

关于易的起源,说法不一。传说认为,易经是太古时期的伏羲获河图、洛书而作太极、画八卦、传易经而成。毫无疑问,这样的说法增加了易的神秘性。

关于"三易"的说法很多,下面列举几种。

《汉书·艺文志》说:"人更三圣,世历三古。"意思是《易经》的成书经历了上古、中古、下古三个时代,由伏羲、周文王、孔子三位圣人完成。

《周礼》说:"太卜掌三易之法,一曰连山,二曰归藏,三曰周易。"该书认为"三易"就是"连山"、"归藏"和"周易"的合称。

东汉大儒郑玄认为,夏代的易学就是《连山》,商代的易学就是《归藏》,周代的易学即《周易》。

究竟这些说法哪种更符合易的定义,我们已经很难去考证。因为《连山易》和《归藏易》早已失传,我们现在见到的只有《周易》。

表 15

名称	特　　点	朝代
《连山易》	从"艮卦"开始,象征"山之出云,连绵不绝"	夏
《归藏易》	从"坤卦"开始,象征"万物莫不归藏其中",表示万物生于地、归于地,一切以大地为主	商
《周易》	从"乾"、"坤"两卦开始,表示天地之间,以及"天人之际的学问不同"	周

27. 文王周易　哲书先行

图 122

　　传说历史上曾经有过的《连山易》和《归藏易》，均已失传，我们现在能读到的易经只有流传下来的《周易》。很多人认为《周易》就是周朝流传下来的易经，它的作者是周文王。司马迁在《史记》中记载"文王拘而演周易"，明确说明了周文王与《周易》的关系；东汉班固在《汉书·艺文志》中也说"易道深矣，人更三圣，世历三古"，认为中古时期的圣人周文王是《周易》的作者。

一、文王其人其事

　　文王即周文王姬昌（约公元前 1152—前 1056），商朝末期西方诸侯之长。姬昌即位后，勤于政事，重视农业生产。礼贤下士，网络人才，并拜姜尚为相，委以军国大事。姬昌积善行仁，政化大行，受到百姓拥戴，各方诸侯也纷纷来朝，出现了"天下三分，其二归周"的局面。姬昌势力的壮大，终于引起了商朝暴君纣王的忌惮。商纣于是听信谗言，将姬昌囚禁在羑里。囚禁期间，姬昌根据伏羲的先天八卦演绎出了后天八卦，并推演出了 64 卦，并作卦辞和爻辞（有人认为爻辞是文王之子周公旦所作）。司马迁《史记》中记载"文王拘而演周易"指的就是这件事情。后来，姬昌的儿子和大臣运用贿赂的计策，将他从羑里营救出来，逃回周国。姬昌在位50年，励精图治，为其子周武王姬发兴兵灭商奠定了基础。周武王灭商建立周朝后，追封姬昌为文王。其后几千年中，周文王因其德行一直被后人奉为圣人。

二、文王与《周易》

"文王拘而演周易"，后人把周文王在羑里所演的易经八卦称为后天八卦。文王所作周易成为文字时代哲学的起源，其后，孔子、老子对周易进行了传承和发展。

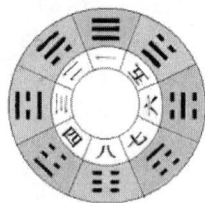

先天八卦序列

后天八卦序列

图123　文王被拘演《周易》

周文王生活的年代，正好是甲骨文已经完全成熟的殷商末期。文字的形成与成熟，为周文王写作《周易》创造了必要条件。

三、《周易》的哲学地位——哲学第一书

从性质上来说，《周易》集中反映了宇宙万事万物的现象和发展变化的规律，是一部指导人们利用自然规律及社会发展规律的哲学著作。欧洲哲学权威G·G·捷恩曾高度评价《易经》说："谈到世界人类的智慧宝典，首推中国的《易经》。"

从年代上来说，《周易》成书于公元前11世纪，距今已有3100多年的历史，堪称我国最早的一部哲学著作。《周易》这本哲学先行书，开创了我国哲学书籍的先河。《周易》成熟五六百年后的春秋战国时代，我国出现了哲学思想书籍的创作高峰期。

《易经》中部分哲学观点列举在表16。

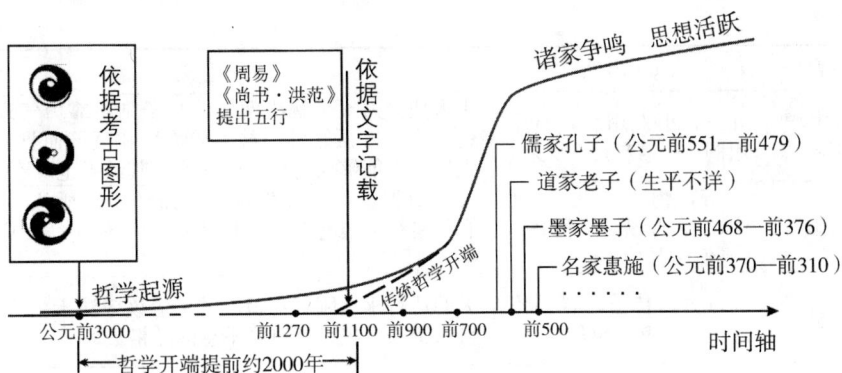

图 124

表 16

易经哲言	原文出处	意义
潜龙勿用	初九，潜龙勿用——《易经·乾》	指潜藏的龙，隐忍不动，揭示了应隐忍待机的道理：时机不成熟，纵有天大的本事也要善于潜伏、隐忍、等待时机
履霜，坚冰至	初六，履霜，坚冰至——《易经·坤》	脚踩到霜，便知冻积着坚硬的冰的日子就要来临。此语揭示了见微知著的道理
师出以律	初六，师出以律，否藏，凶——《易经·师》	军队行动时一定要纪律严明，否则就会有凶险。此语揭示出要保证事业卓有成效的开展，就必须制订严明的纪律，并一以贯之地坚决执行
开国承家，小人勿用	上六，大君有命，开国承家，小人勿用——《易经·师》	君王颁布诏令：有人被封侯，有人被封邑，小人即使有功；也不可重用；否则会祸国殃民。此语揭示了勿重用小人之道理
朝乾夕惕	九三，君子终日乾乾，夕惕若，厉，无咎——《易经·乾》	乾乾，即自强不息；惕，小心谨慎。此话告诫君子要勤奋谨慎，不能疏忽懈怠
有孚，比之，无咎	初六，有孚，比之，无咎——《易经·比》	比，吉祥。有诚信，与人亲近，没有灾殃。此语告诉我们做人要讲诚信
厥孚交如，威如，吉	九四，厥孚交如，威如，吉——《易经·大有》	诚实守信，光明正大，充满威严、吉祥。此语告诉我们诚实守信方可光明威严，受人尊敬
不事王侯高尚其事	不事王侯，高尚其事——《易经·蛊》	不服侍王侯，而崇尚自己从事的事业。此语教导人在权势面前要培养自己应有的品格：不要趋炎附势，要保持自己的本性、从事自己的事业
观我生，君子无咎	九五，观我生，君子无咎——《易经·观》	反观自己的成长历程，君子没有灾殃。此语告诉我们对照高尚的道德标准省察自己的言行，不断地完善自己
不恒其德，或承之羞	九三，不恒其德，或承之羞，贞吝——《易经·恒》	不能恒久保持其德行，有时会受到羞辱。此语是讲持之以恒的重要性

续表16

易经哲言	原文出处	意义
小人用壮，君子用罔	九三，小人用壮，君子用罔——《易经·大壮》	小人凭借力气来解决问题，君子则不靠力气来解决问题。小人恃强好胜，君子却恰恰相反。而且，即使逞强好胜者能够保持住阳刚强盛，其结果也决不会好
失得勿恤	六五，悔亡，失得勿恤，往吉无不利——《易经·晋》	没有悔恨，不要忧患得失。强调要有所往、有所行，有往有行才能有庆。所以不必为得失担忧，应专注于事业
自强不息	天行健，君子以自强不息——《乾·象传》	天的运行永远刚健不辍，君子应该效法天，努力向上、自力图强，应该有自强不息的品格
厚德载物	地势坤，君子以厚德载物——《坤·象传》	地的形势是坤，君子应该效法大地，以宽厚的德行负载万物。此语教导人应该有宽厚包容的品格
遏恶扬善	君子以遏恶扬善，顺天休命——《大有·象传》	君子应当遏止邪恶，宣扬善行，以顺从天命（规律）。此语教导人们应该有惩恶扬善的品格
反身修德	山上有水，蹇。君子以反身修德——《蹇·象传》	在遇到困难时，君子应该反身自省、修养君子之德。此语教导人在遇到困难时，先要反省自己、不能逃避、不能怨天尤人
有过则改	君子以见善则迁，有过则改——《益·象传》	君子见到善人、善行就应当追随效仿；发现自己有过失，就毫不犹豫地改正。此语实际上提出了一个极其重要的人生修养课题：见好就学，知错就改，而且雷厉风行
与时偕行	损刚益柔有时，损益盈虚，与时偕行——《损·象传》	有损就有益，有盈就有虚，损益都脱离不开具体条件，故称"损益盈虚，与时偕行"。此语揭示了一个道理：损益必须依据具体时间、具体条件而定，是随着变化而变化的
独立不惧	君子以独立不惧，遁世无闷——《大过·象传》	在遭遇巨大灾患的情况下，君子仍然特立独行、无所畏惧，即或不得已而避退也不会烦恼。此语教导人在灾患面前要有不畏惧的品格
君子有终	劳谦，君子有终——《谦·易经》	虽然有功劳，但仍能保持谦虚，君子就有好的结局。此语教导人即便有功劳也应当谦虚
以虚受人	山上有泽，咸。君子以虚受人——《咸·象传》	高山容纳大泽，则山上必有空虚之处。君子受此启发，从而虚心对待别人。此语教导人要形成虚心接受别人意见、建议的品德
立不易方	雷风，恒。君子以立不易方——《恒·象传》	雷和风相伴而作，这是经常发生的现象，君子受此启发，从而确立恒久不变的原则。此语是教导人要有恒心、恒行，要确立恒久不变的原则
远小人	天下有山，遁。君子以远小人，不恶而严——《遁·象传》	君子远离小人，坚持原则，但不表现出对小人的憎恶。此语教导人坚持自己的立场，远离小人，但又不把厌恶表现在脸上去招来小人的报复

易经哲言	原文出处	意义
恐惧修省	君子以恐惧修省——《震·象传》	指君子心存恐惧,注重自我修养。此语教导人在险恶环境中应该谨言慎行,心怀恐惧,时时反省,以防受害
朋友讲习	君子以朋友讲习——《兑·象传》	朋友讲习,即结交朋友,相互切磋学习。此语教导人应该与朋友相互学习,共同进步
仁者见之谓仁智者见之谓智	仁者见之谓仁,智者见之谓智——《系辞传上》	仁者能看出其中的仁,智慧的人能看出其中的智慧。此语实际上是教导人:即便面对一样美好的事物,如果人的立场不一样,得出的结论也是不一样的
二人同心其利断金	二人同心,其利断金——《系辞传上》	两人同心一意,其作用就像利刃能砍断金属制的器物一样。此语是教导人要懂得团结,"人心齐,泰山移"

《易经》完成后,在太极哲学中,构成了"太极－八卦－易学"体系,如图 125 所示。

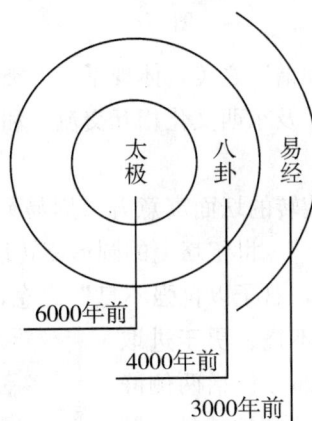

图 125

四、文王的历史地位

1. 周朝的创立者

在灭商之前,周部落生活于渭河流域,其始祖姬弃就是被称为农神的"后稷"。周部落兴盛于周文王姬昌作首领的时候,他的统治使周部落势力强盛。周文王死后,他的儿子武王姬发才有条件伐纣灭商而建立周朝。

2. 中华哲学之父

继八卦符号之后，文字的出现极大地促进了人类思想的交流。文王所作《周易》就是解释太极、八卦的文字书籍。因此，文王堪称中华哲学之父。

3. 文王载入中华世纪坛

文王演绎易经的历史成就被载入了中华世纪坛。中华世纪坛是 1997 年北京市政府为迎接千禧年而修建的纪念性建筑，江泽民为"中华世纪坛"题字，并刊刻在广场碑石上。

图 126

中华世纪坛以"中和"、"和谐"之美，体现了"人类与大自然的协调发展"、"科学精神与道德相结合的理想光辉"及东西文化相互交流、和谐融合的思想，营造出了"天人合一"的意境。

中华世纪坛静止的回廊与旋转的坛面寓意着《周易》里中国古老"乾""坤"的哲学思想，整体寓意为"天地合一"。世纪坛上的圆形旋转坛体，可每 3 至 12 个小时转一周。它象征"乾"，寓"天行健，君子以自强不息"之意，再现中华民族五千年来生生不息的追求和任何环境下不屈不挠、勇于进取的精神。环抱旋转坛体的下半部分包括两侧静止的回廊象征为"坤"，表现易经"地势坤，君子以厚德载物"、"有容乃大"之意。"乾"，指天体永恒运动，从不停息，寓努力向上、自强不息、不断进取之意。"坤"，为大地能包容万物、兼容博大，寓以和为贵的精神，体现了中华民族能够吸收一切先进科技发展的精神。

在中华世纪坛内有《中华千秋颂》壁画，它是以表现中华文明从远古时代起源，经历几千年历史到近代文明以及未来憧憬和期盼的，

图 127　中华世纪坛中周文王与太极八卦图

以发展历程为主题的大型壁画，置于大厅内部的环形墙壁上。从中华文明史中提取在人类历史上被公认的优秀部分，凸显中华民族的高成就。

在《中华千秋颂》壁画中，有两处出现太极图。一是周文王身后有个大型的太极八卦图。中华世纪坛官方网站这样注释此图：太极八卦——《周易·系辞》曰："易有太极，太极生两仪，两仪生四象，四象生八卦，八卦定吉凶，吉凶生大业。"二是邓小平身后的太极图案，表征了物理学的发展。

28. 文化高潮　百家响应　哲学高峰　世界共鸣

图 128

文字系统的完善和普及，促进了思想的交流和文化的繁荣，东、西方都掀起了人类文明史上的文化发展高潮。

一、中国第一个文化发展高潮

东方的第一个文化高潮，表现为中国春秋战国时期的百家争鸣。太极图哲学思想在这一过程中发挥了尤其重要的作用：太极图是中国哲学的起源，从三千多年前的文字易经到春秋战国时代，诸子百家对太极图和易经的内涵、哲理进行了挖掘与演绎，铸就了中国文化发展第一个高峰。

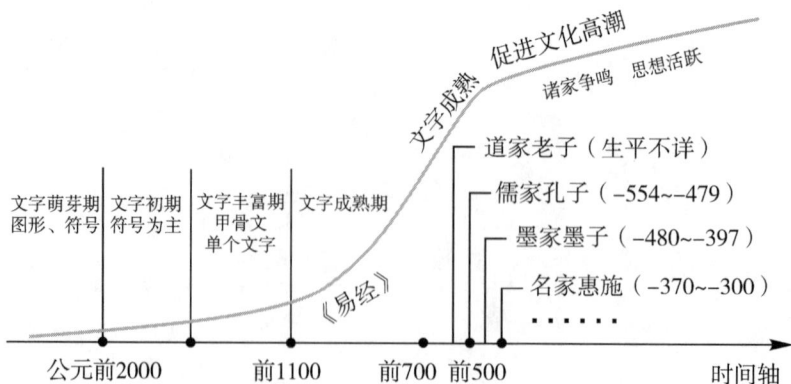

图 129

这里将春秋战国时期主要的几大家代表人物对太极哲学的传承和演绎汇总在表17 中。

表 17

书　籍	作者	主要内容
《易传》	孔子 （公元前 551—前 479）	为《周易》作释，由十篇组成，称为"十翼"。孔子将中国古代早已有之的阴阳观念，发展成为一个系统的世界观，用阴阳、乾坤、刚柔的对立统一来解释宇宙万物和人类社会的一切变化，特别强调了宇宙变化生生不息的性质
《老子》 （《道德经》）	老子 （约前 600—前 470）	《老子》以"道"解释宇宙万物的演变，以为"道生一，一生二，二生三，三生万物"；书中包括大量朴素辩证法观点，如以为一切事物均具有正反两面，"反者道之动"，并能由对立而转化；又以为世间事物均为"有"与"无"之统一，"有、无相生"
《孟子》	孟子 （约前 372—前 289）	《孟子》一书体现了孟子的主要思想：心性论，认为人性本善；政治论，认为民贵君轻、民为本；教育论，倡导贯彻人格和道德教育
《庄子》	庄子 （约前 369 年—前 286）	《庄子》认为"道"是客观真实的存在，把"道"视为宇宙万物的本源，讲天道自然无为；在政治上主张无为而治；在人类生存方式上崇尚自然，提倡"天地与我并生，万物与我为一"的精神境界，并且认为：人生的最高境界是逍遥自得，是绝对的精神自由，而不是物质享受与虚伪的名誉
《墨子》	墨子 （约前 468—前 376）	《墨子》主张"兼爱"、"非攻"；在认识论方面认为人的知识来源可分为三个方面，即闻知、说知和亲知——在听闻、承受之后，加以思索、考察，以别人的知识作为基础，进而继承和发扬成为自己的知识；奠基了中国的逻辑学，称逻辑学为"辩"学，把其视之为"别同异，明是非"的思维法则
《韩非子》	韩非 （约公元前 275—前 221）	韩非主张"以法治国"，并提出了一整套的理论和方法；韩非子认为人性恶，主张严刑，"以刑去刑"；反对礼制；提出了"不法古，不循今"的历史观
不详	邹衍 （约公元前 324—前 250） 阴阳家代表人物	邹衍谈"天衍"和"五行"，认为人类社会都是以五德仿照自然五行运行的

二、西方第一个文化高潮

与中国百家争鸣的时代相近，西方也出现了第一个文化发展大繁荣。西方的第一个文化发展大繁荣以古希腊文化，尤其是古希腊哲学的兴盛为标志。古希腊自公元前 500 多年开始的一两百年间，产生了许多大名鼎鼎的哲学家（见表 18）。

表 18

哲学家	生活年代	主要思想
泰勒士	约公元前 624—前 547	1. 水是万物之源，万物由水构成 2. 万物中皆神在
毕达哥拉斯	约公元前 580—前 500	1. 地球沿着一个球面围绕着空间一个固定点处的"中央火"转动，另一侧有一个"对地星"与之平衡 2. 万物皆有数，将数学引入哲学
赫拉克利特	约公元前 540—前 480	1. 认为火是万物的本原 2. 所有东西都是流动的、一切东西都在不断变化
苏格拉底	公元前 469—前 399	1. 道德由理性指导，美德就是知识 2. 善出于知，恶出于无知，要"自知自己无知" 3. 一切都是神安排的，所有知识都来自神
柏拉图	公元前 427—前 347	1. 人的一切知识源自天赋，以潜在的方式存在于人的灵魂之中 2. 理念是实物的原型，它不依赖于实物而独立存在
亚里士多德	公元前 384—前 322	1. 实在世界由各种事物的形式与实料共同组成 2. 在哲学下创立形式逻辑的分科

以《易经》为代表的中国哲学的兴起与繁荣，比西方哲学早 500 年。

遗憾的是，近代许多中国哲学家对《易经》不够重视，从而忽略了它在哲学史上的存在和地位。

三、宗教的兴起

谈到"文化高潮"，就不能不谈及宗教。基督教思想家蒂利希有一句名言：宗教乃"人的终极关怀"。正是这种"终极关怀"，深刻地影响着人类的文化、政治、经济等诸多方面。宗教的详细内容，见注释 45。

29. 孔子儒学　厚德礼仁　中庸和谐　太极核心

图 130

无论是孔子，还是其创立的儒学，在中国文化中都有着崇高的地位，有着十分广泛和深刻的影响。那么孔子是何许人？儒学又是什么样的学说呢？

一、孔子其人其事

孔子（公元前 551—前 479），因父母曾为生子而祷于尼丘山，故名丘，字仲尼，排行第二，所以也有人称之为"孔老二"。春秋后期鲁国人。公元前 551 年 9 月 28 日（夏历八月二十七日）生于鲁国陬邑昌平乡（今山东省曲阜市东南的鲁源村）；公元前 479年 4 月 11 日（农历二月十一日）逝世，享年 72 岁，葬于曲阜城北泗水之上，即今日孔林所在地。

孔子的祖先是宋国贵族，大约在孔子前几世就没落了。孔子年轻时做过几任小官，后任鲁国司寇。但他一生大部分时间都在从事教育，相传所收弟子多达 3000 人、贤人72，教出不少有知识、有才能的学生。"桃李满天下"这句话最早就指孔子有很多高徒。

孔子为春秋末期伟大的思想家、政治家、教育家，儒家思想的创始人。在中国五千年的历史上，对华夏民族的性格、气质产生最大影响的人，当推孔子了。并且，他被后世尊为至圣（圣人之中的圣人）、万世师表，曾修《诗》、《书》，定《礼》、《乐》，序《周易》，作《春秋》。孔子的思想及学说对后世产生了极其深远的影响。经两千年的不断传承和完善，孔子思想已成为中国社会的主流思想。

二、孔子与《周易》

儒家奉"四书五经"（四书——《大学》、《中庸》、《论语》、《孟子》；五经——《周易》、《诗经》、《尚书》、《礼记》、《春秋》）为经典，其中《周易》又被视为"群经之首"。孔子与《周易》有着密切的关系，是《易经》的重要传承人之一。现行的《易经》就是文王的《周易》与孔子的《易传》（《十翼》）组成。

《汉书·艺文志》称《周易》"人更三圣、世历三古"。三圣就是伏羲、文王、孔子。伏羲作太极八卦，文王演六十四卦并作爻辞（或说文王之子周公作爻辞），孔子作十翼。孔子作《十翼》有明确的历史依据——司马迁在《史记》中明确地说："孔子晚而喜易，序《彖》、《系》、《象》、《说卦》、《文言》。"汉班固也说："孔子晚而好易……而为之传。"《十翼》就是为《周易》原文作注的10篇文章的统称（见表19）。

表19

孔子《易传》（《十翼》）主要内容	
篇　目	内　　容
《系辞》上篇	《易经》全文的整体哲学概论，主要讲《易经》的世界观和方法论，包括创立八卦的原因、宇宙运行的规律和日常实践指导等
《系辞》下篇	《易经》全文的整体哲学概论，主要讲《易经》的世界观和方法论，包括创立八卦的原因、宇宙运行的规律和日常实践指导等
《彖传》上篇	对《易经》上三十卦的解释，是对每一个六爻卦的整体形象和卦辞意义的总体说明
《彖传》下篇	对《易经》下三十四卦的解释，是对每一个六爻卦的整体形象和卦辞意义的总体说明
《象传》上篇	用来解释《易经》上三十卦卦名、卦义、爻辞的，因其解释多以卦象和爻象为依据，所以称为象传
《象传》下篇	用来解释《易经》下三十四卦卦名、卦义、爻辞的
《文言传》	对《乾》、《坤》两卦卦辞和爻辞意义的解释和发挥
《说卦传》	对每卦卦意和象意的具体解释
《序卦传》	对六十四卦卦名的意义及排列顺序进行详细说明的文字
《杂卦传》	对六十四卦卦义的进一步解释，但不依六十四卦顺序，而把六十四卦分为三十二组——两两对举且每组多为意义相对立的两卦。因其论述时完全打乱了六十四卦的排列顺序，所以称为杂卦

三、《论语》——处世哲学第一书

《论语》首创了语录体。汉语文章的典范性也发源于此。《论语》一书记述了孔子及其弟子的言行，比较集中地反映了孔子的思想。

《论语》以记言为主。"论"是论纂的意思。"语"是话语，经典语句，箴言。"论语"即是论纂（先师孔子的）语言。《论语》成于众手。记述者有孔子的弟子，有孔子的再传弟子，也有孔门以外的人。

《论语》作为孔子及门人的言行集，内容十分广泛，多半涉及人类社会生活问题。如《论语》论述了孔子的核心思想"仁"，重要思想"义"、"礼"等，对中华民族道德素养的形成产生了深远的影响。北宋初年的开国宰相赵普说："半部论语治天下。"这也许是对《论语》的最高评价。在近代新文化运动之前约两千多年的历史中，《论语》一直是中国人的初学必读之书。

现在流传下来的《论语》版本，一共 20 篇，498 章，共约 15900 余字。很多人读《论语》，会觉得它没有很严密的逻辑性，而且大多就事论事。的确，《论语》在很大程度上就是摆事实、讲道理，教导人们行为处世，是关于处世哲学最伟大的著作，是处世哲学第一书。

那么，《论语》中究竟讲述了哪些处世哲学呢？现将主要观点汇总入表 20。

表 20

序号	章节	原　文	简　注
1	《学而篇》	学而时习之。	学习要时常温习。（学习之道）
2	《学而篇》	有朋自远方来，不亦乐乎？	有朋友从远方来，难道不应感到高兴吗？（朋友之道）
3	《学而篇》	君子务本，本立而道生。	君子凡事应专立于根本，根本既立则道也就立矣。（务实之道）
4	《学而篇》	和为贵。	和气和谐最宝贵。（礼节、立世之道）
5	《学而篇》	不患人之不己知，患不知人也。	不担心别人不了解自己，只忧虑自己不知道别人。（知人之道）
6	《为政篇》	温故而知新，可以为师矣。	温习旧知识，学习新知识，足够为人师了。（为师之道）
7	《为政篇》	学而不思则罔，思而不学则殆。	只重学习而不注重思考，就可能陷于迷惑；只重思考而不注重学习，就可能因误入歧途而招致疲乏及危险。（为学之道）
8	《为政篇》	人而无信，不知其可也。	人不讲信誉，怎么可以呢？（立信之道）

序号	章节	原　文	简　注
9	《八佾篇》	人而不仁，如礼何？	人如果没有仁心，礼对他有什么意义呢？（仁之道）
10	《八佾篇》	君使臣以礼，臣事君以忠。	君以礼待臣，臣以忠报君。（君臣之道）
11	《里仁篇》	见贤思齐焉，见不贤而内自省也。	看到别人的优点就要想法去学习，见到别人的缺点就要反思自己身上是不是也有那样的缺点。（学贤之道）
12	《里仁篇》	苟志与于仁矣，无恶也。	如果立志于仁德，就不会为非作歹了。（仁德之道）
13	《里仁篇》	君子喻于义，小人喻于利。	用义来使君子明白某事，用利来使小人明白某事。（义利之道）
14	《里仁篇》	事君数，斯辱矣；朋友数，斯疏矣。	事君主太繁琐，就会受到侮辱；事朋友太繁琐，就难免受到疏远。（结交之道）
15	《公冶长》	听其言而观其行。	听他怎么说的，还要看他是怎么做的。（察人之道）
16	《公冶长》	我不欲人之加诸我也，吾亦欲无加诸人。	我不愿意别人加在我身上的事物，我也不愿把它强加在别人身上。（体谅之道）
17	《雍也》	不迁怒，不贰过。	不把对此人的怒气迁发到彼人身上；不犯重复的错误。（待人待己之道）
18	《雍也》	为君子儒，无为小人儒。	做君子式的儒者，不要做小人式的儒者。（儒者之道）
19	《雍也》	知之者，不如好之者；好之者，不如乐之者。	懂得它的人，不如爱好它的人；爱好它的人，又不如以它为乐的人。（求知之道）
20	《雍也》	智者乐水，仁者乐山；智者动，仁者静；智者乐，仁者寿。	智者喜爱水，仁者喜爱山；智者好动，仁者好静；智者快乐，仁者长寿。（智仁之道）
21	《雍也》	中庸之为德也，其至矣乎！	中庸作为一种道德，应该是最高的了吧！（中庸之道）
22	《雍也》	己欲立而立人；己欲达而达人。	自己想要站得住也要使他人站得住，自己欲事事行得通也应使他人事事行得通。（恕之道）
23	《述而篇》	三人行，必有我师焉：择其善者而从之，其不善者而改之。	三人中必有可以做我老师的人。选择他们美好的方面学习，对不好的方面加以改正。（从善之道）

序号	章节	原 文	简 注
24	《述而篇》	我非生而知之者。好古，敏以求之者也。	我不是生来就懂得知识，只不过是追求古圣贤的道理——勤奋敏捷地去探求它罢了。（求知之道）
25	《述而篇》	仁远乎哉？我欲仁，斯仁至矣。	难道仁德距离我们很远吗？只要我想达到仁，仁就会来。（行仁之道）
26	《述而篇》	奢则不逊，俭则固。与其不逊也，宁固。	奢侈就显得不恭顺，俭朴就显得简陋；与其不恭顺，还不如简陋。
27	《述而篇》	君子坦荡荡，小人常戚戚。	君子心胸开朗，思想上坦率洁净，外貌动作也显得十分舒畅安定。小人心里欲念太多，心理负担很重，就常忧虑。（坦荡之道）
28	《泰伯篇》	以能问于不能，以多问于寡。	多能向少能者求教，多知向少知者求教。（谦虚求学之道）
29	《泰伯篇》	不在其位，不谋其政。	不担任这个职务，就不去过问这个职务范围内的事情。（安分之道）
30	《泰伯篇》	士不可以不弘毅。	要有作为的人不能不志向远大、意志坚强。（抱负之道）
31	《泰伯篇》	勇而无礼则乱。	勇猛而不知礼就会招致祸乱。（勇猛之道）
32	《子罕篇》	三军可夺帅也，匹夫不可夺志也。	三军可以更换它的主帅，一个普通人的志气却不易改变。（骨气之道）
33	《子罕篇》	后生可畏，焉知来者之不如今也。	年轻人是值得敬畏的，怎么就知道后一代不如前一代呢？（敬畏青年之道）
34	《子罕篇》	过则毋惮改。	犯了错误不要害怕改正。（改过之道）
35	《乡党篇》	食不厌精，脍不厌细。	粮食舂得越精越好，肉切得越细越好。形容食物要精制细做。（饮食之道）
36	《先进篇》	过犹不及。	过分和达不到都是同样的效果。（尺度之道）
37	《颜渊篇》	非礼勿视，非礼勿听，非礼勿言，非礼勿动。	不合礼节的事情不要去看，不合礼节的事情不要去听，不合礼节的事情不要去说，不合礼节的事情不要去做。（尊礼之道）
38	《颜渊篇》	己所不欲，勿施于人。	自己不喜欢的，也不要强加给别人。（待人之道）
39	《颜渊篇》	君子不忧不惧。	君子不应有忧愁之心、惧怕之心。（君子之道）
40	《子路篇》	其身正，不令而行；其身不正，虽令不从。	领导者本身行为没有偏差，即便不下命令，事情也会行得通；若行为身份不正，即便有严令，别人也不会跟从。（领导之道）
41	《子路篇》	欲速则不达。	性急求快反而不能达到目的。（求成之道）

序号	章节	原 文	简 注
42	《子路篇》	君子和而不同，小人同而不和。	君子讲调和而不盲从附和，小人盲从附和而不讲调和。（和同之道）
43	《宪问篇》	不怨天，不尤人；下学而上达。	不埋怨上天给的命运，不要遇到挫折就怨恨别人，通过学习平常的知识理解其中的哲理、获得人生的真谛。（戒怨之道）
44	《卫灵公篇》	工欲善其事，必先利其器。	要做好工作，先要使工具锋利。比喻要做好一件事，准备工作非常重要。（行动之道）
45	《卫灵公篇》	小不忍，则乱大谋。	小事不忍就会坏了大事。（忍让之道）
46	《阳货篇》	道听而途说，德之弃也。	路上听来便在路上传播，这是有道德的人应该抛弃的作风。（慎言之道）
47	《子张篇》	虽小道，必有可观者焉。	虽然只是小路而已，但是也一定会有值得欣赏的景色。（察小之道）
48	《子张篇》	君子之过也，如日月之食焉。过也，人皆见之；更也，人皆仰之。	君子的过错好比日食、月食。他一犯错，人人都看得见；他改正过错，人人都会仰望着（敬仰）他。（改过之道）
49	《微子篇》	长幼之节，不可废也。	长幼的次序礼节，不能废弃。（长幼之道）
50	《季氏篇》	远人不服，则修文德以来之；既来之，则安之。	远外的人不服不归顺，就修习文明德政使他们来朝。既然使他们来了，则就要使他们安定。（服远之道）

四、儒学的兴起与打倒"孔家店"

距今 2500 多年前，孔子创立了儒家思想。到距今 2100 多年前的汉武帝时代，汉武帝刘彻接受儒生董仲舒的建议，推行了"罢黜百家，独尊儒术"的文化政策，由此确立了儒家思想在中国文化中的正统地位。所以，汉以后的中国文化，主流是以"儒学"为核心的。

然而，思想的传承并非一帆风顺，对孔子思想的尊崇和批判曾经几起几落。时过2000 年后的现代，又两次打倒"孔家店"：一次是五四新文化运动；第二次是"文化大革命"。两次冲击对孔子的思想传播虽有一定影响，但并不能动摇其对中国乃至世界的影响。现在孔学在中国非常盛行，在中央电视台百家讲坛中大讲特讲；世界各地也盛行不衰，目前就有 249 所孔子学院和 56 所孔子课堂分布在世界 78 个国家和地区，并且这一数量还在继续增加中。

五四运动："打倒孔家店"　　　　　　　　"文化大革命"："批林批孔"

图 131

五、孔子思想核心——仁

儒学涉及礼、乐、射、御、书、数（即"六艺"），探究天文地理，可谓博大精深。但这众多的内容，都围绕着一个核心——"仁"。

仁，是孔子思想的核心，由这个核心又滋生演化出忠、孝、节、义、礼、信等诸多观点，形成了一个完整的儒学思想体系。

"仁"这一概念在孔子之前曾有人提到，但首次把这一概念鲜明地作为说明人际关系的准则提出来的人，首推孔子。孔子仁学是对东周前期的价值争论的历史总结，是重民思想的典型。孔子仁学在古代天帝人际关系中淡化了天（天、帝、神），表现为"敬鬼神而远之"：破除传统的鬼神迷信思想，为树立人的价值观念开路，强调"泛爱众而亲仁"。孔子提出"未知生，焉知死；未能事人，焉能事鬼"的观点，说明孔子"远鬼神"落脚于"重人"。

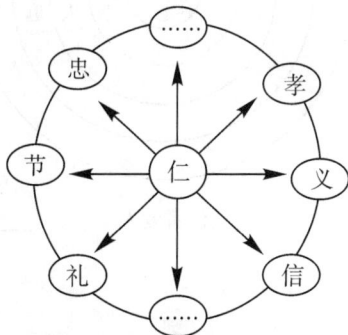

图 132　孔子思想核心

"仁"是讲人际关系的，概括很广。孔子常用一个简单的定义来说明他总是在联系具体问题回答。直到孟子，"仁"字才有一个简单的定义："仁者，人也。"这个"人"，指仁道，亦指人事。它是人们的社会关系的总和，即社会关系的总称。

孔子仁学是一个庞大的理论体系，由社会学、政治学、哲学、伦理学和教育理论组成，是中国历史上空前的创新。

六、"仁者爱人"的局限到"仁者爱物"的博大

孔子的"仁"主要表现在"爱人"这一人与人的关系上。这与当时的社会背景有关。孔子时代，社会发展的主要矛盾表现在人与人的矛盾上，人类的行为没有对生态环境造成实质性破坏。当历史发展到今天，由于人口问题、经济问题，我们开始向大自然过度索取资源，人类对生态环境已经造成了严重的破坏和伤害，于是"仁者爱人"的思想在当今时代已具有局限性。

当今的社会环境被严重污染、生态被严重破坏：山荒了，水污染了，空气污染了，不少动植物濒临灭绝。生态和环境严重破坏的结果是地震频发、洪灾泛滥，各种自然灾害接踵而至，人类为此已付出了沉重的代价。这与孔子时代的社会环境大不相同。由此，"仁者爱人"思想在当今产生了局限性：我们只爱人类自己，对我们的朋友（动植物）和环境而不顾——这是不全面的，所以我们应提倡"仁者爱物"——不仅仅爱人类自己，同时也要关爱与人相关的一切。

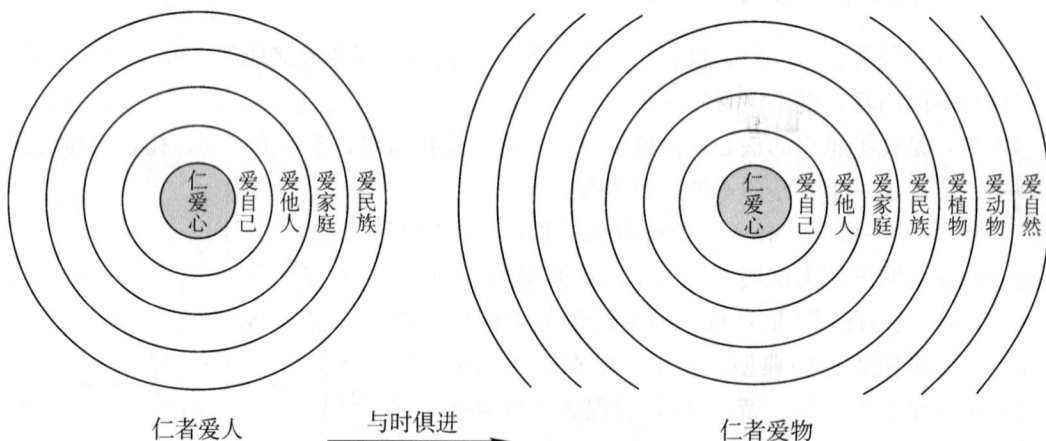

图 133

七、中庸之道是阴阳平衡论的具体应用，是伟大的方法论

1. 中庸之道的产生

"中庸"是古代积累而成的择优方法，是辩证法的原初形态。

《尚书·尧典》记载了尧授舜"允执厥中"的故事，之后孔子提出中庸概念。在孔子时代，诸子争鸣各述其理，把一个事情、一个观点，描述得过及或淡化。孔子总结众人之说，按照阴阳平衡观点，提出了"过"、"不及"均不可取，应取其中之方法。这便是中庸思想的雏形。

孔子将"中庸之道"提到了应有的高度，说"中庸之为德也"（《论语·雍也》），还说"君子养德性而问学，致广大而尽精微，极高明而道中庸"（《中庸》）。

　　2. 中庸之道的哲学概念和应用原则

　　（1）**"中庸之道"是伟大的方法论**。中庸之"中"就是"适中"，《论语·尧曰》谓"允执厥中"；"庸"即"平常"、"原理"。"中"、"庸"连用就是避免"过"和"不及"的适中的通用方法。中庸是阴阳平衡论在方法上的具体应用，是根本的方法论。它教我们做人处事要把握好"度"，所以有"水平等于适度"、"适应就是最好"之说。这一方法可用图130所示。

　　（2）**"中"的相对性——是相对论的产物**。从绝对值上说，"中"就是图134A上的零点。但是，这一点在现实中是找不到的，不是简单的"左"加"右"再除以2。"中"应该是一个相对的概念，我们可以用一个圆圈把这个范围圈出来，见图134B。

　　（3）**中庸的目的性——中和**。使用中庸之道，其结果必然达到"和"的目的。

　　（4）**中道原则——**以"和"为目的，反对不择手段，要求按"道"，即依据规律办事，反对为达到目的而不择手段。

　　（5）**适中原则——**指时间上的时宜，小至某事某刻，大至社会时期，应解决所处时段面临的社会问题和和其他问题。要求人们既能唯物的今天，又能辨证地分析和解决社会问题。要求一切依据时间、地点、条件为转移，从具体历史实际出发，反对因循保守，反对思想僵化和形而上学，用现在的话讲就是解放思想、实事求是。

　　中庸之道的适时观，在优选法上得到具体应用。

　　（6）**用中原则——"中"的偏差及巧用**。用中就是寻求平衡，取其中，防止"过"和"不及"。秦朝是历史上最短的朝代，就是因为它使用了"过"的政策。

　　既然"中"是一个范围，取其范围时，是偏向于正偏差，还是偏向于负偏差，就需要因时、因事而定，如右图134C、D。

　　（7）**中庸方法的原则性与灵活性**。

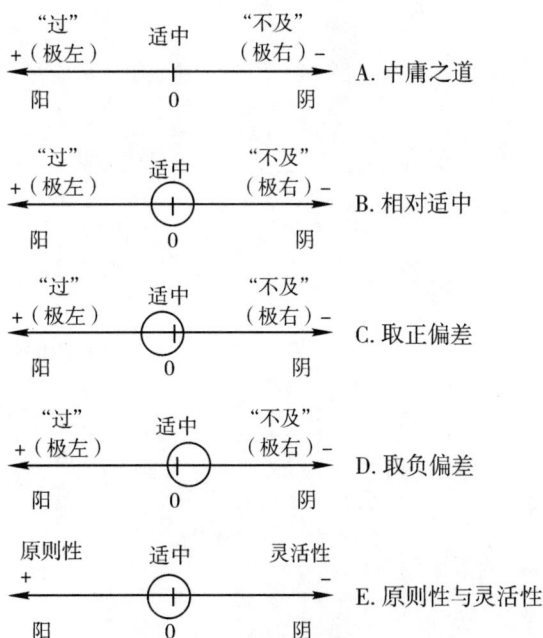

图 134

139

历史上对中庸的批判，多数都是指责它搞折中，而失原则性。其实，这种批判的实质是极"左"的产物。中庸之道是方法论，本身不具备阶级性。犹如数学公式：$Z = X + Y$。它有阶级性吗？阶级性是使用的人赋予的。相反，中庸方法正好告诉我们，要处理好灵活性与原则性的关系，把握好两者之间的度。缺乏原则性的"不及"的本身就是中庸之道不提倡的，如图134E。

八、儒家"和为贵"思想

"天地人和，礼之用；和为贵，王之道，斯之美。"这句源于《论语·学而》的话，充分体现了儒家"天地人和"、"和为贵"的思想，并与"中庸和谐"、"和而不同"、"仁爱"等构成了儒家"崇和"、"贵和"的思想体系。其核心主题就是最终达到人与天地万物的和谐。

图 135

30. 老子论道　一生万物　万物归一　自然法证

图 136

与孔子一样，老子也是中国乃至世界文化史上的重要人物。

一、老子其人

老子（约公元前 600—前 470），中国古代思想家。姓李名耳，字伯阳，楚国苦县厉乡曲仁里（今河南省鹿邑县东太清宫镇）人，人又称老聃。在传说中，老子一生下来时，就生有白色的眉毛及胡子，所以被后人称为老子。相传他生活在春秋时期。老子著有《道德经》，是道家学派的始祖。他的学说后被庄周发展。道家后人将老子视为宗师，与儒家的孔子相媲美。在道教中，老子是一位重要的神仙，被称为太上老君，尊为道祖。从《列仙传》开始，老子就从人间升到天上列为神仙。东汉时期，成都人王阜撰《老子圣母碑》，把老子与道合而为一，视老子为化生天地的神灵，成为道教创世说的雏形。而在汉桓帝时，汉桓帝更是亲自祭祀老子，把老子奉为仙道之祖。

二、老子故事——孔子向老子问礼

流传至今的一幅东汉时期的石刻画，表现了孔子向老子求教的故事。

公元前 538 年，当时孔子在鲁国，他正值好学的青年时代。他一面讲学，一面四方求学拜师。有一天，他听到学生南宫敬叔赞誉老子是一个具有真才韬略的学者，便决定去拜见。于是孔子请南宫敬叔作引导，不远千里从鲁国去洛邑会见老子。鲁国君王很赞同孔子会见老子，以为能够增进鲁楚两国的关系，特地为孔子准备了车马和侍卫。孔子经过长途跋涉，带着学生们来到洛邑。老子异常兴奋，特地带着徒弟前去迎接。相见后，因为年龄相差较大，

图 137　东汉石刻——孔子见老子

双方稍有几分拘谨。由于孔子的真诚求教，老子还是毫无保留地传授了治学的道理，并赠给孔子相关的图书典籍，二人从此结为知己。

后来，每当孔子向学生讲到这次会见时，都表露出对老子的深深敬佩。他说："我之所以有长进，就是因为曾经见到过了不起的老子，并得到他博学的教诲。因此，我的学问是和老子分不开的。"

三、《道德经》——哲理宏深的中国第一书

关于老子作《道德经》，有一个流传很广的故事："关令尹喜曰，子将隐矣，强为我著书。于是老子乃著书上下篇，言道德之意五千余言而去。"意思是说守关的官员，要求老子为后人留下一本著作，于是老子便应守关官员的要求，写下了《道德经》上下篇，总计 5000 余字。

现在流传下来的《道德经》，分为 81 章：前 37 章为《道经》，后 44 章为《德经》。但在 1973 年长沙马王堆三号汉墓出土的《老子》抄写本里，《德经》在《道经》之前。

《道德经》内容丰富，是一座思想宝库，堪称中国哲学第一书。

1.《道德经》历来被学人们称为"哲理诗"

该书对社会、人生等问题进行了深入思考。无论在古代还是在当代，不论在中国还是在世界，它都是影响巨大的哲学著作。它涉及哲学、伦理学、政治学、军事学等诸多学科，是人类的精神食粮。《道德经》中的"三宝：慈、俭、不敢为天下先"对提高个人素养有着不可替代的作用。《道德经》提倡的"无为"、"不争"思想，对于遏制名利泛滥的现象颇有现实意义。

2.《道德经》阐述的辩证矛盾高达 48 对

《道德经》对辩证思想精辟的比喻更是令人叹为观止（见表 21）。

表 21

序号	阳	阴	阴阳平衡（《老子》）	章节	注释
1	阳	阴	万物负阴而抱阳，冲气以为和。	42章	天地万物无不包含着阴和阳这两个方面，是看不见的精气把他们调和。
2	美	丑	天下皆知美之为美，斯恶矣。	2章	天下的人都知道什么才是真正的美的时候，丑就出来了。
3	善	不善	皆知善之为善，斯不善矣。	2章	天下的人都知道什么才是真正的善的时候，恶就产生了。
4	有	无	有无相生。	2章	"有"和"无"互相对立而产生。
5	易	难	难易相成。	2章	困难和容易相互矛盾而促成。
6	长	短	长短相形。	2章	长和短，互相比较才能体现。
7	高	下	高下相倾。	2章	高和下，互相对照才有分别。
8	前	后	前后相随。	2章	前和后，彼此排列才有顺序。
9	左	右	君子居则贵左，用兵则贵右。	31章	有道的君子居住，以左边为尊贵；而在打仗时便以右边为尊。
10	厚	薄	大丈夫处其厚不居其薄。	38章	为人当厚道而不要薄情。
11	华	实	大丈夫处其实不居其华。	38章	处事要实在而不要虚伪。
12	清	浊	孰能浊以止？静之徐清。	15章	谁能使浑浊的河水安静，使之慢慢变得澄清。
13	辩	讷	大辩若讷。	45章	最灵巧的似乎十分笨拙。
14	雄	雌	知其雄，守其雌。	28章	知道什么是雄壮，却安于雌弱。
15	牡	牝	牝常以静胜牡。	61章	雌性动物总是用以静制动的办法战胜雄性动物。
16	白	黑	知其白，守其黑。	28章	知道白色是那样鲜明，却安于阴暗的地方。
17	荣	辱	知其荣，守其辱。	28章	虽然知道什么是光荣，却安心于承受羞辱。
18	贵	贱	贵以贱为本。	39章	所以，尊贵是以低贱为根本。
19	福	祸	祸兮福之所倚，福兮祸之所伏。	58章	说是灾祸吧，幸福紧紧靠着它；说是幸福吧，灾祸暗藏在里面。
20	无私	私	非以其无私耶？故能成其私。	7章	这不正是因为他不自私吗？不自私才能获得好处啊。
21	翕	张	将欲翕之，必固张之。	36章	要想缩得拢，暂且先要伸张开。
22	兴	废	将欲废之，必固兴之。	36章	要想废除他，暂且先让他兴旺。
23	夺	与	将欲夺之，必固与之。	36章	要想夺取他，暂且先去给予他。
24	刚	柔	柔胜刚，弱胜强。	36章	柔能克刚，弱小可以战胜强大。
25	燥	静	静为躁君。	26章	安和静是躁与动的主宰。

143

序号	阳	阴	阴阳平衡（《老子》）	章节	注释
26	大	小	治大国若烹小鲜。	60 章	治理一个很大的国家，要像煎烹很小的鱼那样不能时常翻动。
27	得	亡	得与亡孰病？	44 章	得到名誉和丧失生命，哪一个更有害？
28	益	损	故物或损之而益，或益之而损。	42 章	所以对待世间事物，有时贬低它，反而能够抬高它；有时抬高它，反而伤害了它。
29	实	虚	虚其心，实其腹。	3 章	既要使他们没有强求之志，又要使他们有强壮的身体。
30	进	退	进道若退。	41 章	真正有所进展时，反而会觉得是在后退。
31	盈	冲	大盈若冲。	45 章	天下最充实的东西好像也有欠缺。
32	开	闭	善闭无关楗而不可开。	27 章	善于闭守的人，不需要机关，别人就无法把它打开。
33	出	入	出生入死。	50 章	人从生下来一直到死。
34	全	曲	曲则全。	22 章	经得起委曲就能得到保全。
35	直	枉	枉则直。	22 章	不怕弯曲的反而能伸直。
36	新	敝	敝则新。	22 章	不嫌弃旧的器物才能有新的器物。
37	多	少	少则得，多则惑。	22 章	不嫌少才有更多的收益，什么都想要会使人头脑发昏。
38	始	终	慎终如始。	64 章	到最后都能谨慎得像开始那样。
39	明	昧	明道若昧。	41 章	真正明白了"道"的人，反而显不出精明的样子。
40	巧	拙	大巧若拙。	45 章	最灵巧的似乎十分笨拙。
41	成	缺	大成若缺。	45 章	天下最美好的东西似乎也有欠缺。
42	利	害	天之道利而不害。	81 章	自然的规律是让万事万物都得到好处，而不伤害它们。
43	强	弱	弱其志，强其骨。	3 章	减弱它的竞争意图，增强它的筋骨体魄。
44	结	解	善结，无绳约而不可解。	27 章	善于捆缚的，不用绳索而使人不能解开。
45	吉	凶	吉事尚左，凶事尚右。	31 章	吉庆的事情以左边为上，凶丧的事情以右为上。
46	存	亡	中士闻道，若存若亡。	41 章	中士听了道的理论，有时遵循有时忘记。
47	直	屈	大直若屈	45 章	最正直的东西，好似弯曲的一样。
48	生	死	出生入死	50 章	人从生下来一直到死

四、关于"道"

什么是道?

1. 从字形上来说

"道"从"辶"从"首"。"首"为大脑,即思维;"辶"为行动,为实践。从字形上看"道"可以理解为"思维的实践"。

2. 意为"道路"

"道,所行之道也。"(《说文》)"子曰,力不足者,中道而废"(《论语·雍也》),"道行之而成"(《庄子》),成语"羊肠小道"……

3. 意为"自然规律"

"天道"——自然规律;"地道"—— 社会规律;"人道"——人事规律;"常道"——固用规律;"精道"——掌握运用规律……

4. 意为"思想,主张(主义)"

尧舜之道,文武之道;道不同不相为谋;盗亦有道;歪门邪道……

五、老子论道

"道"是老子思想中非常重要的概念,《道德经》对"道"做了深刻的阐述。单是"道"这个字,就在《道德经》中一共出现了 76 次,足见"道"在老子思想中的重要。

那么老子又是如何论道的呢?

1. 老子对"道"的解释

老子在《道德经》中这样解释:"有物混成,先天地而生,寂兮寥兮,独立而不改,周行而不殆,可以为天地母。吾不知其名,强字之曰道。"在老子看来,道是先天地而生的,具有周行不止、独立不改的特质。这里的道就是自然规律。

2. 老子"道"的演化方式

道又是如何演化的?老子在《道德经》中阐述了道的衍化——"道生一,一生二,二生三,三生万物",认为道经过不断化生而演化出了宇宙万物。

3. 密不可分的道与德

除"道"之外,老子在《道德经》中还阐述了另一个非常重要的概念——"德"。在老子的心目中,"德"是在认识了"道"的基本规律基础上的人们处理事情的思想和行为标准;"德"是依附于"道"的。只要能够用"道"这个创造规律去思维、去决策、去规范自己的思想和行为,你自然就可以具备"德"的品质。老子在《道德经》中把"德"进行了细化,大体表现在如下几个方面。

以柔克刚:"天下之至柔,驰骋于天下之至坚"(第 43 章)。

无为而治："道常无为而无不为。候王若能守之，万物将自化"（第 37 章）。

循序渐进："合抱之木，生于毫末；九层之台，起于累土；千里之行，始于足下。"（第 64 章）。

为而不争："圣人不积，既以为人己愈有，既已与人己愈多。天之道，利而不害，圣人之道，为而不争。"（第 81 章）

立足现在："图难于其易，为大于其细；天下难事必作于易，天下大事必作于细。"（第 63 章）

4. 老子之道与孔子之道的比较

老子的"道"主要指"规律"层面的意思，而孔子的"道"主要是指"思想、主张（主义）"层面的意思。

老子的道是"天地万物"、"万物之中"，是用以说明宇宙本原的，是老子的创造。他是古代思维理论发展史上的一个坐标，也是古代认识发展深入的一种表现。老子之后庄子也以道说明世界的本原："道者，万物之所由也。"《庄子》一书使用了 370 多个"道"字。但是，庄子认为人们通过内省修炼，可以达到与道同体同德的真人境界。在客观的"道"转化成主观精神时，庄子道从老子道那里后退了。

孔子也讲道，但孔子讲的道与老子讲的道有很大的差别。孔子赋予"道"以宇宙本原的意义。孔子在一些场合讲的"有道无道"，是讲治乱问题。孔子讲"吾道一以贯之"。这里的"道"就是思想、主张，相当于今天所谓的主义。

六、老子被奉为道教神仙——道德天尊

道教兴起以后，以"道"为最高信仰，认为道是化生万物的本原。老子被道教奉为地位最高的"三清"之一，尊称为"道德天尊"，也称为"太上老君"。为了增强道教的神秘性，后人还杜撰了老子骑青牛过函谷关得道成仙、老子化胡为佛等神话。

中国历史上最伟大的两个思想家孔子和老子，都受到后人的尊崇。不同的是，孔子作为圣人永留人间，成为"至圣先师"、"万古师表"；而老子被奉为道教中的神仙，离开人间到天上做"太上老君"了。

七、老子的"道"与和谐思想

"道"是老子哲学的最高范畴。老子的和谐思想是以他的"道"为基础的，具体表现在以下几个方面。

1. 阴阳是道的核心——"一阴一阳谓之道"

老子认为道是本原，所以道生万物：它能包容一切，统摄一切，一切事物统一于道。老子指出："道者万物之源。"什么是道呢？老子说："一阴一阳谓之道。"

图138　道教三清像
道观中基本都供奉有"三清"像。
居中为"玉清元始天尊";左边为
手执太极阴阳镜的"上清灵宝天
尊";右边为手执太极阴阳扇的
"太清道德天尊",也即常人熟知
的"太上老君"老子。

2. "万物负阴而抱阳"——矛盾的普遍性

老子指出"万物负阴而抱阳",意指万物皆阴阳也,表
示了矛盾的普遍性。用现代的话就是放眼世界,万物皆阴
阳(矛盾)。

3. 阴阳"冲气以为和"——目的性

阴阳双方有对立和冲突,但是老子认为阴阳(矛盾)

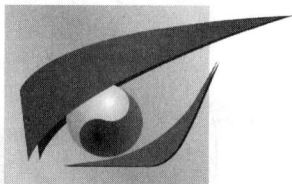

图139　明氏太极图
放眼看世界万物皆阴阳

的对立和冲突必然发展为和谐与统一。他指出:"冲气以为和。""冲"是涌动、激荡的
意思,可以引申为冲突、对立、斗争,象征矛盾的不平衡和对立状态;"以"表示"冲"
的目的;这个目的就是"为和"。阴阳"冲气以
为和",这句话的实质就是太极阴阳平衡论在道
家思想中的体现。

4. 平衡的方法——自然而然,顺其自然

老子认为,生物源于自然,人也源于自然。
人和生物必须在自然给予的条件下求得生存。
生态系统是道循环的产物,"道生之,德畜之,
物形之,势成之"。生态系统遵循这样固有的阴
阳平衡规律,循环往复,生生不息。

自然之道使生态系统趋向平衡。"天之道,
高者抑之,下者举之,有余者损之,不足者与
之";"天之道,损有余而补不足"。这种平衡是
自然本身的动态平衡,不是神或上帝的力量促
成的。

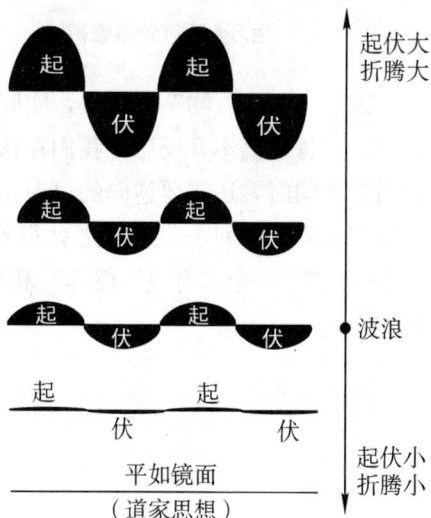

图140

道家的自然平衡思想使社会的发展动荡为最小，见如图 141 所示。所以老子说："治大国若烹小鲜。"国家追求均衡的、平稳的发展才是上策。急于求成必然造成大起大落。

八、"一生万物"与"万物归一"

老子的《道德经》认为"道"乃"夫莫之命而常自然"，是宇宙客观的自然规律，同时又具有"独立不改，周行而不殆"的永恒意义。因此，老子用"道生一，一生二，二生三，三生万物"来阐述万物本原和繁衍的道理。

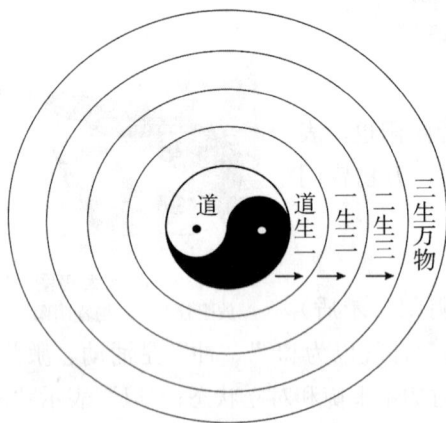

一生万物图（物质繁衍）　　　　　　万物归一图（物质湮灭）

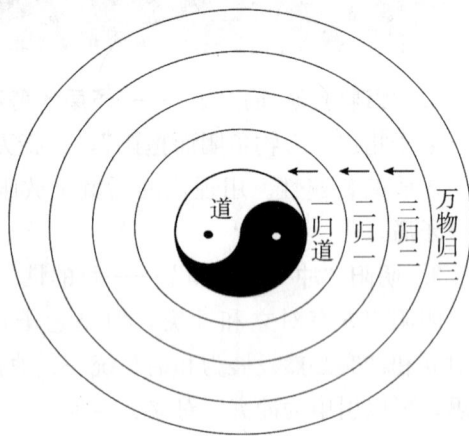

图 141

老子"一生万物"的观点，实际上是一种自然的正向思维，是一种发散，是物质的繁衍。而哲学离不开反思，我们在认定"道生一，一生二，二生三，三生万物"物质繁衍道理的同时，还需要逆向的思考：万物从何而来，又从何处而去，即如何湮灭。如此一层层追问反思回去，实际上就得到了"万物归一"的观点。这个观点与宇宙起源说（宇宙起源于一个"奇点"爆炸）和宇宙湮灭说（宇宙最终回归"奇点"）一致（详见注释 13）。

31. 继承老子　道教张陵　徽以太极　抚正国民

图 142

一、张陵其人

张陵（34—156），汉朝开国功臣张良八世孙，字辅汉，后改名道陵。他少时喜读河洛图谶、天文地理之书，曾入太学，通达五经，好黄老之学。汉明帝时曾任巴郡江州（今重庆）令，后来他隐居北邙山，修炼长生之道，创立"天师道"（要求教众入教时奉献五斗米，故又号"五斗米教"）。张陵死后，其子孙世袭天师道号，且历代帝君皆加有封号，使其成为道教的重要领袖人物。

二、道教徽记

道教奉老子的《道德经》为经典的同时，也十分重视对《易经》的研究。以图解易是道家研习《易经》的一大特色，图即太极八卦图。道教在发展过程中，逐步确立了太极八卦图作为道教徽记的崇高地位。即便在今天，只要在道教建筑中、有道教活动的场所，我们都不难发现道教徽记太极八卦图的存在。

中国道教学会　　　　　　　　道教文化节标识　　　　　　　　青羊宫太极屏风

图143

三、抚正国民

尊崇太极图及太极思想的道教，在产生之后，无论在中国国家层面还是在民众层面，都对产生了重要影响，可以说起了抚正国民的作用。

1. 为统治者提供精神支柱

在中国历史上，曾有道教领袖辅佐王政并利用其显贵地位对国家大事施加巨大影响的事例，如全真教王重阳。

2. 成为社会改良思潮的旗帜，或者是洁身自好者的归宿

东汉黄巾起义就是打着黄老旗号给腐朽的封建统治一次严重打击的农民起义，而历代有志之士在乱世都以入道作为自己的避乱之方。

3. 民间信仰

道教在民间有直接、深广的影响，主要表现为精神抚慰等。

4. 对医药、卫生、体育、科技事业起了推动作用

东晋道士葛洪就是当时的名医；唐代道士孙思邈更是被尊称为"药王"；而道教中的炼丹术，对火药的产生起了重要作用。

5. 对封建政权的直接影响

在东汉末年曾有一位政教合一实践者，那就是天师道创始人张道陵的孙子、第二次黄巾起义的领袖张鲁。张鲁在继承父亲张衡的天师之位后，被企图扩充实力的刘焉用为督义司马。其间，张鲁不断扩大天师道的影响，并占据了汉中、拿下了巴郡，成为名副其实的"教皇"。在他的统治范围内，"天师道"成了官方信仰。他推行政教合一，使得万民归顺。《三国志·张鲁传》记载道："（张鲁）以鬼道教民，自号'师君'。其来学道者，初皆名'鬼卒'。"张鲁治理巴、汉三十年，群下欲尊张鲁为汉宁王。为了避免祸

端，他听信谋臣阎圃的建议并没有称王。但东汉朝廷对此十分忌惮，不得以对之招安。东汉灭亡之后，巴、汉成了兵家争夺之地。后来曹操出兵征讨，张鲁出于敌众我寡的考虑，携徒归顺，天师道建立的政权由此结束。

关于张鲁，毛泽东曾风趣地说："他（张鲁）也搞过'吃饭不要钱'。"

32. 儒家阳学　催人上进　道家阴理　回归修身

图 144

儒家学说和道家学说都是在中国绵延和传承了两千多年的思想体系。儒、道两家的思想似乎是相互对立的，那它们为什么能共同存在呢？为什么不此消彼长、只有其中一家流传下来，或者为什么不是三四家思想体系一起流传下来呢？

要解答这些问题，我们不妨从抛物线理论入手。

一、抛物线理论

抛物线是上抛物体再下落的运动轨迹。它由上升和下降两部分组成，而且有上必有下（见图 145 左）。引申到人生轨迹上，抛物线的上升部分表现为"攀登理想高峰"，用"阳"来表示；抛物线的下降部分表现为"自然回归"，用"阴"来表示（见图 145 右）。

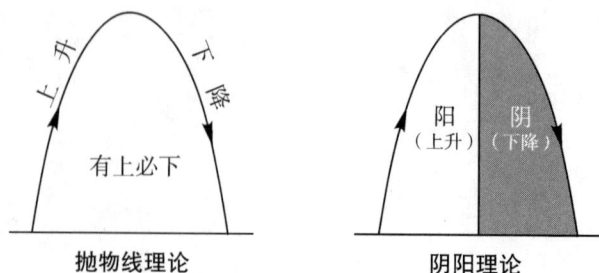

抛物线理论　　　　阴阳理论

图 145

二、儒家阳学与道家阴理

再回到儒家和道家思想上来。著名作家林语堂先生在谈到这两个学派时说："儒学的人生观是积极的，是伟大的肯定，是一种经典式都市哲学……道家的人生观是消极的，是伟大的否定，强调返归自然的乡村式的浪漫主义……"

的确，在儒家看来，和谐境界的实现、人本精神的高扬、忧患境域的摆脱、道德素养的提升，都不能离开人们投身现实、奋发进取的努力和作为。因此，儒家强调力行，是积极昂扬、催人上进的崇"阳"思想。

以老子为代表的道家，主张一切顺乎自然，提倡无为，强调清静、逍遥、修身养性，是自然回归的崇"阴"思想。道家的崇"阴"思想与儒家的崇"阳"思想两者互为平衡（如图146所示），最终成为中国文化的两大思想体系（儒道平衡，可详见注释33及45）。

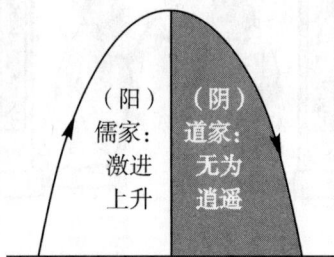

（阳）
儒家：
激进
上升

（阴）
道家：
无为
逍遥

图 146　儒、道阴阳平衡图

我们在这里摘录一些儒家和道家的代表言论，可以帮助我们进一步理解儒家的"阳学"和道家的"阴理"。

儒家思想语录：

学而优则仕。——孔子

天行健，君子以自强不息；地势坤，君子以厚德载物。——孔子

士不可以不弘毅。——孔子

后生可畏。——孔子

富贵不能淫、贫贱不能移、威武不能屈。——孟子

道家思想语录：

不尚贤，使民不争；不贵难得之货，使民不为盗；不见可欲，使民心不乱。

——老子

绝圣弃智，民利百倍；绝仁弃义，民复孝慈；绝巧弃利，盗贼无有。——老子

见素抱朴，少思寡欲，绝学无忧。——老子

不乐寿，不哀夭，不荣通，不丑穷。——庄子

33. 文化支柱　儒道共禀　两大体系　阴阳平衡

图 147

　　如果把中华文化比作一座富丽堂皇的殿堂，那么毫无疑问，支撑中华文化殿堂的两根最重要的支柱就是儒家和道家。

一、儒、道两大思想得以传承正是阴阳平衡的结果

　　两千多年以来，儒家和道家展现了中国文化性格的两大方面（见表22）。

表 22

适应范围	理论属性	等级属性	环境属性	表现方式		
儒家	"上山"理论	等级束缚	都市哲学	现实	现实入世	少、青、中年
道家	"下山"理论	返归自然	乡村哲学	浪漫	虚幻避世	中、老年

　　在注释32中，我们已经讲到，儒家是"阳"的学说，道家是"阴"的学说，它们一阳一阴，实现了中华文化内部的平衡与和谐，也保持了中华文化的延续性。

　　孔子、老子两大思想，成为中华的精神、民族的理性。他们从思想上巩固了中国封建的"大一统"，迎来了中国封建时代的到来。中国春秋、战国五百多年的分离割据复

归于统一。华夏五千年文明永葆青春，这里包含着孔子和老子的重大贡献。

二、儒家阳学、道家阴理与人生旅程的关系

我们常常讲到"命运"二字。命，生命也，父母给予的；运，是人生运动轨迹。那么，人生的运动轨迹与儒、道有什么关系呢？

如果把人生比作一段旅程，那么儒家就是教导人怎么"爬山"，实现自己的人生理想，怎么到达"人生之巅"的学问；道家则是教导人如何"下山"，怎么实现"人生回归"的学问。这一上一下，达到了完美的平衡境界，共同支撑着中华文化。从适应范围上看，前者主要适应于中、青、少年；后者主要适应于中、壮、老年。

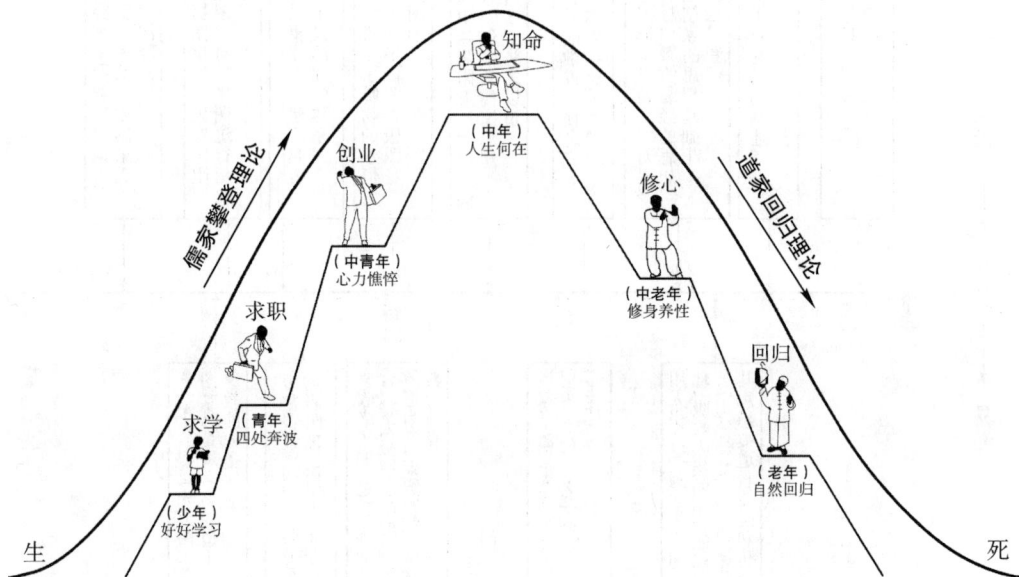

图 148　人生旅途与儒、道理论关系

中国有一句俗语："上山容易，下山难。"儒、道的阴阳平衡理论亦如此。攀登、创业，固然难。然而，当人在重大转折——上山变为下山时，比上山、攀登、创业更加难。现在物质条件好了，不少人离、退休后，还有几十年人生旅程需要正视和面对，尤其是中高级干部，更要提前做好人生转折的思想准备。

二、儒、道同宗同祖，共禀"太极和"

儒、道两家的思想都深受太极的影响，都对太极图推崇备至。实际上，这两家都源于太极哲学思维方式的启迪。不仅如此，华夏文化的主要流派，易学、儒学（儒教）、道学（道教），包括中华武术、中华医学、中华堪舆学，均同宗同源，拥有同一始

祖——太极文化。

儒家和道家思想都秉承了"太极和"思想。如儒家的"天地人和"、"和为贵"、"和而不同"、中庸和谐；道家的"道"、"万物负阴而抱阳"、"一阴一阳谓之道"、"冲气以为和"。它们在不同的思想领域贯穿太极"和"——阴阳平衡理论。

继太极阴阳、八卦、易经之后，儒、道两家从不同的思想领域传承了太极思想。

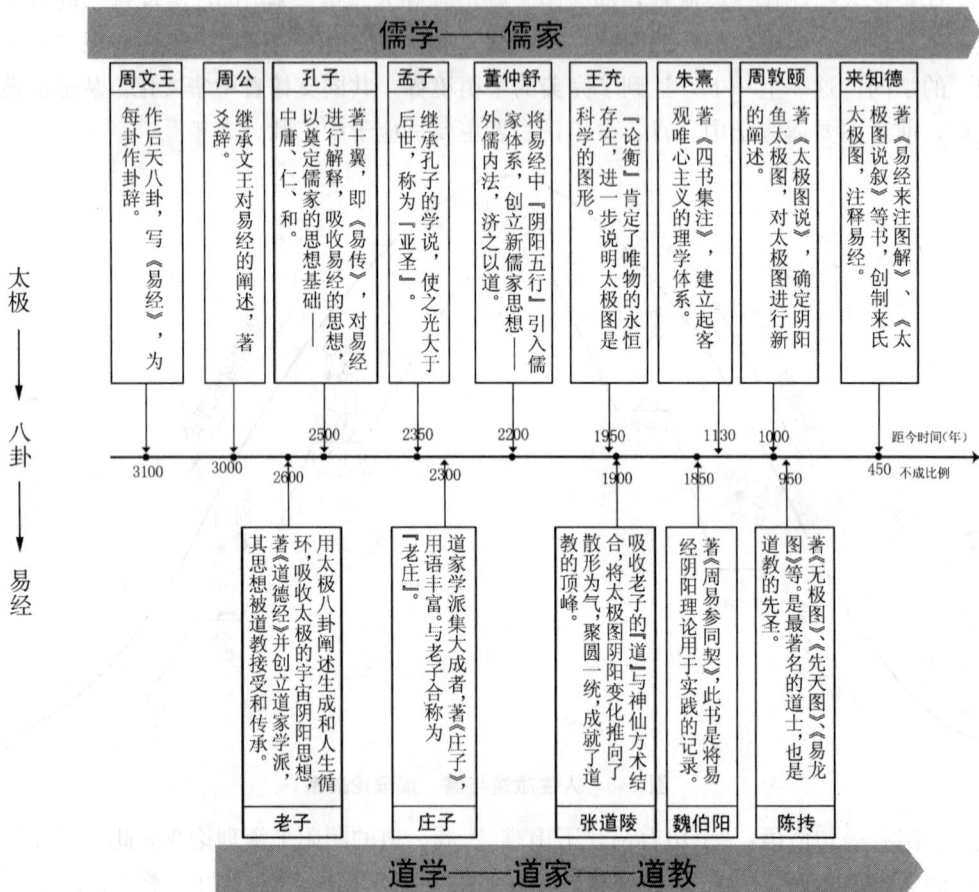

儒学——儒家

- **周文王**：作卦，写《易经》，为每卦作卦辞。
- **周公**：继承文王对易经的阐述，著爻辞。
- **孔子**：著十翼，即《易传》，对易经进行解释，吸收易经的思想，以奠定儒家的思想基础——中庸、仁、和。
- **孟子**：继承孔子的学说，使之光大于后世，称为"亚圣"。
- **董仲舒**：将易经中"阴阳五行"引入儒家体系，创立新儒家思想——外儒内法，济之以道。
- **王充**："论衡"肯定了唯物的永恒存在，进一步说明太极图是科学的图形。
- **朱熹**：著《四书集注》，建立起客观唯心主义的理学体系。
- **周敦颐**：著《太极图说》，确定阴阳鱼太极图，对太极图进行新的阐述。
- **来知德**：著《易经来注图解》、《易经来注图叙》等书，创制来氏太极图，注释易经。

太极 → 八卦 → 易经

时间轴（距今时间（年），不成比例）：3100　3000　2600　2500　2350　2300　2200　1950　1900　1850　1130　1000　950　450

- **老子**：用太极八卦阐述生成和人生循环，吸收太极的宇宙阴阳思想，著《道德经》并创立道家学派，其思想被道教接受和传承。
- **庄子**：道家学派集大成者，著《庄子》，用语丰富。与老子合称为"老庄"。
- **张道陵**：吸收老子的"道"与神仙方术结合，将太极图阴阳变化推向了散形为气，聚圆一统，成就了道教的顶峰。
- **魏伯阳**：著《周易参同契》，此书是将易经阴阳理论用于实践的记录。
- **陈抟**：著《无极图》、《先天图》、《易龙图》等。是最著名的道士；也是道教的先圣。

道学——道家——道教

图 149　儒、道传承太极思想图

四、《论语》、《道德经》，两者缺一不可

儒、道是中华文化阴阳平衡的两大思想体系，缺一不可，缺一则失去平衡。代表这两大思想体系的祖本——《论语》、《道德经》，在学习时，同样缺一不可。仅强调《论语》的重要性，或仅强调《道德经》的重要性，都是不全面的。

五、开设《易经》、《论语》、《道德经》课程，普及传统文化

为了传承中华传统文化，发扬光大中华哲学经典，让年青一代领会中华传统文化精髓，笔者建议在中、小学开设《易经》、《论语》、《道德经》等传统文化课程，全面普及中华传统文化，为社会主义精神文明建设作出应有的贡献。

六、近代崇"阳"文化的弊端

在阴阳理论中，阳代表积极、向上的一面，因此容易受到人们的推崇，导致片面把"阳"看成好、把"阴"看成劣。崇"阳"文化由此而生。尤其是近代，这种"崇阳文化"的无节制发展，导致人与人、人与自然关系的紧张，生态危机日益凸显。在物质文明高度发达的今天，我们应适度提升"阴"性因素，这样才能达到动态的阴阳平衡。

崇"阳"文化具体表现在以下几个方面。

男尊女卑：过分强调男性的社会主体性，认为只有男性才能推动社会发展，进而忽视女性的社会功能和作用。

宁快勿慢：认为"快"就是积极的。殊不知快中隐含着的危险与危机，忽略了适度、匀速、安全才是最好的。

宁"左"勿"右"：认为"左"就是积极、进步的，忽略了"左"脱离现实和盲动带来的危害。

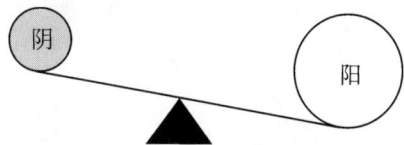

图 150　现代崇阳文化导致阴阳不平衡

重科技轻文化：科技促进物质生产，文化充盈精神，但仅重视科技带来的丰富物质发展水平而忽略文化对人精神的滋养。

重现代轻传统：认为现代的就是积极的、先进的，传统的就是保守的、落后的。现代的就是精华，传统的就是糟粕。

重外来文化轻自身文化：认为国外的都是好的，连国外的月亮都比自己国内的圆，殊不知自己国内文化的精髓却在被他人吸收和利用。

重发展轻保护：一味重视经济和科技发展，忽略对环境和自然的保护。

吃的好玩的好：暴饮暴食，锻炼又少，患"富贵病"的人越来越多。

34. 外有墨子　非攻兼爱

图 151

一、墨子其人

墨子，姓墨名翟（约公元前 468—前 376），战国时期墨家学派创始人、著名思想家、政治家、军事家、社会活动家和自然科学家，著有《墨子》一书。

二、墨家思想

在墨子的思想体系中，"尚贤，尚同，兼爱，非攻，节用，节葬，天志，明鬼，非命"，是其思想的精髓所在，构成了一个完整的体系。而其中的"尚同"、"尚贤"（任用贤能之士使天下一同）、非攻兼爱（兼相爱，交相利；反对非正义战争）的墨家理论基础，是从阴阳和合、圆为一统的哲理出发的。墨子救宋，以子作棋，据圆制掣公输般云梯作架的进攻，是成功应用太极图圆为一统的思想和利用圆阻力面小的古代战例。

三、墨家思想与儒家思想的比较

在代表新兴地主阶级利益的法家崛起以前，墨家是先秦时期和儒家相对立的最大的一个学派，有与之并列"显学"之称。

孔、墨两大学派都产生在东周后期，年代接近。墨子生在孔子后。当时宗族制度破坏更甚，多数宗族被消灭，极少数宗族化家为国，逐渐成为地主阶级的士阶层，在社会大变动中获得政治参与权而上升为诸侯师、相。在士阶层下面的庶民，即墨子所称"农与工肆之人"，是一种小私有财产者，在社会大变动中也要求取得一些政治上的地位，借以保护自己的经济利益。他们还没有反抗统治者的觉悟，只是要求"饥者得食，寒者得衣，劳者得息"，过着安居乐业的生活。墨子和他创立的墨家，就是代表庶民用"上说下教"的妥协方法向统治阶级提出要求的一个学派。庶民是真正从事生产的广大劳动群众。国君贵族要进行战争，不得不对庶民在形式上作些让步。

儒家的最高理想是周公相成王，大儒做国君的卿相大夫，小儒给富人办丧事。儒家利益与统治阶级完全一致，两者间妥协合作是很自然的。墨家与统治阶级利益并不一致。但统治阶级为了要利用墨家而作暂时的有限度的让步，墨家对统治阶级则忠实服务、竭尽心力。墨家弟子一方面对儒家猛烈攻击，企图夺取儒家在政治上的地位；一方面视死如归地为国君贵族守城御敌，保卫他们的利益。但历史上的墨家并没有得到统治者的尊重与重用。

墨家与儒家两个学派的对立，显著地表现出士与庶民不同的社会地位。他们的对立主要体现在以下几方面。

（1）儒家主张"亲亲有术（等差），尊贤有等"，严格区别亲疏尊卑，巩固封建等级制度。墨家不反对等级，但反对儒家所说的"等级"，主张兼爱、节葬、尚贤、尚同。

（2）儒家主张有命在天，寿、夭、贫、富、安、危、治、乱都是不可更改的天命。墨家反对宿命论，认为：天欲义（善政）而恶不义（乱政），鬼神赏贤而罚暴，命是暴王（亡国之君）所作、穷人（怠惰人）所述。

（3）儒家主张繁饰礼乐，教富贵人靡费财物，自己分肥得食。墨家反对不劳而食，主张节葬、非乐、斥儒者"贪于饮食，惰于作务"。儒家主张穿古衣、说古话。墨家反对保守，主张创造新事物。

（4）孔子主张复西周之古，按照周礼规定的等级分配生活资料。墨子也承认贵贱的等级，但他主张选择贤良为正长，并复大禹之古，要求各级贵人学大禹过着与万民同样勤劳的生活并放弃剥削的权利。

（5）孔子尊天信命远鬼神，天子得祭天；庶人只许祭户神、灶神，祭去世的人只许祭父母。墨子尊天非命信鬼神，主张人无贵贱，都有权祭天和众鬼神。

四、墨子思想未被传承的原因

由于墨子提倡的"兼爱非攻"是横亘在封建集权专制统治道路上的一座巨大障碍。"不除墨家，中央集权专制就难以建立"。因其特定历史条件下的特定政治原因，宝贵的墨子思想消散在了历史的长河里，未被很好地传承下去。

35. 亦有孙子　兵法阐明

图 152

一、孙子其人

孙子（约公元前 6 世纪末—前 5 世纪初），姓孙名武，后人尊称其为孙子、孙武子，乐安（今山东惠民，一说山东博兴北，一说山东广饶）人，齐国田氏家族后裔，后移居吴国。经伍子胥推荐，他晋见吴王阖闾，献兵书，任将军，辅佐吴王经国治军，西破强楚，北威齐晋，显名诸侯。他做了吴国将军后，南征北战，以卓越的军事才能使吴国声威大振，使其国君成为春秋五霸之一。其军事思想集中反映在所著《孙子》十三篇中。

二、《孙子》其书

《孙子》13 篇集中体现了孙子关于战争的一系列认识。

1. 战争观

孙子十分重视战争问题的研究，因而主张对待战争必须"慎之"、"警之"，提倡"安国全军之道"。他指出："兵者，国之大事，死生之地，存亡之道，不可不察也。"他认为，"亡国不可以复存，死者不可以复生。"

2. 战略思想

孙子提出了不以直接交战的方式达成政治目的的"全胜"战略。为达全胜，战略谋划就要胜敌一筹，"庙算胜者，得算多也"；在力量对比上要处于优势，"胜兵若以镒称铢"。总之，要求达到"屈人之兵，而非战也；拔人之城，而非攻也；毁人之国，而非久也。必以全争于天下，故兵不顿，而利可全"。

3. 作战指导思想

在进攻作战中，孙子主张速战速决，反对旷日持久，是基于对当时国家经济承受能力和后勤供应的分析作出的判断。因为"相守数年"的战争，"内外骚动，怠于道路，不得操事者，七十万家"，"久暴师则国用不足"，他要求"因粮于敌"。孙子强调进攻，但也不忽略防御，认为"不可胜者，守也"，要求"善守者，藏于九地之下"，以求"自保而全胜"。如果兵处劣势，还应"逃之"、"避之"，以保存军力。

对于作战谋划，"先为不可胜，以待敌之可胜"（《孙子·军形》），强调知彼知己，知天知地，要看到地有"六形"、法有"九变"、谍有"五间"、将有"五危""六过"等。作战指挥，强调争取主动权，要明利害、识众寡、辨分合、察虚实、善专分。战术运用，要示形惑敌，奇正多变，因敌制胜。

4. 治军思想

孙子的治军指导思想是"令之以文，齐之以武"（《孙子·行军》）。"文"指厚赏、爱卒，"武"指重罚、严刑，二者相辅相成。"爱而不能令，厚而不能使，乱而不能治，譬若骄子，不可用也"，"卒未亲附而罚之，则不服，不服则难用也。卒已亲附而罚不行，则不可用也"（《孙子·行军》）。对士卒平时要严格训练、严明纪律，战时才能步调一致，服从命令。因此，他主张"令素行以教其民"。他还注重将帅的选拔和任用，认为将帅是"生民之司命"，提出了"智、信、仁、勇、严"五条德才标准。

三、以辩证法为基础的孙子军事思想

孙子的军事思想是建立在朴素辩证法基础上的。在阴阳（矛盾）双方的对立中，他强调"知彼知己"，以庙算"七孰"进行对比分析，讲求"战道"，探索战争规律，要从弱强乱治的矛盾中看到向其对立面的转化，等等。这些都是具有思辨特征的哲学思考。孙子通过战争事物中对立范畴（敌我、攻守、全破等）的认识，揭示出它们之间的生克消长关系，从而衍生出对各种作战方式的描述，推动了军事思想和军事学术的发展。孙子的军事思想揭示了军事领域中一些带普遍性的规律，对指导军事实践产生了重要作用，受到世界上许多政治家、军事家的推崇，是世界公认的军事理论鼻祖，其军事思想成为世界优秀军事理论遗产。

四、孙子思想在现代社会的运用

在现代，孙子思想早已迈出了国门，走向了世界，让许许多多著名的国外战略家陶醉沉迷于博大精深的中国传统战略文化研究之中。孙子思想作为博弈策略的经典之作，通过一系列"以智克力"、"以柔克刚"、"不战而胜"等深刻的战略理念展示出来，更通过蕴涵在其中的"以德服人"、"天人合一"等深刻的哲学理念展示出来。

总之，孙子的思想在现代军事、政治、经济、外交、体育、企业管理等各个领域都得到了广泛的应用；同时，孙子兵法又被注入了新时代的活力。

36．韩非论法

图 153

一、韩非其人

韩非，也称韩非子（约公元前 280—前 233），战国末期韩国人（今河南禹州市），韩王室诸公子之一。《史记》记载，韩非精于"刑名法术之学"，是荀子的学生。他的著作很多，主要收集在《韩非子》一书中，此外，还有《孤愤》、《五蠹》、《内外储》、《说林》、《说难》等。韩非是战国末期带有唯物主义色彩的哲学家，法家思想的集大成者。

二、韩非的性恶论与"法治"思想

韩非的全部理论，导源于荀子"性恶论"思想和建立封建的中央集权专制主义国家的政治目的。他认为人与人之间的关系都是利害关系，人的心里无不"畏诛而利庆赏"（《二柄》），人君的职责就在于利用"刑"、"德"二手，使民众畏威而归利。他认为人的本性具有恶的道德价值。性恶论以人性本恶，强调道德教育的必要性。

在"性恶论"的基础上，韩非辩证地吸收了儒、墨、道、前期法家等的一些观点，从而形成了自己独有的以法为中心的法、术、势相结合的政治思想体系。

韩非第一次明确提出了"法不阿贵"的思想，主张"刑过不避大臣，赏善不遗匹夫"。这是对中国法制思想的重大贡献，对于清除贵族特权、维护法律尊严产生了积极影响。改革图治，变法图强，也是韩非思想中的一大重要内容。

韩非认为，光有法和术还不行，必须有"势"作保证。"势"，即权势、政权。他赞赏慎到所说："尧为匹夫不能治三人，而桀为天子能乱天下"（《难者》），提出了"抱法处势则治，背法去势则乱"（《难势》）的论点。韩非的"法治"思想后来成为了先秦法家理论的精髓。

三、韩非的"矛盾说"思想

在中国哲学史上，韩非是第一个把"矛盾"这一名词作为哲学概念提出来的。他用寓言故事——"楚人有鬻盾与矛者，誉之曰：'吾盾之坚，莫之能陷也。'又誉其矛曰：'吾矛之利，于物无不陷也。'或曰：'以子之矛陷子之盾，何如？'其人弗能应也。"（《韩非子·难一》）——生动形象地说明了"以子之矛攻子之盾"的逻辑矛盾。

《韩非子·有度》说："国无常强，亦无常弱。奉法者强，国则强。奉法者弱，则国弱。"《韩非子·心度》说："夫民之性，恶劳而乐佚。佚则荒，荒则不治，不治则乱，而赏刑不行于天下者必塞。"他认为唯有用法来处理各种事物的矛盾，才能理顺各种关系。同时，他还对矛盾的转化条件做出了辩证的解释。

韩非的矛盾之说对后世的影响很大。三国时嵇康用它去驳斥论敌的两可之说。东晋时，孙盛则用矛盾之说反驳老子的自相矛盾。唐朝刘禹锡、柳宗元的论辩著作，也都有对矛盾之说的运用。现代汉语中，用"矛盾"这个词表示两个不能同真也不能同假的命题之间的关系，都是从韩非这里借用来的。

四、韩非的寓言故事

韩非寓言故事除生动外，还蕴含着深奥的哲理，是哲理性与艺术性的完美结合，同时又具有一定的文学价值和高度的教育意义。不少成语都出自《韩非子》，如"守株待兔"、"讳疾忌医"、"滥竽充数"、"老马识途"等。

韩非的政治思想对中国封建社会统一起了积极的推动作用。他的哲学思想包含了唯物主义和辩证法思想，开拓了人们的思路，他不愧为中国历史上承先启后的一位大思想家。

37. 商鞅法秦

图 154

一、商鞅其人

商鞅（约公元前390—前338），卫国（今河南洛阳一带）人，原名卫鞅或公孙鞅，战国时期著名的政治家和法家主要代表人物。他自幼喜好刑名之学，公元前361年到秦国，深得秦孝公的信任，历任左庶长、大良造等职，执掌秦国军政大权达一二十年之久。秦孝公曾以于（今河南内乡东）、商（今陕西商县东南）十五邑封地，号其为商君，故又称商鞅。商鞅著有《商君书》传世。

二、徙木赏金

商鞅年轻时好刑名之学，在魏相公叔座门下任中庶子。公叔座临终前将其推荐给魏惠王，惠王不能用。商鞅闻秦孝公下令求贤，发愤图强，乃离魏去秦，以变法强国之术说孝公，孝公大喜。但甘龙、杜挚等大臣对变法并不赞成。他们制造舆论，以为"智者不变法而治"，"法古无过，循礼无邪"。孝公不为所动，仍以商鞅为左庶长，下令变法。

变法令下达后，商鞅以三丈之木置于国都南门，募民有能徙木于北门者赏十金，但无人响应。他又将赏金增至五十金，有一人应募，即获得五十金，以此来取信于民。当时太子犯法，商鞅刑其师傅公子虔、公孙贾。商鞅执法敢于不避贵势，在秦国震动颇大。这就是秦国上下能奉公守法的重要原因。

三、商鞅变法的内容及意义

商鞅变法的主要内容有如下一些。

1. 经济措施

商鞅对经济的改革是以废除井田制、实行土地私有制为重点的。这是战国时期唯一用国家的政治和法令手段在全国范围内改革土地所有制的事例。其主要内容有：废井田，开阡陌；重农抑商，奖励耕织；统一度量衡。

2. 政治措施

商鞅对政治的改革是以彻底废除旧的世卿世禄制、建立新的封建专制主义中央集权制为重点的。他在这方面的贡献远远超过李悝和吴起。其主要内容为：奖励军功，实行二十等爵制；除世卿世禄制，鼓励宗室贵族建立军功；改革户籍制度，实行连坐法；推行县制；定秦律，"燔诗书而明法令"。

商鞅变法以法律形式废除了奴隶制土地制度。开阡陌，肯定了封建土地所有制的合法性，打破了奴隶主世袭贵族的特权，确定了封建等级制度，发展和壮大了地主阶级政治势力；中央集权的实行，巩固了地主阶级对劳动人民的统治，发展了封建经济，壮大了地主阶级经济力量，方便了税收和交换。

商鞅相秦期间，因执法较严引起秦贵族的怨恨。孝公卒后，太子秦惠王立。公子虔之徒为报夙愿，告商鞅有谋反企图，派官吏逮捕他。商鞅打算逃入魏国，魏人因公子昂曾中其计而丧师，故拒不接纳。商鞅不得已而归秦，乃与其徒属发邑兵攻郑，兵败被俘。惠王车裂商鞅，并灭其族。

3. 商鞅变法的意义

商鞅为适应社会政治经济变革的要求，从其"治世不一道，便国不法古"的论点出发，强调教育改革，认为治理国家的根本是重视农业和战争，要富国强兵就必须进行法制宣传，培养法治人才。商鞅抨击了提倡以诗、书、礼、乐为教育内容的儒家，主张"燔诗书而明法令"，要用鼓励耕战为内容的法治教育代替"先王之教"；认为法治是德治的基础，法令必须"明白易知"；应以法官为师，给民众解释法令，使"万民皆知所辟就"，把教育作为宣传法制和培养法治人才的工具。

38. 庄周忘我

图 155

一、庄子其人

庄子（约公元前 368—前 289），名周，字子休（一说子沐），战国时代宋国蒙（今安徽省蒙城县）人，著名思想家、哲学家、文学家，是道家学派的代表人物、老子哲学思想的继承者和发展者、先秦庄子学派的创始人。他的学说涵盖着当时社会生活的方方面面，但根本精神还是归依于老子的哲学。后世将他与老子并称为"老庄"，他们的哲学为"老庄哲学"。

二、庄子思想

庄子的思想包含着朴素的辩证法因素，认为一切事物都在变化。他认为"道"是"先天生地"的，从"道未始有封"（即"道"是无界限差别的）；主张"无为"，放弃生活中的一切争斗；又认为一切事物都是相对的，因此他否定知识，否定一切事物的本质区别，极力否定现实，幻想一种"天地与我并生，万物与我为一"的主观精神境界，安时处顺，逍遥自得。

庄子的文章，想象瑰丽奇幻，文笔变化多端，具有浓厚的浪漫主义色彩，并采用寓言故事形式，富有幽默讽刺的意味，对后世文学语言有很大影响。著作有《庄子》，亦称"南华经"，道家经典之一。《汉书·艺文志》著录《庄子》52 篇，但留下来的只有33 篇。其中内篇 7 篇，一般认为是庄子著；外篇、杂篇可能掺杂有他的门人和后来道家追随者的作品。

《庄子》在哲学、文学上都有较高研究价值，名篇有《逍遥游》、《齐物论》、《养生主》，《养生主》中的"庖丁解牛"尤为后世传诵。

表面看来，庄子是一个愤世嫉俗的人。他生活在战国时期，与梁惠王、齐宣王同时期，比孟轲的年龄略小，曾做过漆园小吏，生活很穷困，却不接受楚威王的重金聘请。在道德上其实是一位非常廉洁、正直而有相当棱角和锋芒的人。他一生淡泊名利，主张修身养性、清静无为，在他的内心深处则充满着对当时世态的悲愤与绝望。从他的哲学思想有着退隐、不争、率性的表象上，可以看出庄子是一个对现实世界有着强烈爱恨的人。

庄子主张精神上的逍遥自在，所以在形体上，他也试图达到一种不需要依赖外力而能成就的一种逍遥自在境界；主张宇宙中的万事万物都具有平等的性质，人融入万物之中，从而与宇宙相终始；提倡护养生命的主宰亦即人的精神，要顺从自然的法则，要安时而处顺；要求重视内在德性的修养——德性充足，生命自然流出一种自足的精神力量。

在庄子的哲学中，"天"是与"人"相对立的两个概念："天"代表着自然；而"人"指的就是"人为"的一切，与自然相背离的一切。

庄子主张顺从天道，而摒弃"人为"，摒弃人性中那些"伪"的杂质。顺从"天道"，从而与天地相通，就是庄子提倡的"德"。

在庄子看来，真正的生活是自然而然的，因此不需要去教导什么、规定什么，而是要去掉什么、忘掉什么，忘掉成心、机心、分别心。既然如此，还用得着政治宣传、礼乐教化、仁义劝导？这些宣传、教化、劝导，庄子认为都是人性中的"伪"，所以要摒弃它。

三、庄子在道家中的地位

作为道家学派始祖的庄子，他的老庄哲学是中国哲学思想中唯一能与儒家和后来的佛家学说分庭抗礼的古代最伟大的学说。它在中国思想发展史上占有的地位绝不低于儒家和佛家。

后世道教继承道家学说，经魏晋南北朝的演变，老庄学说成为道家思想的核心内容。庄子其人也被神化，奉为神灵。唐玄宗天宝元年（724 年）封其为"南华真人"，

《庄子》诏称"南华真经";宋徽宗时封庄子为"微妙元通真君"。

庄周一生著书十余万言,书名《庄子》。这部文献的出现,标志着战国时代的哲学思想已经发展到高深的水平。《庄子》是我国古代典籍中的瑰宝。庄子不但是我国哲学史上一位著名的思想家,也是我国文学史上一位杰出的文学家。无论在哲学思想方面,还是文学语言方面,他都给予了我国历代的思想家和文学家以深刻的、巨大的影响,他在我国思想史、文学史上占有重要的地位。

39．杨朱养生

图 156

一、杨朱其人

杨子，名朱，战国时期魏国（今河南开封市）人。杨朱反对儒墨思想，主张贵生重己。他没有留下任何遗作，但《孟子》、《韩非子》、《庄子》、《吕氏春秋》、《列子》等书都曾提起过他，其中《列子·杨朱》篇最详。

二、杨朱的"为我"思想

杨朱的中心思想，就是"为我"。"杨子取为我，拔一毛而利天下，不为也。"（《孟子·尽心上》）"今有人于此，义不入危城，不处军旅，不以天下大利，易其胫之一毛。"（《韩非子·显学》）《吕氏春秋》里也说："阳生贵己。"（《不二》篇）阳生就是杨朱，贵己就是为我。

杨朱一派有"不拔一毛"、"不利天下"的口号。这个口号可能有两个解释。一个是，只要杨朱肯拔他身上一根毛，他就可以享受世界上最大的利益，但这样他不愿意；另一个是，只要杨朱肯拔他身上一根毛，全世界就可以受益，但这样杨朱还是不愿意。

前者是韩非的解释，是"轻物重生"的一个极端的例子；后者是孟轲的解释，是"为我"的一个极端的例子。两个解释可能都是正确的，各说明杨朱的思想的一个方面。

《列子·杨朱》篇引杨朱的话说："人人不拔一毛，人人不利天下，天下治矣。"这一句话说明，杨朱的"为我"思想，是他的世界观，同时也是他的政治思想。

三、杨、墨之说，相向而立

先秦诸子学说中，最另类的有两家：一是墨子，一是杨朱。但杨朱的学说与墨子的思想完全相反。

墨子的兼爱非攻，主张非暴力。他也最爱管闲事，只要听说哪里要打仗，他和他的学生们就会出动做劝和工作。墨子及其学生为和平所做的努力，要是在当代应该获得诺贝尔和平奖。而杨朱的学说与墨子的兼爱相反，他讲自利，有"拔一毛而利天下者，不为也"的名言。孟子曾经说，天下不归杨便归墨，不归墨便归杨。可见，当时墨子和杨朱都是显学，遗憾的是他们的学说都因阻碍了封建统治阶级的中央集权而未被传承下来。

四、杨朱说对现代养生学的贡献

杨朱派所重的是生命。"生"的根本就是"身"，即身体。杨朱派认为，一个人的生命是最重要的，生活中的一切都是为了养生，也就是养身。这一观点，在物质生活十分充实、人们追求生活质量和长寿秘笈籍今天，也非常适用，成为典型的古代养生学。如今，养生学已成为时髦的科学，上升到与中医学同等重要的位置。

中医中的理论之一就是天人合一、阴阳平衡。而源于杨朱说而发展至今的当代的养生学，也讲究天人合一、阴阳平衡、人与自然的协调。

养生学提倡：

第一，动静有度，即适当的运动、适度的休息——动是运动，静也是运动的一种形式；

第二，修身与养性结合，注重身体和内心的共同修养提高；

第三，持之以恒、循序渐进，不论哪种养生手段，都要缓而不躁，要"改革"而不是"革命"体质本身；

第四，掌握规律，并按照人、自然的规律生活。

上述现代养生学追其源头，都或多或少地受益于杨朱说。杨朱说本身虽然没有很好地流传下来，但是作为派生系的"养生"却被发扬光大了。

40. 百家争鸣　依和求进　角度不同　各抒己论

图 157

一、诸子百家

春秋战国时代，社会上出现了各种思想流派，如儒、法、道、墨等，他们著书讲学，互相论战，出现了学术上的繁荣景象，后世称为"百家争鸣"。

"子"，在古代是对有学问的人的尊称，更指把某种思想提高到"经典"的个人、某一家学说的主要成就者，如老子、孔子、墨子等。而"诸子百家"就是在春秋战国的思想争鸣时代，出现的大量的思想流派（"百家"）和大量的思想精英（"诸子"）。

那么，春秋战国的思想流派真的是"百家"吗？传统上关于百家的划分，最早源于西汉史学家、司马迁的父亲司马谈。他在《论六家要旨》中，将百家首次划分为阴阳、儒、墨、名、法、道六家。后来，西汉刘歆在《七略》中，又在司马谈划分的基础上，增纵横、杂、农、小说四家凑为十家。班固在《汉书·艺文志》中袭刘歆说，并认为："诸子十家，其可观者九家而已。"后来，人们去"小说家"，将剩下的九家称为"九流"。

今人吕思勉在《先秦学术概论》一书中再增"兵、医"，认为："故论先秦学术，实可分为阴阳、儒、墨、名、法、道、纵横、杂、农、小说、兵、医十二家也。"

二、百家争鸣的背景

在春秋战国之前，我国已经有几千年的文明史，而为什么百家争鸣这个文化高潮偏偏出现在春秋战国时期呢？

首先，春秋时期社会剧烈变革，奴隶制逐渐向封建制过渡与转型，经济的发展必然会对上层建筑（思想和意识形态）产生影响；其次，春秋战国时期各诸侯国为了生存纷纷改革，任用贤能，客观上为各种学术思想的出现提供了契机；再次，在变革的社会中，古代知识分子——"士"阶层开始出现和活跃，各诸侯国对"士"往往都采取宽容的政策，允许学术自由，为"士"著书立说、发表个人意见创造了良好的条件，从而促进了战国时期的思想解放；最后，各国联系的日益紧密以及人才的流动性，为各家思想的生存提供了保障。

正是这些政治、经济、社会等各方面的因素综合作用，才为文化的繁荣创造了条件。也正是这些因素，促成了中国历史上第一次文化高潮。

三、百家争鸣的实质——和而不同

战国时期的"百家争鸣"反映了当时社会政治斗争的激烈和复杂。虽然流派众多，但阶级阵线却非常鲜明，主要表现为新兴地主阶级和没落奴隶主之间的阶级斗争。这个时期的文化思想，奠定了整个封建时代文化的基础，对中国古代文化有着非常深刻的影响。百家争鸣表现在各家站在自己的立场，论经说道，高谈阔论。百家争鸣的实质，其实是"和"而"不同"所致。所谓"和"，就是追求"太极和"这一根本目的一致。所谓"不同"，即实现"太极和"这一根本目的代表的阶层及其站的角度、走的方向路线、处的习性的不同。虽然各家都代表着自己的利益、各自为政，各抒己论，

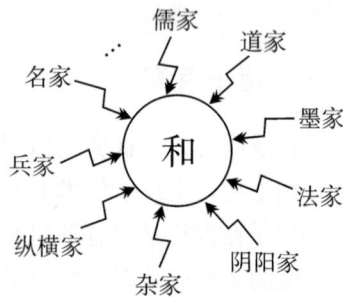

图158　百家争鸣　和而不同

甚至强词夺理，但他们争论的实质都是为了社会的和谐与进步，争论的差异在于实现这一目的的方法和手段上。正是这种"和而不同"使各"家"既争鸣又和谐相处，各个文化派别相互学习借鉴，形成了文化的大繁荣、大变革。

四、百家争鸣是社会变革的大前奏

百家争鸣是春秋战国时期思想解放的表现。这种热闹的场面正是新思想诞生、社会大变革的序曲，犹如中国戏剧开演前的闹台锣鼓一样：闹台锣鼓响起来，好戏就要出台了。

　　这样的大鸣大放作为社会重大变革的前奏，在近代社会我们同样可以找到：欧洲的资产阶级革命以 14—17 世纪的文艺复兴运动和 18 世纪启蒙运动的"百家争鸣"为思想前奏；中国从旧民主主义革命到新民主主义革命的变革，以五四新文化时期的"百家争鸣"为思想鼓点；1978 年的改革开放也以前期的"真理标准大讨论"的思想解放运动为准备条件。

41. 阴阳学说　哲学矛盾　新石器时　古典辩证

图 159

一、矛盾——哲学的精髓

从构成学科的基本元素上看，各门学科都有自己最基本的元素。如文字，由点、横、竖、撇、捺、折 6 个基本笔划组成；音乐无非就是 Duo、Ray、Me、Fa、So、La、Ti 7 个音符组成；数学无非就是 0 到 9 这 10 个数字的关系；化学就更复杂了，元素符号超过一百多个……

上述学科有着各自的基本元素。哲学是一切学科的基础。从哲学上来看世界，无论什么学科，包括做人做事，归结起来世界万物无非就是矛和盾两个元素。哲学是各学科中基体元素最少的学科。哲学是最基本的学说，就是把复杂的事情简单化的学说。放眼世界，万物皆矛盾，矛盾成了哲学的精髓，矛盾的对立统一规律成为宇宙的根本法则。因此，**从哲学上来看，世界演变、社会发展、人类进步以及人生过程（做人做事），无非就是处理好矛、盾两件事。**

二、哲学上的"矛盾"

1. "矛盾"一词的来源

在西方，最早有证可查且明确提出"矛盾即对立统一"这一概念的是黑格尔。后

174

来，马克思吸取了黑格尔的合理思想，系统提出了唯物辩证法的对立统一规律，把矛盾规定为反映事物的对立统一关系的哲学范畴，认为任何事物都是作为矛盾统一体而存在的、矛盾是事物发展的源泉和动力。

在中国，矛盾一词最早见于《韩非子》（详见注释36）。

2. "矛盾"的定义

"矛盾"是辩证法的基本范畴，指事物自身所包含着的既相互排斥又相互依存的两个方面，它们既是对立的又是统一的。前者即所谓"一分为二"，后者即所谓"对立统一"。矛盾是哲学的最基本的要素，矛盾对立统一规律是近代哲学的核心。矛盾的对立统一规律揭示了宇宙的根本规律，成为宇宙的根本法则。

3. 主要矛盾、次要矛盾，矛盾的主要方面、次要方面

矛盾分为主要矛盾和次要矛盾。主要矛盾指在众多矛盾中起主导作用的矛盾，次要矛盾指在众多矛盾中起次要作用的矛盾。矛、盾双方又有主要方面和次要方面之分，起主要作用的为矛盾的主要方面，起次要作用的为矛盾的次要方面。

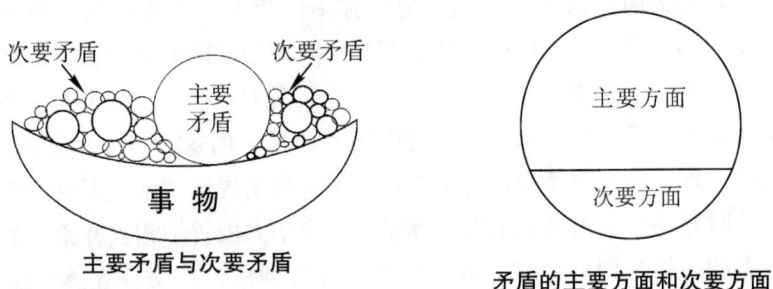

主要矛盾与次要矛盾

矛盾的主要方面和次要方面

图160

4. 矛盾的两重性

矛盾具有两重性：一是对立面，二是统一面。简言之，矛盾就是对立的统一。然而，现实中人们往往一提到矛盾，立刻想到的就是对立、不和、斗争等，具有"谈矛盾色变"的恐惧心理而不能正确对待。这是忽略了矛盾统一面的结果。

5. 矛盾是推动社会发展的根本动力

从不同的角度上看，可得出不同的推动社会发展的根本动力。从哲学上归纳，"矛盾"是推动社会发展的根本动力。

三、中国式矛盾——阴阳

从语言学上看，矛盾是个代词。在哲学中，它代表的是"事物自身包含着既相互排斥又相互依存的两个方面"。既然是代词，我们可以用其他词语来代替。在中国，替代"矛盾"的就是"阴阳"。换句话说，**中国古代的阴阳就是近代哲学中矛盾的代名词。**近

通常提到矛盾就想到对立、不和、斗争的一面

矛盾还有统一与和好的一面

图 161　矛盾的两重性

代哲学中"矛盾"一词，出现也就两三百年历史；而中国的阴阳（矛盾）却有六七千年历史。

阴阳是太极哲学的核心关键词，其原意是阳光的向、背。向日为阳，背日为阴。引申开来，天为阳，地为阴；物体的正面、前面称阳，背面、后面称阴；雄为阳，雌为阴；男为阳，女为阴，等等。当中国古代思想家引入阴阳范畴看待宇宙万物的生成与运动时，阴阳实际上揭示了万物均可用正、反的两个元素来概括。这两个元素便是**哲学中最基本的两个元素——矛、盾**。六七千年前中华太极揭示的这一哲学中最核心的命题，与现代哲学完全一致。两三千年后，古希腊哲学家泰勒斯提出"水是万物之源"的哲学命题，无论是从时间还是从内涵上来看，都无法与中华太极哲学相提并论。如此，阴阳实为事物矛盾着的一体之两面。两面各有特性，各有妙用，在交合互感中彼此和谐相处、相互依存、浑圆一体，世界也因此而氤氲出万物万象的勃勃生机；反之，阴阳失调将会把使世界陷入分崩离析的境地。

受天地阴阳的启发，古人逐渐将事物用相对的概念来区分，并为双方分别配属不同的性质（阴性和阳性）。这就是中国最古老的矛盾学说。

古代思想家认为，宇宙间一切事物都是由互相对立又互相依存的两个方面构成的，这两个方面被称为阴阳。**阴阳指宇宙间万事万物最基本的也是最高度的区别和概括。**

古人根据阳光的向、背引申出如下概念。

阳：代表事物具有动的、活跃的、刚强的等属性，如动、刚强、活跃、兴奋、积极、光亮、无形的、机能的、上升的、外露的、轻的、热的、增长、生命活动等。

阴：代表事物具有静的、不活跃的、柔和的等属性，如静、柔和、不活跃、抑制、消极、晦暗、有形的、物质的、下降的、在内的、重的、冷的、减少等。

用阴阳（矛盾）来解释世界，成为中国哲学的精髓并流传至今。继六七千年前的太极图后，在距今三四千年的夏商周时期，阴阳以八卦符号来演绎和传承；文字发展成熟后，距

今约三千一百年的周文王，将八卦符号加以文字注释，演绎为《周易》。春秋时期，阴阳理论广为人们所接受，孔子在为周易注释（《十翼》）中提出"一阴一阳谓之道"，老子在《道德经》中提出"万物负阴而抱阳，冲气以为和"，这成为儒、道两家阴阳平衡的纲领。

四、中国阴阳与近代哲学中矛盾的异同

首先，"阴阳"与"矛盾"都是代名词，都代表着"事物自身包含着既相互排斥又相互依存的两个方面"。

其次，"矛盾"与"阴阳"又存在着差异。矛盾的两个方面可以互换，而阴、阳分别规定了事物两个方面的属性。也就是说，事物的阴、阳属性是不可调换的（见表 23）。

表 23

		阴	阳	备注
内涵 性质		柔弱的 向下的 消极的	有力的 向上的 积极的	用以判断事物属性 是阴还是阳
举例	自然八卦	地 水 泽 风	天 火 山 雷	
	社会关系	雌 母 妻 妹	雄 父 夫 兄	定义明确，不可互换
	事理关系	暗 败 差	明 成 好	

再次，中国的阴阳学说，就终极目的而言，鲜明地提出了"阴阳平衡"，追求"和"的观点，即在对立统一中以统一为目的。近代哲学的对立统一规律仅仅强调它们对立统一的辩证关系，而忽略了对立的目的是求"和"、求统一。过分强调在对立时以斗争为手段，导致了近百年来的极"左"思潮泛滥。

最后，从产生的时间来看，差异就更大。中国哲学中的阴阳，从古典太极图说起，有六七千年历史，而近代哲学中的矛盾论仅提出两

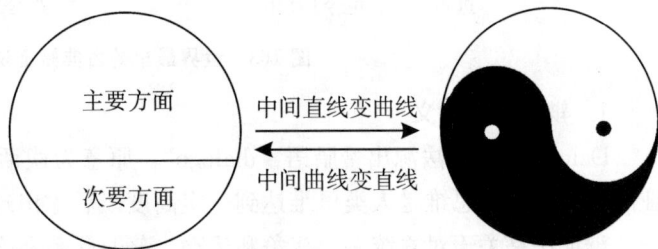

图 162　**现代哲学与太极哲学的关系**

三百年。

遗憾的是，具有悠久历史和深远意义的中国哲学阴阳学说，不但没有得到足够的重视，甚至还有很多人将它与迷信混为一谈。这不仅是中华哲学的悲哀，更是中国传统文化的悲哀。

五、中华古典哲学"矛盾"的三个层次

中华古典哲学中关于"矛盾"的理论，有三个层次。

第一个层次：阴阳。 太极图内含两仪，这两仪就是阴、阳，即矛、盾，是现代哲学中对立统一、辩证矛盾的远古表达。从时间上看，依据出土的太极图，可以推演到6000—7000年前的新石器时期。

第二个层次：八卦。 它是阴阳的符号，通过符号进行组合，对阴阳进行阐释。八卦又分别代表天地之间的8种自然元素：天、太阳（火）、风、雷、雨（水）、山、泽、地。八卦的伟大意义在于它将这8个元素分为四对辩证矛盾：天－地、水－火、风－雷、山－泽。从时间上看，八卦可追溯到3000—4000年前的夏商周时期。

第三个层次：逻辑矛盾。 最早由韩非子在其著作《韩非子·难一》中提出（详见注释36），时间为2200多年前的战国时期。

六、新石器时期古典辩证

按人类工具的使用来划分历史时代，可分为旧石器时期、新石器时期、文明时期。而太极阴阳产生于新石器中后期（如图163所示），是世界最早的古典辩证思想。

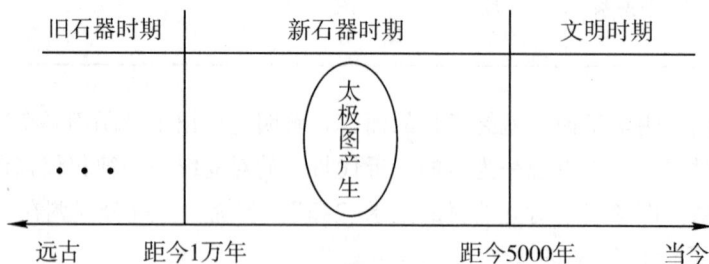

旧石器时期	新石器时期	文明时期
···	太极图产生	
远古　距今1万年	距今5000年	当今

图163　世界最早的古典辩证法

1. 辩证法的意义

Dalectics辩证法源出希腊语"dialego"，原意为谈话、论战的技艺，指一种逻辑论证的形式。辩证思维是人类思维达到一定高度以后才出现的一种思维形式。

辩证法是关于对立统一、斗争和运动、普遍联系和变化发展的哲学学说。辩证法的核心就是矛盾论。世界上有两种世界观：一种是辩证法，一种是形而上学。辩证法和形

而上学是从根本上对立的两种世界观。辩证法的基本特点是斗争与统一相联结。这个思想也是辩证法作为方法论的基本思想。形而上学的基本特点是斗争与统一相脱离，或者只见斗争不见统一，或者只见统一不见斗争。

2. 西方辩证法

在西方，最早提出和探讨辩证法矛盾范畴的是古希腊哲学家芝诺（公元前 490—前 430）。芝诺的辩证思想体现在其提出的四个悖论之中：①两分法悖论；②阿奇里斯（Achilles）悖论；③飞矢不动悖论；④游行队伍悖论。由此，他被黑格尔（1770—1831 年）称为辩证法的奠基人。

辩证法一词最早出现在古希腊哲学家柏拉图（约公元前 427—前 347）的著作中。

一般认为，西方近代辩证法由德国近代哲学家康德（1724—1804）开始，在德国哲学家黑格尔哲学中得到了全面、系统的发展，成为一个逻辑严谨、完整的关于矛盾对立统一规律的学说。

矛盾是辩证法表述对立统一规律的基本范畴。矛盾的最初概念，从芝诺提出辩证法后，逐渐成为辩证法的一个基本范畴。但是在芝诺的辩证法中，矛盾还是一个形式逻辑的命题。它是说一个命题不能同时肯定它是真的又是假的，对于任何一种事物不能同时肯定它具有某种属性又不具有某种属性；否则，就会导致逻辑上的矛盾。

直到黑格尔将矛盾的概念全面上升到辩证逻辑的范畴，才赋予它更为本质的内涵。在黑格尔这里，矛盾法则成为辩证法的基本规律。黑格尔正式以矛盾概念为核心建立了他的矛盾辩证法的逻辑体系。

不管是早期的古希腊哲学还是后来的黑格尔辩证法哲学，矛盾指的都是事物对立着的那两个方面。辩证法的核心就是揭示矛盾、解决矛盾。从这个意义上，可以说西方的辩证法就是矛盾辩证法。

唯物辩证法继承和发展了西方辩证法的历史成果，同样也继承和发展了矛盾学说，经过数代马克思主义理论家的努力，建立了较为系统的辩证法理论体系。这些理论体系和学说成为今天我们的主流哲学。

3. 中国辩证法

在中国传统哲学中没有辩证法一词，但是并不表明就没有辩证思维和辩证思想。

中国传统哲学中的古典辩证法经历了如下阶段。

（1）**图形表达阶段**。中国哲学最初是通过图形来表达的，这个图就是太极图。通过太极图的图形语言表达阴阳对立统一，是中国最早的古典辩证法。

（2）**符号表达阶段**。它就是八卦。八卦揭示的 4 个辩证矛盾是继太极图图形语言古典辩证法之后的符号语言辩证法。

（3）**文字表达阶段**。它就是《易经》。《易经》是中国最早的用文字阐述的辩证法。

辩证法的核心可以概括为 8 个字，即矛盾、变化、运动、发展。而《易经》用最少的文字对辩证法做出了高度的概括：用一个字来描述，即为"易"——表示世界都是在变化的（运动的）；用两个字来描述，即为"阴阳"——表示世界都是矛盾的，最后是平衡的（发展的结果）；合起来仅为 3 个字——易、阴阳，表示世界都是矛盾的、变化的（运动的）、平衡的（发展的结果）。

这就是太极图神奇、阴阳神秘、易经高深的内在原因。由此，我们还可以看出，揭开太极、阴阳、易经的神奇的钥匙就是哲学。用任何其他的方法都不能真实、全面地揭示太极图的奥秘，这也是有些人把它们看成玄学的原因所在。

（4）**老子《道德经》充满着辩证思想，涉及辩证矛盾 48 对**。而同一时期，古希腊的大哲学家亚里士多德（公元前 384—前 322），在《物理学》中提到毕达哥拉斯学派的辩证矛盾仅 10 对：有限−无限，奇−偶，少−多，右−左，男−女，动−静，曲−直，明−暗，善−恶，正方形−长方形。这 10 对辩证矛盾显然无法与老子的 48 对辩证矛盾相比。

4. 太极辩证法与西方辩证法的差异

太极辩证法与西方辩证法在本质上具有同一性，但也存在着明显的差异。

（1）**时代的巨大差异**。中国古典辩证法从太极图形语言算起，有六七千年历史，比西方早三千多年。

（2）**中国传统哲学的一个特点是注重伦理道德**。在其人文精神和价值观念中的仁义、顺服自然，被认为是天地自然赋予的德行。而西方注重真理的探求，知识科学成为哲学探求的中心。西方的人文精神认为人定胜天，中国传统哲学的最高理想是达到天人合一。

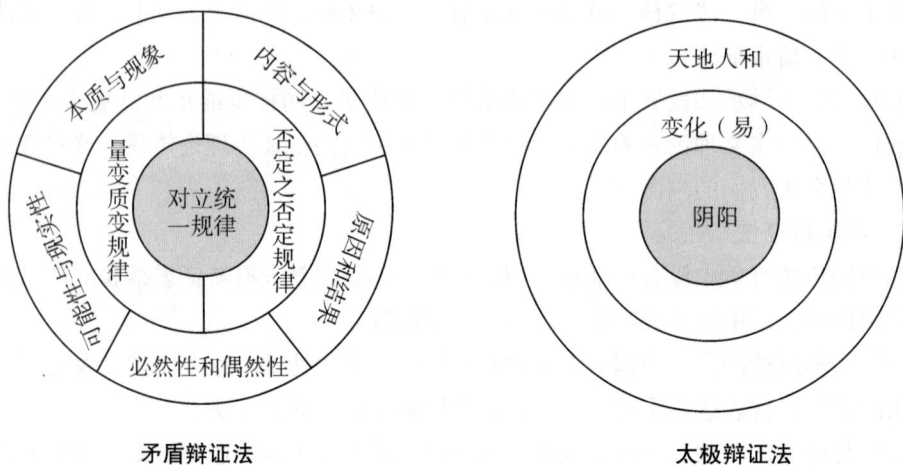

矛盾辩证法　　　　　　　　　　　太极辩证法

图 164

（3）**思维方式不同**。中国人偏重于直觉的、形象的、体验的、综合的思维模式；而西方则在古希腊时期就表现出理性的、实证的、逻辑的、实验的、分析的思维模式。太极哲学中的辩证法可以说是自然辩证法，而西方的矛盾辩证法则可以说是逻辑辩证法。

（4）**人文精神与价值观念差异**。在哲学主流上中国承认世界的不可知性和未知性，认为世界是自然有机的，因而很早就应用辩证思维；而西方从古希腊时期起就认为一切均是可知的、世界是可分割的，因而形而上学的机械思维一直占据主要地位。

（5）**太极阴阳辩证与西方矛盾辩证在运用上的重大差异**。中华太极哲学运用阴阳概念，在阴阳的对立关系中，目的鲜明地强调阴阳平衡、强调"和"，明确地表明了对立为手段、统一为目的的辩证关系；阴阳概念从直观形象上升到辩证逻辑的层次，因而带有强烈的自然感知色彩。西方的矛盾辩证法将辩证法理论归结为三大规律五大范畴，核心是对立统一；强调矛盾的对立性，认为斗争才是事物发展的真正动力，强调对立面的对立属性的绝对性。

七、Z理论——辩证法的公式表达式

太极图是对立统一规律的图形语言表达，八卦是辩证矛盾的符号语言表达，易经是辩证矛盾的早期文字语言表达。下面引用公式来表达。

设事物为 z，矛盾的两个方面为 x、y。

则辩证法可以用公式表示为：$z = x + y$。

笔者把它称为 z 理论。下面是 z 理论的应用。

1. **用于人性上**。

关于人性的解释，x 理论认为人性恶；y 理论认为人性善。而 z 理论则认为人性具备善恶两个方面，即人性既善又恶。如警察追捕犯人时，就利用这一理论，趁犯人回家探望家人时将其抓捕。

2. **煮鸡汤理论——辩证法的最简单理解**

煮鸡汤，味道淡了加盐，咸了加水，这是人人都知道的简单真理。其实质就是辩证法在生活中的具体应用。从这个道理上讲，人人都是哲学家。这也是中国宗教信徒少，更多的人信奉哲理的原因所在。因此，中国的大哲学家孔子、老子成为人们心目中的圣人。

图165　人性的两面性（既善又恶）

3．用于川剧改革探索上

Z（川剧）$=X$（传统）$+Y$（现代）。

若 $Z=X$（传统）$+X$（传统）$=$保守，$Z=Y$（现代）$+Y$（现代）$=$激进，这都是不可取的。

问题在于怎样把握"$X+Y$"的"度"。换句话说，成功取决于这个"度"。

川剧存在的问题：过分地强调传统的保护导致与现代脱节；节奏慢，内容单调，与现代人的"口味"不相符；电视、家庭影院、盗版碟等造成冲击。

川剧的出路在于通过改革创新，尽可能地融入现代元素，进而满足现代人的视听需要，最终达到人们普遍接受、乐于欣赏的目的。

那么，又怎样来体现"$X+Y$"呢？怎样把握它们的"度"呢？

我们举一个广柑树的例子。20 世纪 60 至 70 年代，有广柑吃已是十分了不起的事了。到 20 世纪 90 年代，老的广柑树结出的广柑，根本就没人吃了，更不要说卖出去，只好掉在地里烂掉。然而，通过嫁接的、口感好的广柑却可卖到 3～5 元一斤。现今的川戏正面临着老广柑树的命运，而广柑树的嫁接成功不正是川剧改革的出路吗？

如果把川剧比喻为一棵老的"广柑树"，又怎样来体现 X 与 Y 的关系呢？即怎样嫁接它呢？

笔者认为，保持传统因素 X 主要体现为：保持根（根本）、主干（主体）、枝干（主要形式），即保留传统的、根本的、精华的。

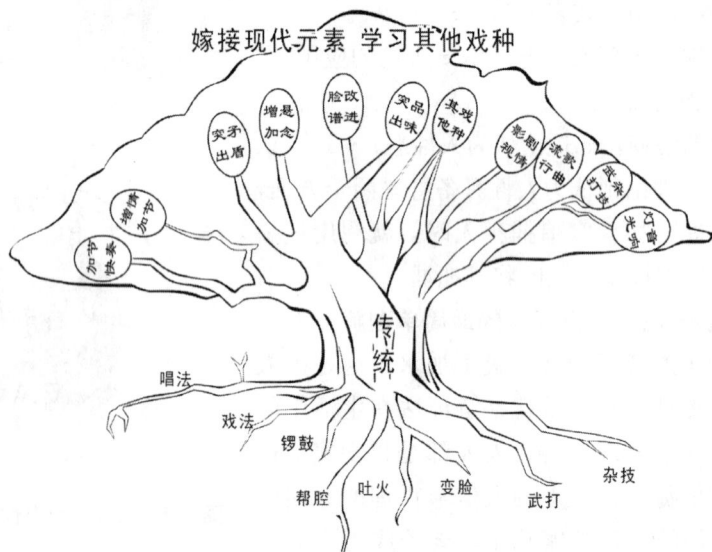

图 166

用现代因素 Y 去嫁接传统因素 X，具体表现在对树上面的枝叶的嫁接上，即剪去传统的大量枝叶，大胆嫁接现代各种艺术形式，使之结出美味可口的新型"广柑"。

改进因素分析：加快节奏，突出剧情，设置冲突和悬念，提升川戏品味——以川戏为底料，吸收各种剧种和现代艺术为佐料，形成"综合型"。就好比走向全国的火锅一样——自改革开放以来，火锅一直经久不衰，并且越来越火。究其原因就是因为它属于多味道、辛辣型，由 20 多位调料调和而成。这种多味道、辛辣型适合现代人的口味，成为四川的特色。那么川剧可否借鉴火锅的口味改革，让川剧同四川火锅一样成为四川的文化特色呢？

嫁接现代艺术为川剧服务：京剧的博大；黄梅戏的大众音乐审美感；曲艺的诙谐；歌剧的富丽；音乐剧的舒展；电影电视的丰富剧情；流行歌曲元素；流行舞蹈（街舞）元素；武打、杂技的精彩热闹场面；音响、灯光的配合……这些都可以适当地用来改造川剧艺术。

42. 中华历史　三段划分　太极文化　启蒙文明

图 167

一、谁孕育了中华五千年文明

中华民族是伟大的民族，中国是世界四大文明古国之一。

只有伟大的民族才能创造出伟大的文明，我们以身为炎黄子孙而自豪。然而，这里又出现了逻辑矛盾，炎黄距今仅四千多年，而中华文明已长达五千年历史，那么，早于炎黄之前，文明的祖先是谁呢？

没有文字，没有记载，后人只有传说，那就是伏羲女娲。可这毕竟是传说，实际上伏羲女娲只是我们祖先在新石器时期（文明孕育期）的代表而已。

伟大的民族，必然有伟大的思想。早于炎黄之前的华夏祖先是谁并不重要，重要的是他们给我们留下了什么。可悲的是，我们可以一一列举出他们给我们留下的举世闻名的物质成果（如彩陶、农牧、纺织、建筑……），却没有人来总结伟大的华夏民族祖先给我们留下的伟大思想。

据此，笔者提出的命题是：如果把五千年文明比喻为一个"孩子"，那么，是谁孕育了这个孩子？

二、中华历史　三段划分

悠久的中华五千年文明史，是勤劳的中国人民共同的智慧结晶。按照中国五千年文明史来推算，正好与距今一万年到五千年新石器时期接轨。据此，我们可以说，中华五千年文明的孕育期应该在新石器时期。换句话说，新石器时期就应该是中华文明的孕育期。我们可以用图 168 来表示。

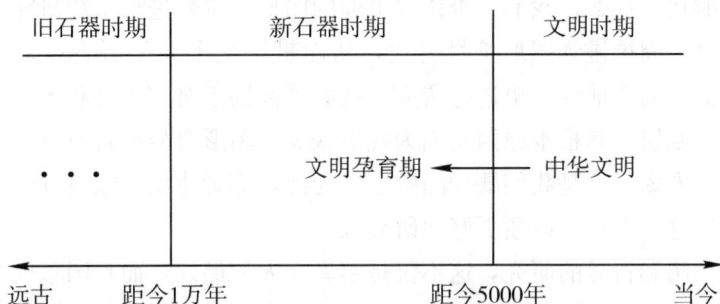

图 168　中华历史三段划分

如果把传说中的人类始祖伏羲女娲和炎黄为代表的祖先造就的科技和文化比喻为两个"古文明"人的话，这两个人的结合则生下了五千年文明这个"孩子"。换句话说，**五千年文明孩子的"父亲"是科技，"母亲"是文化**。

那么，孕育五千年文明孩子的"文化母亲"是谁？

大量的事实证明，孕育五千年文明这个"孩子"的母亲就是太极文化。换句话说，太极文化是孕育中华五千年文明之母。太极图形出现在六七千年前的许多器皿上，这一事实说明，早在六七千年前我们的祖先就已经用阴阳这一辩证矛盾来揭示世界了。太极图成了中华哲学之源，由此支撑了中华科技和文化，促进了中华文明的发展。

图 169　中华文明时期、文明孕育期的划分

三、关于中华历史研究的断层问题

在中国，历时四年多，有两百多学者直接参与的中华夏、商、周断层课题研究，解决了三四千年间的许多历史问题，填补了当时的纪年空白。夏、商、周已有甲骨文及其文字史料，我们可以依据这些史料来进行研究。那么，夏、商、周之前，没有文字，只有图形、符号，我们又依据什么来研究呢？我们知道，人类历史记载分为图形时代、符号时代和文字时代，那么，我们是否该对史前的图形和符号进行系统研究，让历史断层的研究从夏、商、周推进到图形符号时代，从而贯穿整个人类历史？这个答案是肯定的。要对夏、商、周之前的历史进行研究，就必须借助于符号语言和图形语言。历史研究为什么会产生断层？其根本原因是因为我们缺少对图形符号语言研究的学者。我们不缺文学家、文字专家，但是我们缺少图腾家。为此，笔者建议国家设置图形、符号研究的专门机构从事这一工作，以便更好地研究人类历史。

全面开展图腾和符号的研究，这不仅是笔者个人的倡议，而且国家也在提倡。温家宝总理在 2009 年 1 月 31 日同西班牙文化界人士、青年学生的座谈会中说道："文明的多样性是人类社会发展的基本取向。不同文明的相互交流，推动了人类的相互学习和共同进步。"而作为孕育了中华文明之母的太极文化、太极图腾必然是首当其冲的研究对象，其意义宏远深广。

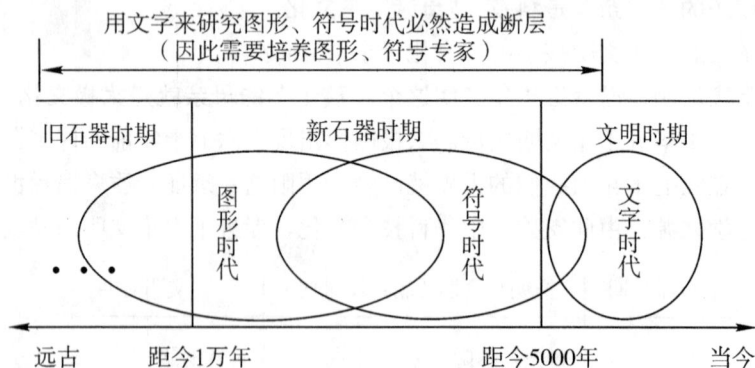

图 170　历史研究断层

43. 中华哲学　始源太极　矛盾阴阳　世界先领

图 171

一、关于中华哲学

中华哲学不同于西方哲学（主要是古希腊哲学），它有着自己的哲学体系。古希腊哲学，通常也被称为自然哲学，因为它注重对宇宙本原的探索。而中华哲学主要的是关于天、地、人的学说，即研究天人合一、人与社会、人与人之间的和谐以及历史演变、社会兴衰治乱规律的学说。套用司马迁的话来说，中华哲学的旨趣就是"穷天人之际，通古今之变"。《中国大百科全书》把中华哲学的问题概括归纳为以下几个方面：世界本原问题、天人关系、名实关系、形神关系、知行关系、动静关系、古今之变。这实际上也体现了中华哲学的特点。

中华哲学有自己独特的概念、范畴体系，如无极、太极、混沌、阴阳、道、理、气、元气、太虚、太素、太和、有无、五行、生克、虚实、刚柔、机微、动静、变化、和合、天命、天道、地道、人道、三才、对待、中庸、中道、一多、心、道心、人心、良知、名实、知行、同异、天理、性善、性恶、仁义、忠恕、形神、性命、人欲、利欲、义利等等。中华哲学的这些范畴与西方哲学、印度哲学是完全不同的。如印度哲学范畴的如梵、梵天、神我、五蕴、色法、世间、出世间、我执、法执、无明、因缘、心识、四大、六大等等，与中华哲学的范畴是不同的。从中华哲学范畴的特点看，中华哲学与西方哲学、印度哲学等相比，有自己的不同的范畴体系、不同的哲学命题、不同的研究旨趣等。

由于中华哲学有自己的特点，因而我们研究或学习中国古典哲学时，不能用西方的哲学模式去硬套；否则，这不但破坏了中华哲学体系的完整性，而且也违背了认识事物的规律。

二、中华哲学发展波浪图

自太极阴阳的产生（60、70 千年前，详见注释 21）到八卦（详见注释 23、24），到文王易经（详见注释 26、27），到百家争鸣（详见注释 34~39）及儒、道胜出（详见注释 29~33），到三教合一（详见注释 45），到世界大同的理想目标（详见注释 99），到 21 世纪初构建和谐社会重大理论命题的提出，其发展如图 172 所示。

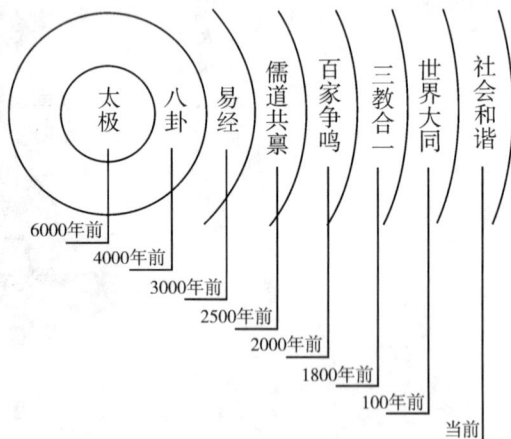

图 172 中华哲学波浪图

参看图 172，不难发现，从哲理资源上追踪溯源，中华文化实际上都源于太极哲学思维方式的启迪，其源头就是太极。

因此，我们可以说，太极图是中国文化的始源，是中华哲学的起始。

三、阴阳矛盾 世界引领

我们知道，太极图的核心理论是"阴阳"，而"阴阳"就是矛盾。矛盾观念是哲学的核心。人们热烈地追捧西方的"矛盾"学说，为什么反而对早于西方几千年产生的中国"矛盾"学说——阴阳忽略呢？甚至连我们在研究中国哲学发展历程的时候，竟然也对太极图以及太极图表达的阴阳理论只字不提或轻描淡写呢？

要回答这个问题并不难，只要考察一下人们面对"阴阳"一词时的反应就能够得出答案。现在很多人，只要一提及"阴阳"，就认为是江湖术士骗人的把戏。人们之所以将二者等而视之，一方面是江湖术士误导的结果，另一方面也是人们不够重视自身传统文化的结果。从某种意义上说，正是由于我们对自己的传统文化不够重视，才导致了江湖术士对中国传统"阴阳"学说的滥用。

要对中国的"阴阳"学说做出正确的认识与评价，就必须对太极图做出全面的研究。因为太极图的核心是"阴阳",而太极图也是"阴阳"的最早出处。

西方哲学的核心是"矛盾",矛盾即为对立统一。中国传统哲学没有以"矛盾"来命名事物之间或事物内部的对立统一关系。但这并不代表中国没有矛盾学说,中国的矛盾学说是阴阳,华夏祖先们用阴阳来表示对立与统一之间的关系,集中表现在太极图上。

阴阳学说是中国哲学、中国文化的精髓与核心,但国人却没有给予相当的、足够的重视,甚至有人否定它,认为它是歪门邪道。这是中国哲学的悲哀。

笔者通过对太极图的研究,认识到了太极图阴阳学说的重要性,但个人力量毕竟微弱,以己绵薄之力,无足够力量对这个浩繁的课题进行深入研究。因此,尚需各界尤其是文化界人士给予太极图阴阳学说以重视,并展开深入研究。

中国古典哲学同西方哲学是不一样的。中国古典哲学中的"阴阳"学说在很大程度上优于西方哲学中的"矛盾"学说。

阴阳作为中国的古典辩证矛盾,从古太极图算起,有六七千年历史;从八卦符号演绎阴阳算起,有三四千年历史;从文字注释易经算起,有 3100 年历史。而大讲特讲的"哲学起源于古希腊",才两千六百年历史;大讲特讲近代西方矛盾哲学,才两三百年历史。可见,中国哲学才是世界哲学的源头。

中国是一个古老的伟大民族,伟大的民族创造了伟大的文明与伟大的思想。对古人留给我们的丰富遗产,我们应该多加重视与珍惜,并致力于研究它们,发展它们,合理地利用它们,让祖先留下的文化遗产在我们手里发扬光大。

四、太极图——中华哲学之源、世界哲学之源

提到哲学的起源,按照西方中心论的说法,西方的古希腊是世界哲学的发源地(见表 24)。

哲学家	生活年代	主要思想
泰勒斯	约公元前 624—前 547	水之说:水是万物之本原,万物由水构成
毕达哥拉斯	约公元前 580—前 500	数之说:万物皆有数,数是构成万物的本原
赫拉克利特	约公元前 540—前 480	火之说:火是万物的本原;所有东西都是流动的
德谟克利特	约公元前 460—前 370	原子说:万物的本原是原子和虚空。原子是不可再分的物质微粒,虚空是原子运动的场所
亚里士多德	公元前 384—前 322	实之说:实在世界由各种事物的形式与实料共同组成

倘若哲学起源于距今约 2600 年左右的古希腊的说法确立,那么,哲学的起源就落后于世界文明两千多年,构成哲学起源落后于文明的逻辑矛盾。

客观上，没有先进的哲学思想，就不可能孕育世界文明。那么，早于五千年文明的哲学之源在哪里呢？在注释 42 和图 165 回答了这一问题：太极图就是中华哲学之源，中华文明之母。

中华太极哲学早于古希腊哲学数千年，由此推出，太极哲学不仅是中华哲学之源，还是世界哲学之源。

五、太极哲学关键词及层次关系

无极、太极、阴阳、八卦、五行、风水是太极哲学的关键词，而阴阳则是太极哲学的核心。

无极，简单地说就是无极限之意。从大处讲，外宇宙是什么？从小处说，夸克里还有什么？无极的哲学意义在于促使我们无止境地思考下去。老子在《道德经》中曾如是阐释："为天下式，常德不忒，复归于无极。"意指宇宙万物的本原为无形无象，无声无色，无始无终，无可指名（详见注释 11）。

太极，即至大至小的极限之意。极大可指地球、太阳系、银河系直至浩瀚宇宙（无独有偶的是现代科学推测也表明宇宙、银河系就是一个立体的太极螺旋）；极小可为分子、原子、质子、夸克。太极如果用图形语言来表示，就是一个圆圈。太极的哲学意义在于它涵盖了极大、极小的整个宇宙万物及其变化，详见注释 6、21。

阴阳，其原意是阳光的向背，正面为阳，背面为阴。引申开来，天为阳，地为阴；雄为阳，雌为阴；进为阳，退为阴，等等。当中国古代思想家引入阴阳范畴看待宇宙万物的生成与运动时，哲学便由此产生了。阴阳的实质在于它揭示了世界万物均可用正、反两个元素来概括，这便是哲学中最基本的两个元素——矛、盾。阴阳的哲学意义就是通过图形语言揭示了哲学真谛及核心命题——万物皆矛盾。用阴阳辨证矛盾来解释世界，在后来的老子《道德经》中得到了充分的展示，他共解释了 48 对阴阳辨证矛盾关系，使《道德经》成为哲理宏深第一书。后来道家哲学发展成为中华宗教——道教，《道德经》成为道学、道教的祖本。哲学家老子成为道教中的最高神明之一：道德天尊，详见注释 10、41。

八卦，代表阴阳的一种符号。它来源于先古的占卜。在商朝，巫师占卜时，任意取出一束蓍草，按双数分出，最后剩余一根时，用一根长线"—"表示；剩余两根时，用两根短线"－－"表示。长线代表阳（奇数），短线代表阴（偶数），每一线段称为爻，3 根线段（三爻）重叠成八卦。八卦分别代表天地之间的 8 个要素：天（☰）、太阳（火，☲）、风（空气，☴）、雷（☳）、雨（水，☵）、山（☶）、泽（低洼，☱）、地（地表面，☷）。这八个要素再引申出哲学上的含义为：天－健；太阳（火）－丽；风－入；雷－动；雨（水）－陷；山－止；泽－悦；地－顺。八卦的伟大意义在于中华祖先早在四千年前就已经将天地八要素分成"天－地，水－火，风－雷，山－泽"四对阴阳辨证矛盾来解释世界，使自然要素与哲学解析有机结合。进入文字时代后，八卦符号加上文字注释，演绎为《易经》。《易经》自然成为中国哲学第一书和中华符号学第一书。《易经》的哲学意义就是通过将代表天地自然元素的阴阳八卦符号进行组合来诠释世界。《易经》为什么玄奥神奇？就是因为它用最简单、最少的文字对世界作出了高度的概括：易，含义变动（变化、运动）；阴阳，含义矛盾及平衡（结果）。"易"与"阴阳"三个字，表示了世界是"矛盾的、变化的、运动的、平衡的"。这就是辨证法的核心，这就是《易经》神奇、玄奥、兴旺的内在原因。据此，撰写《周易》的周文王理所当然地成为中华哲学之父。春秋时期，孔子为易经作释，即《十翼》。孔子在"天卦"中提到的"自强不息"精神和"地卦"中提到的"厚德载物"思想，现已成为中华民族精神的精髓。孔子《十翼》与文王《周易》成为易学的祖本、儒学的经典。在国外，尤其是东南亚，人们崇敬儒家哲理，把儒学当成哲教（哲教一词为笔者首次提出）——儒教来崇拜（详见注释 23~25）。

五行，太极哲学中关于物质"生－克"的辩证关系学说。5 行学说认为大自然由五种元素构成。这五种元素的代词取名为金、木、水、火、土。其含义分别为：金代表地下物，木代表地上物，水代表雨和水，火代表太阳及火，土代表地表面。五行的意义在于揭示了宇宙万物存在生（促进）和克（制约）的关系，以此达到阴阳平衡，即五行平衡论：相生为：土含金，金盛水，水浇木，木燃火，火烬土，其轨迹为圆形链；相克为：土吸水，水灭火，火溶金，金葬木，木穿土，其轨迹为五角形链，详见注释 76。

风水，来源于祖先几百万年来为适应自然环境和战胜自然灾害，而选择适合生存和居住的环境。风水一词来源于 4000 年前产生的八卦中的两个自然元素，风（☴）和水（☵）的组合。"风"代表地上物体及流动、变化的状况，上至天象，下至地表；"水"代表地面和地下物体及流动、变化的状况。风水意指我们居住选址和建筑时，应充分考虑地上、地面、地下条件。用现在科学观点来讲，地上条件指阳光、风向等；地面及地下条件指地质、山脉、水文、地震结构等。风水的意义在于让人们去寻求最佳的居住环境。震惊中外的 5. 12 汶川大地震，数万人死于房屋倒塌之中，究其原因，就是没有考虑"风水"——所处区域的地质条件——龙门山脉地震带所致。中国风水术源远流长，进入文字时代后，我国最早的文学大作《诗经》就有先民相地的记载。风水大师郭璞（276—324 年）曰："气乘风则散，界水则止。古人聚之使不散，行之使有止，此谓之风水。"这是风水的最早文字表达。杨筠松（834 年—906）是风水鼻祖郭璞风水的实践家，著名的中国风水宗师，他的不少风水著述，为堪舆所宗，详见注释 79。

以上六个关键词中，核心词是阴阳。这六个关键词之间的逻辑关系是：无极生太极，太极含阴阳，阴阳演绎八卦、五行；八卦解释风水，五行解决物质生克平衡。这六个关键词的层次关系是：无极－太极，体现无中生有的辩证关系；太极－阴阳，体现万物皆阴阳（矛盾）的哲学核心；八卦－五行，属于阴阳的进一步展现；风水属于应用层面。它们彼此环环相扣，完整、系统地展现了中华太极哲学。太极、阴阳、五行发展成为中华武术、医学、养生学、堪舆学等的核心理论。

44. 中华文化　和为内蕴

图 173

一、太极文化的实质——"和文化"

阴阳平衡的实质就是"和"。"和"的前提首先是包容，没有包容，"和"就无从谈起。因此，太极文化的实质就是"和文化"、"包容文化"。太极哲学旗帜鲜明地追求阴阳平衡，揭示事物在二元对立中求得平衡。宇宙间的万事万物则在众多矛盾对立平衡体中求得和谐（如众多调料调和成美味佳肴，众多乐器调和成美妙音乐），此乃太极图精髓之所在，太极哲学核心之法则，太极哲学的光芒之处。可见，太极文化的实质就是"和文化"。"和文化"来源于阴阳平衡哲理的进一步延伸。正因此，"和文化"造就了中华文化"以和为贵"的基调；造就了中华文明礼仪之邦的文化秉性：小至个人，以"和"为贵；家庭以"和"为兴；大至民族、国家，以"和"为举，以"和"延世……"和文化"为我国推行包容平等、繁荣安定、和谐相处的民族政策奠定了基础，推己及人，由内及外，同样也奠定了中国坚持独立自主、和平共存的外交政策，造就了中华民族这个世界上最大的又是最能包容的民族。

中华文化就是"和文化"。"和"是中华文化的应有之义。"和"字词组层出不穷，如和蔼、和气、和睦、和好、和谐、和平……

文字的发展也昭示着文化发展的倾向。中国自古就是一个重"和"的国家。对中华文化的形成与发展产生深远影响的儒家，曾对"和"进行了非常多的阐释，其中尤以孔孟二人为著。

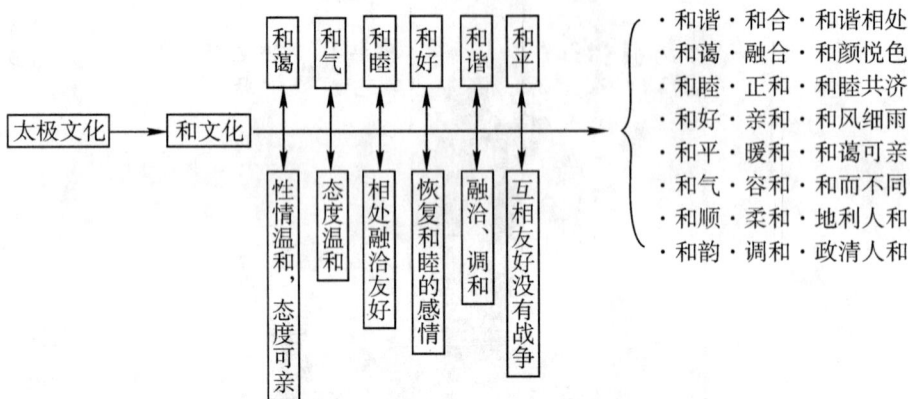

图 174

二、中国是世界"和"的典范

"和"是中华文化的主题，正是因"和"的浸润，中国成为世界"和"的典范。

1. 三教合一

宗教矛盾是影响世界和平的重要因素之一，如公元 1096 年到 1291 年的"十字军东征"就是由宗教矛盾引发的。但是，中国并没有因宗教矛盾发生过大的暴力冲突，主要原因就是中国文化具有"包容"和"调和"的功能。

儒、佛、道是中国历史上三个最主要的宗教流派，有各自的思想和礼仪规范。在发展过程中，三个教别相互磨合，出现了融合的局面。南宋孝宗皇帝说："以佛治心，以道治身，以儒治世。"其实也说明儒、佛、道三教已经被调和成一种合一的既能修身养性，又能济世安邦的学问。儒、佛、道三教的融合，是中华"和文化"在宗教文化领域的典范。

2. 中华 56 个民族和谐相处

中国是一个有 56 个民族的多民族国家。虽然民族众多，但却没有世界上某些国家和地区那样存在严峻的民族问题。在历史上，中国就重视多民族的共同发展，从汉朝以来经历了汉朝、两晋南北朝、唐宋时期、元朝、清朝五个时期的五次民族大融合过程，杜绝了种族冲突的根源，最终形成了 56 个民族和平相处、和谐发展、共同繁荣的局面。中华 56 个民族和谐共处，是中华"和文化"的又一个典范。

3. 和谐理论

和谐一直是中华"和文化"的重要内容。2004 年,胡锦涛总书记提出了要"构建社会主义和谐社会",表明和谐理论已经成为了党治国理政的一种思想方略。和谐包含社会和谐、世界和谐、和谐外交、和平掘起、和平发展等,可以说是处处体现了和的思想,是中华"和文化"在治国理政方面的重要典范。

45. 三教平衡　相容互进

图 175

在地球 60 亿人口中，有各种宗教信仰的人约为 48 亿，占总人口的 80%。其中，在我国影响最广泛的三大宗教是儒教、道教和佛教。按信仰宗教的相对人数来说，中国是信仰宗教人数最少的国家。

一、关于宗教

1. 宗教的定义

宗教是一种社会行为，它包括信仰、宗教组织、祭祀、文化（宗教建筑、宗教绘画、宗教音乐）等等方面的内容。如果一种宗教能够在特定时期为广大民众所接受，那么，这种宗教必将对这一时期的社会发展产生较大的影响。

恩格斯《反杜林论》中对宗教下了一个规范性定义："一切宗教都不过是支配着人们日常生活的外部力量在人们头脑中的幻想的反映，在这种反映中，人间的力量采取了超人间力量的形式。"

2. 宗教的现状

在当今世界 60 亿人口中，信奉各种宗教的约有 48 亿人，占世界总人口的 80%。我们根据信奉世界三大宗教的情况汇成一个简表，见表 25。

表 25

宗教	起始时间	祖师	信徒人数（单位：亿人）	信徒比例（全球 60 亿人）	地域分布
世界第一大宗教 基督教	距今约 2000 年	耶稣	19	34%	251 个国家和地区
世界第二大宗教 伊斯兰教	距今约 1400 年	穆罕默德	12	18%	172 个国家和地区
世界第三大宗教 佛教	距今约 2500	释迦牟尼	3.5	6	86 个国家和地区
道教（国教）	距今约 2000 年	老子	——	——	主要分布在东亚
儒教（国教）	距今约 2500 年	孔子	——	——	东亚、东北亚、东南亚等
印度教	距今约 2000 年	?	——	——	南亚，主要在印度
犹太教	距今约 2500 年	耶和华	——	——	主要在以色列
琐罗亚斯德教	距今约 2500 年	琐罗亚斯德	——	——	伊朗部分地区

2000 年 8 月，联合国曾召开"世界宗教与精神领袖千年和平峰会"，参会的比较大的教派有印度教、印第安人宗教、锡克教、神道教、犹太教、道教、基督教、伊斯兰教、佛教、耆那教、琐罗亚斯德教、巴哈伊教、儒教。

3. 宗教的起源

按照马克思主义理论，宗教是人类社会发展到一定阶段的历史现象，它不是从来就有的，也不是永恒存在的，它有自己的起源、发展、消亡过程。对于宗教的起源和形成，只能从社会物质生活条件和与此相适应的、人类对自然和社会的认识水平出发，才能找到真正的原因。

综合来看，宗教的起源和发展大致经历了三个阶段：**原始宗教**（公元前 30000—前 10000 年）、**古代宗教**（公元前 4000—前 2000 年初）、**世界宗教**（包括佛教、基督教和伊斯兰教等）

4. 宗教的作用

关于宗教的作用，比较著名的论断是马克思在《〈黑格尔法哲学批判〉导言》中所说"宗教是人民的鸦片"。鸦片既是毒品，又是医学上的麻醉药品，在中国极"左"年代，认为宗教是前者；如今，更多的人认为是后者。我们可以归结出宗教的四个社会功用：

（1）**社会整合功能**。宗教有自己的理论体系，或者说哲学体系，以教义的形式表现出来，能以宗教组织、信仰的方式团结社会群体。

（2）**社会控制功能**。一方面，宗教可以运用自己的组织、教义去控制信徒的社会行为；另一方面，宗教可以用自己的宗教学说去干涉、约束信众的精神世界。

（3）**对社会群体或个体的心理调适功能**。这实际上是一种"心理安慰"、"心理治疗"。就好比一个信佛的老太太，突然认为有什么不幸会发生在自己或亲人身上，那么她会显得精神紧张、心情焦虑。当她把自己的担忧向佛祖倾诉后，她就会轻松很多。

（4）**文化交往的功能**。宗教本身就是一种文化。如中国的佛教、道教，其思想和文化深刻地影响了中国文化，成为中华悠久文化的组成部分。同时，宗教的交流传播，也加深了不同地域间的文化交流。历史上最为著名的就是玄奘西游（即唐僧西天取经的故事）、鉴真东渡。他们以自己的宗教行为，加深了古代中国与印度、日本的文化交流。

（5）**宗教与哲学、神学的关系**。在注释2中，我们提到人们创造的物质是有限的，但人的欲望是无限的，这就产生了有限物质与无限欲望的矛盾。于是，为了缓和无限的欲望与有限物质的矛盾，就产生了科学（探索发现、创造物质）、神学和信仰（寄托无限欲望），寻找"物质－精神"的平衡，使文化、科技代代相传。

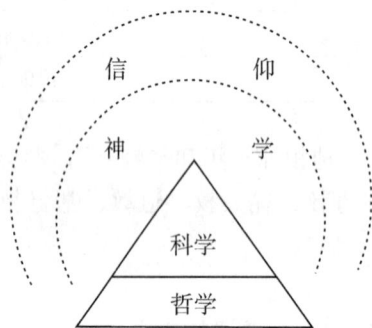

"科学–神学–信仰"关系图   "物质–精神"平衡图

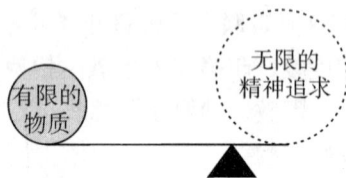

图 176

二、三教简述

1. 儒教

儒教是中国专制社会时期演化形成的特殊形式的宗教。中国是否存在儒教，学术界有不同的观点。有的认为不存在儒教。"儒"是中国春秋战国时代"百家争鸣"中的一家，是一个学术派别。"儒"这个字，原本是古代对学者的尊称，它的字义是"优"及"和"的意思，说他们的思想学问能够安定别人、足以说服别人。所以它只能称为"儒家"。有的认为存在儒教，教主即孔子，如汉武帝利用政治权利把孔子学说宗教化，定儒教于一尊。隋唐时期又将"佛"、"道"、"儒"并称为三教。此后，三教出现合一的趋势。

儒教（家）的基本教义：有如下一些。

"天"：本体——又叫乾元、道、（无极而）太极、理、本心、良知、仁、诚。

"性善论"：人人皆可为尧舜，个个心中有仲尼。

"道统"：尧—舜—禹—汤—文武（以上为圣王合一期）—周公—孔子—孟子。

"五常"：仁（此"仁"意义不同于本体之"仁"）、义、礼、智，信。

"三纲"：君为臣纲，父为子纲，夫为妻纲。

"八目"：格物 、致知 、诚意 、正心 、修身、齐家 、治国 、平天下。

"三达德"：智、仁、勇。

"与天地合其德，与日月合其明。"（《周易·文王传》）

"持志养气"、"养浩然之气"。（孟子）

"三希修炼"：士希贤，贤希圣，圣希天 。（宋 ·周敦颐）

"为天地立心，为生民立命，为往圣继绝学，为万世开太平。"（宋 ·张载）

"博学之，审问之，慎思之，明辨之，笃行之。"（《中庸》）

"立身行道，扬名于后世，以显父母，孝之终也。夫孝，始于事亲，中于事君，终于立身。"（《孝经》）

2. **道教**

道教，是中国土生土长的传统宗教，距今已有 1800 余年的历史，在东汉时形成，到南北朝时盛行。它对中国古代的影响仅次于佛教。在中华传统文化中，道教被认为是和儒教、佛教并存的一种理论学说和实践方法。

道教的称呼在形成初期有所不同。先秦时期的诸子百家中许多人都曾经以"道"来称呼自己的理论和方法。儒家、墨家、道家、阴阳家甚至佛教都曾经由于各种原因自称或被认为是"道教"。儒家最早使用"道教"一词，将先王之道和孔子的理论称为"道教"。佛教刚刚传入中国时，把"菩提"翻译成"道"，因此也被称为"道教"。而到了东汉末年出现了五斗米道，自称为"道教"，取"以善道教化"之意。自此，其他各家为了以示区别，也就不再以"道教"自称，而成为五斗米道的专称。

现在所说的道教，是指在中国古代宗教信仰的基础上，承袭了方仙道、黄老道等一些宗教观念和修持方法，逐步形成的以"道"作为最高信仰，奉老子为教主，以老子的《道德经》为主要经典，追求修炼成为神仙的一种宗教。

道教的基本教义包括道、德、三清、修炼。

3. **佛教**

佛教与基督教、伊斯兰教并称为世界三大宗教，相传为古印度的迦毗罗卫国（今尼泊尔境内）释迦族王子乔达摩·悉达多（约公元前 565—前 485）所创。成道后他被尊称为释迦牟尼，也就是"释迦族的圣人"的意思。佛教自产生后，广泛流传于亚洲的许多国家。东汉时自西向东传入我国。

佛教是一种蕴含着丰富哲理的宗教，其内容之广博深奥，其典籍之浩瀚，是世界历史上任何一种宗教都无法与之相比的。佛教教义的基本特征可以用四句话来概括：诸行无常，诸法无我，一切皆苦，涅槃寂静——即所谓"四法印"。

诸行无常：一切事物或现象都是迁流变动的、刹那生灭的，没有常驻不变的事物或现象。佛教把那种主张有常驻不变的事物或现象的看法叫做"常见"，认为是一种错误的看法。

诸法无我：在一切事物或现象中没有常驻的自我（相当于灵魂）或自性。人们如果不能认识"无常"、"无我"的道理，而是执著于"有常"、"有我"，那就是自寻烦恼，亦即是痛苦的原因。

一切皆苦：这是佛教对世界、人生的根本看法，是全部佛教哲学理论的出发点。释加牟尼成道时总结的"四谛"（苦谛、集谛、灭谛、道谛），都是围绕着一切皆苦来论说的。

涅槃寂静：这是佛教追求的最高解脱，是一种根本消灭了苦果苦因，摆脱了生死轮迴的不可思议的境界。

三、三教平衡

涵纳一切文化形式是中国文化的气度和风范，这一点从儒、道、佛三教在中国的融合情况就可以看出来。中国文化在儒、道的基础上，接受了佛教的传入，并对之进行借鉴与融合（如图177所示），使之成为了中国传统文化的一部分。

为何中国文化能很好地将佛教与中国的儒、道两教结合起来？从太极图揭示的阴阳平衡原理上，我们自然就会找到答案。儒、道、佛三家在学理上吸纳了太极源文化阴阳互补的精髓，追求儒、道、佛三教平衡的和谐境界。儒家教人知书达礼，积极向上，追求事业高峰，代表着上升的理论，适应于中、青、少年；道家则教人无为而治，返璞回归，代表着向下（回归）的理论，适应于中、壮、老年。这一上一下、一老一少，构成了儒、道阴阳平衡两大思想体系。然而，儒家关注现实，道家远离现实，未曾涉及人的生老病死、痛苦等问题。佛教正好弥补了这一缺陷：佛教重在来世，重点解决人生的痛苦问题。佛教认为，人在苦海中挣

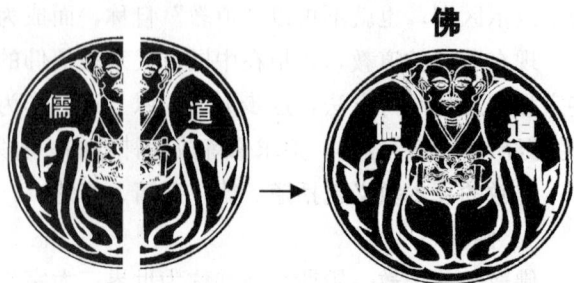

图177　儒、道、佛三教合一图

（源于少林寺碑）

200

扎，主张忍、让，认为修行是脱离苦海到达彼岸、进入极乐世界的途径。这样，儒家论现实，道家谈隐世，佛家谈来世；儒、道未涉及痛苦与佛教解除痛苦，形成了阴阳平衡的互补关系。

图 178

四、儒教的实质——"哲教"

"哲教"是笔者提出的一个新的概念，它是相对于其他宗教而言。哲教指的是奉哲学至上的一种流派。它没有固定的弘法地点与宗教仪式，但以哲学的基本思想为指导，解决人为什么活着、怎样活着、怎样处理好天地人关系及成败、得失、乐苦、理论与现实等关系，最终以生活幸福快乐为终极目的。

任何一种宗教，它的核心部分必然有哲学的思想成分。每一种宗教就是某种哲学加上一定的上层建筑，包括教义、礼仪和体制。尽管中国有道教、佛教等宗教，但是不少西方人认为中国人不像其他民族那样重视宗教。按照我国著名哲学家冯友兰先生的说法，"人不满足于现实世界而追求超越现实世界，这是人类内心深处的一种渴望"。在这一点上，中国人和其他民族并无二致。"中国人不关心宗教，是因为他们哲学意识太浓了"。

哲学意识太浓，太关心哲学问题，人们几近于把"哲学"当成"哲教"一样去信奉、崇拜，按照信奉的哲学信念去生活，乃至用生命去实践这个哲学。大哲人孔子成为中国人心目中的"圣人"，儒教实际上就是哲教；而老子、庄子被道家奉为天上的神仙，成为宗教。这也是儒教和道教的区别之一。

46. 中华精神 自强不息 厚德载物 民族强盛

图 179

一、自强不息 厚德载物

著名哲学家、北京大学哲学系教授张岱年先生把中华民族精神概括为"自强不息"、"厚德载物"。这同时也是清华大学的校训。它出自《周易·乾》中的"天行健,君子以自强不息;地势坤,君子以厚德载物"。

自强不息,厚德载物,是要人们从天地不断运动发展的规律中感悟,在学、行各方面不断去努力。传统文化强调"天人合一",人源于天地,是天地的派生物,所以天地之道就是人生之道。古代不少学者,能深刻体认这种精神并自觉加以践履,如孔子说:"逝者如斯夫,不舍昼夜。"这就是激励人们效法自然,珍惜时光,努力进取。

在中国历史文化的发展过程中,"自强不息,厚德载物"的精神不断获得丰富和发展,被赋予新的内容。一个高尚的人,在气节、操守、品德、治学等方面都应不屈不挠,战胜自我,永远向上,力争在事业与品行两个方面都达到最高境界;在做人、做事方面应该顺应自然、胸怀博大、宽以待人,承担起宏伟的历史任务。

二、中华精神　自强不息

近来有很多人批判中国的传统文化，认为中国的传统文化是静止不前的，不是与时俱进的，不符合社会发展进步的规律。这种说法是错误的。温家宝总理同西班牙文化界人士、青年学生座谈时（2009 年 1 月 31 日），他说："中华民族具有自强不息、刚健有为的进取精神。中国古代文化经典《周易》上说：'天行健，君子以自不息'就是提倡，人应效法日月星辰刚健运行那样奋斗不息、积极进取，坚持独立意志、人格尊严和做人原则。自强不息是中国传统文化思想的主旋律，也是中华民族历经磨难而不倒、中华文明历经浩劫而传承的重要因素。这种精神铸就了中华人民百折不挠、愈挫愈奋的民族品格。"

"自强不息，厚德载物"精辟地概括了中国文化对人与自然、人与社会、人与人的关系的深刻认识与辩证的处理方法。中华民族历经几千年时间的考验和兴衰变化，而一直能稳固地凝聚在一起，并保持一个伟大民族的生机与活力，是同这种深刻认识分不开的。事实上，"自强不息，厚德载物"已构成中华民族的民族精神与民族性格的重要表征。

三、民族强盛　强而不横

具有五千年文明历史的中华民族之所以历尽沧桑却依然屹立在世界东方，是一代代龙的传人上下求索、扬善弃恶的必然结果。孟子的"老吾老以及人之老，幼吾幼以及人之幼"，孔子的"仁、义、礼、智、信、温、良、恭、俭、让"，毛泽东的"为人民服务"，都无不劝诫、提倡人们从善。从这个角度说，中华民族的发展史就是一部追求"善"的历史。所谓"善"就是"好"，"善事"就是遵循大多数人认可并遵守的行为准则或游戏规则所做的"好事"。增厚美德以容载万物、自强不息是我们崇高不变的追求。

我们也深知安危存亡之道。今天正走进世界强国之列的中国是永远不会忘记近代的百年屈辱与苦难，我们永远会牢记"落后就要挨打"、"弱国无外交"的铁的教训，发展好我们的经济，提高我们的综合国力。这也是对乾道"天行健君子以自强不息"的"阳刚强健"精神的秉承。"地势坤，君子以厚德载物"，中华民族自古就有好生之德。"天地之大德曰生"、"生生之谓易"。我们中华民族从来就是爱好和平的民族，我们有实力但不崇尚武力，我们有雄气但不霸气；我们是以王道怀柔天下，而不是以霸道征服天下；我们自强不息，我们会越来越强大，但我们强而不骄，强而不横。我们厚德载物，因此，中华民族的伟大复兴必将是历史的必然、历史的趋势。这是时代的召唤，时代的选择。

47. 中华文明　太极育孕　和谐圆满　中华之魂

图 180

一、文明的含义及标志

文明一词源于拉丁文"Civis",意思是城市的居民。其本质含义为:人民和睦地生活于城市和社会集团中的能力。引申后,文明意为一种先进的社会和文化发展状态,以及到达这一状态的过程。其涉及的领域广泛,包括民族意识、技术水准、礼仪规范、宗教思想、风俗习惯以及科学知识的发展等等。

文明的标志不是很统一,通常文明的兴起有 4 个标志:文字、国家、青铜器、字数。

1. 文字

正是依靠文字,人类才能更好地将生产、生活知识等历史记载并流传下去。

2. 国家

这里的国家指国家雏形。农耕时代,人类开始定居。伴随生产力的提高,一些大的聚居地形成了城市,进而各个部落统一,最终形成了国家雏形。

3. 青铜器

青铜器是人类早期使用最多的金属工具。它的使用极大地提高了生产力和促进了人类文明。

4. 宗教

宗教是一种对社群认知的主宰崇拜和文化风俗的教化，是一种社会历史现象。从原始宗教的产生来看，它是管理人的集体活动的组织，在国家机器还没有产生、科学和教育还十分不发达的时代，宗教是限制人的自然属性、保证和培养人的社会性的唯一有效的手段，是人们共同遵守的社会规范。

二、中华文明年逾五千

在世界范围内，最早诞生了 4 个比较著名的古文明地域，即我们经常说的"四大文明古国"：古巴比伦、古埃及、古代中国、古印度（见表 26）。

表 26

名称	兴起时间	地域	文明特点
古代中国	说法一：距今 5000 年 说法二：距今 4000 年	黄河、长江流域	● 文化、科技、经济全方位领先世界
			● 文明延续四千余年未断绝
古埃及	距今约 5000 年	尼罗河流域	● 农业、水利、文字发展较早，金字塔举世闻名
			● 公元前 332 年亚历山大大帝征服埃及，古埃及文明中断
古巴比伦	距今约 4000 年	幼发拉底河和底格里斯河流域	● 发明契形文字、最早的法典《汉谟拉比法典》；"空中花园"举世闻名
			● 中断于 2800 年前（被亚述人征服）
古印度	距今约 4500 年	印度河流域	● 农业发达
			● 佛教发源地，盛行并影响至今
			● 距今约 1000 年前，穆斯林政权建立，印度古典文明衰落

从目前掌握的资料来看，世界四大文明古国都已有四五千年的历史了。作为世界四大文明古国之一的中国，也是世界文明的发源地之一。

三、中华文明　太极孕育

中华文明是由谁来孕育的？这是本书提出的供大家商讨的观点（详见注释 42）。

四、中华文明延绵不衰

在世界四大文明古国中，为什么唯有中国文明的传承关系最明晰、文化形态最温和、可延续性最强？答案是因为我们有太极思想和龙的精神，有勤劳吃苦、善于包容的

13亿中国人。正是因为有了这精神培育的龙的传人，我们在历次历史危急关头都得以顺利地渡过，从而使中华文明延绵不断。不仅如此，中华文明还将在未来的世界中发扬光大，并深深地影响着世界。

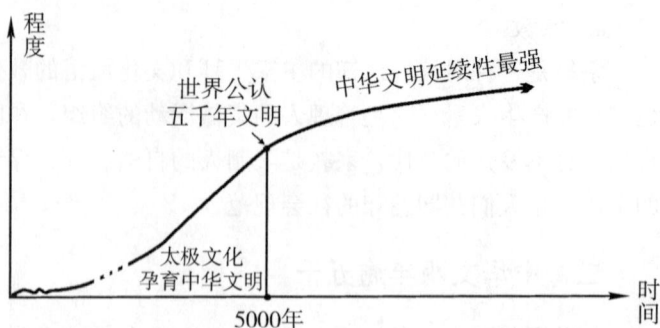

图181　中华文明孕育及延续性曲线

五、和谐圆满　中华之魂

和谐圆满起源于一个"和"字。"和"是中华文化的主题（详见注释44）。"和"来自于太极哲学中的阴阳平衡；圆满来自于太极图圆的首尾相接。热爱和平、祈盼和顺、崇尚圆满、追求和谐，是中华民族自古以来孜孜以求的美好社会状态，正如《孟子》所云："老吾老以及人之老，幼吾幼以及人之幼。"（意思是：在赡养、孝敬自己的长辈时，不应忘记其他与自己没有亲缘关系的老人；在抚养、教育自己的小辈时，不应忘记其他与自己没有血缘关系的小孩。）

放眼当下，"和谐"的内涵已与时俱进，具有新时期的时代特色。党的十六届六中全会从中国特色社会主义事业总体布局和全面建设小康社会全局出发，提出了"构建社会主义和谐社会"的重大战略任务，对建设与经济发展相适应的社会主义先进文化、培育和弘扬民族精神、促进人际和谐相处等，都具有十分重要而深远的意义。和谐圆满作为社会发展、人类进步的终极目的，是唯一的人间正道，是华夏民族几千年努力追求的理想，是中华民族人文精神追求的最高境界。

图182　黄河——母亲

48. 图形哲学　无字天书

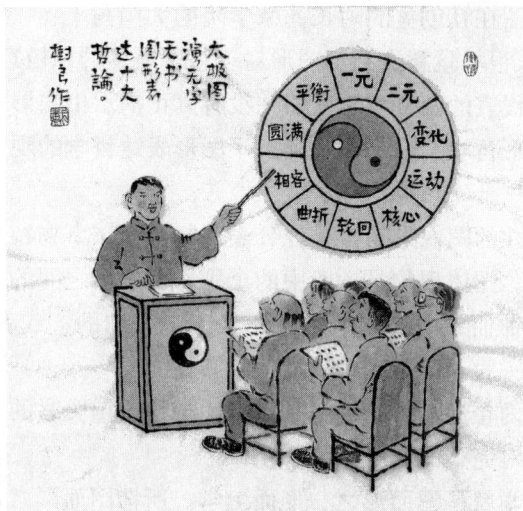

图 183

一、哲学的定义

哲学是什么？关于这个问题，众说纷纭。

辞典说，哲学是关于世界观的学说，是对自然知识和社会知识的概括和总结。

一些理论家认为，哲学不仅仅是一种世界观，还是一种方法论。因此，哲学是关于世界观与方法论的学说。

更通俗一些的说法认为，哲学是智慧学，是研究事物本质、探索事物内在规律的学说。

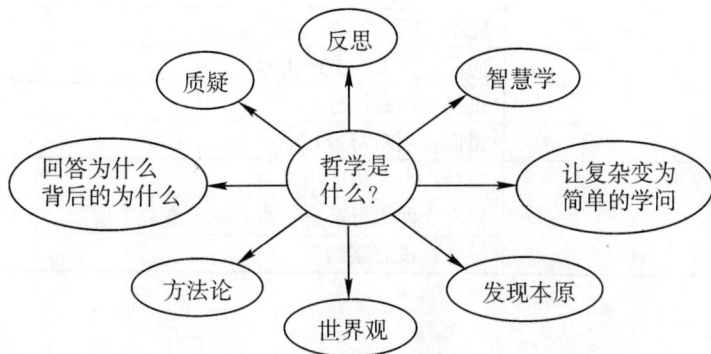

图 184

二、图形哲学

图形和哲学有什么关系呢?

古希腊哲学家柏拉图在其创立的阿长德摩学院的大门写上:"不懂几何学者不得入内"。可见,西方哲学家很早就意识到了图形对于哲学表达的积极意义。

但是,以柏拉图为代表的西方哲学家们并没有真正揭示出图形和哲学之间的关系。

在笔者所著的《图形哲学》一书中,提出了图形表达哲学的观点,进一步提出了图形哲学的概念。

图:是所有物质存在的图像形态,是充分表现每个个体事物特点的具象而丰富的千姿百态的本然原先状态。图体现的是一般中的个别,即物体之间的差异性。

形:是对图像的一种抽象,是从本然原先状态中归纳的,或者说是认识的几何形态,体现的是个别中的一般,即不同物体反映的共性。

哲:是探索事物的内在规律。本书就是探索图与形普遍关联的一般性客观规律。

学:即学说,指相对完整的学科系统。

归纳起来,图形哲学就是图而形之、形而上学。所谓图而形之,就是从千差万别的物体图像中抽象出一般性的几何形状;所谓形而上学,就是从几何形状中找出相关联的、系统的客观规律。

简言之,图形哲学就是用图形语言表达哲学。

现将笔者正在编著的《图形哲学》一书中的部分图形及观点汇集如下表(表27)。

表 27

序号	类别	图形	涵义及哲学
1	常规图形举例	⊖	禁止(禁止通行)
		!	惊叹、惊讶
		?	疑惑、疑问
		。	完结、圆满
		↑	向前、向上(方向指示)
		√	正确(判断符号)
		×	错误(判断符号)
2	点	·	典型:大无边、小无内
			核心:两人行必有主次;一石激起千层浪
			独立:没有制约

序号	类别	图形	涵义及哲学		
3	线		两点之间，直线最短		
			抛物线人生轨迹：创业与回归		
			螺旋上升：否定之否定		
			人生螺旋：人在曲折中进步		
4	面		稳定性：三角形具有稳定性		
			表示层次关系	重要性：下层决定上层	
				服务性：下层为上层服务	
				包容性：上层包容下层	
				水平关系：层次高、水平高	
				数量关系：层次低、数量大	
			代表事物：如太极圆		
			包容		
			统一		
			圆满：首尾相接才是圆满		
			灵活性：做事的方法		

又如，关于"点"这一节中，通过分析点的多少与构成线和面的复杂性之间的关系，引申说明了组织结构的简单与复杂问题（见表28）。

表 28

	一点	两点	三点	四点	五点	六点
图形	·					
最少边数	0	1	3	4	5	6
面内对角线相交增加的点（个）	0	0	0	1	5	13
面内增加对角线数（条）	0	0	0	2	5	9
被对角线分成小面数（个）	0	0	0	4	11	24
特点	只有一点，无线无面	两点成一线，清晰、简单、无交叉	构成三角平面，平面内无点无线，平面清晰	面内有交线、交点，面内开始变复杂	面内交点多、交线多、复杂	面内交点多、交线多、复杂
复杂性	最简单，最自由，无牵连	两点间直线距离最短、牵连少、简单	最简洁的面、最具有稳定性、有牵制作用、简单	相互牵制面开始复杂	内部牵制多复杂	牵制复杂更复杂

209

通过上表，我们得出的结论是：点数越多，形成的结构越复杂。进而引申到组织结构中，最佳的组合应该是两点或三点，它们既能建立对立的关系，又有易于统一的特点。

人人皆知的"三个和尚没水喝"的寓言故事，折射出人多不做事、相互推卸的哲理。图185简单明了地阐释了"三个和尚没水喝"的解决之道。笔者以此图所作论文，获中国管理科学院论文一等奖。

图 185 "三个和尚没水喝"的解决之道

三、太极图——无字天书

太极图是最古老的哲学图形，它诞生于文字还未出现的史前。古人通过图形表达总结了他们对世界的认识和看法。太极图揭示的宏大深厚的哲理，用文字语言来翻译、展开就是一部巨著，它就是《太极图学》。

太极图是一部无字"天书"，是一部蕴含着丰富哲学思想的巨著。通过对太极图形的剖析，我们可解读出古人的哲学思想。

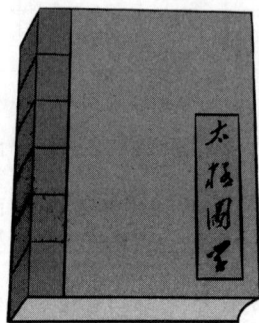

图 186

49. 以图述理　十大哲论

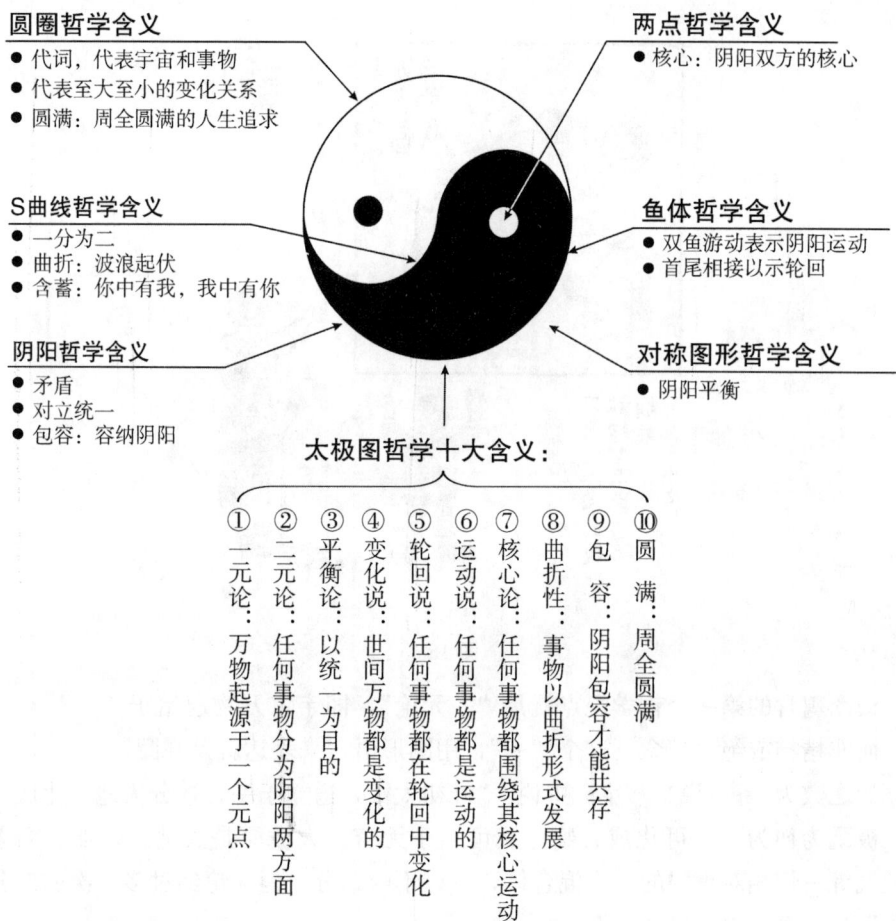

圆圈哲学含义
- 代词，代表宇宙和事物
- 代表至大至小的变化关系
- 圆满：周全圆满的人生追求

两点哲学含义
- 核心：阴阳双方的核心

S曲线哲学含义
- 一分为二
- 曲折：波浪起伏
- 含蓄：你中有我，我中有你

鱼体哲学含义
- 双鱼游动表示阴阳运动
- 首尾相接以示轮回

阴阳哲学含义
- 矛盾
- 对立统一
- 包容：容纳阴阳

对称图形哲学含义
- 阴阳平衡

太极图哲学十大含义：

① 一元论：万物起源于一个元点
② 二元论：任何事物分为阴阳两方面
③ 平衡论：以统一为目的
④ 变化说：世间万物都是变化的
⑤ 轮回说：任何事物都在轮回中变化
⑥ 运动说：任何事物都是运动的
⑦ 核心论：任何事物都围绕其核心运动
⑧ 曲折性：事物以曲折形式发展
⑨ 包容：阴阳包容才能共存
⑩ 圆满：周全圆满

图 187　太极图哲学解析

　　中国是一个善于用图形、符号表达思想的国度，太极图就是远古祖先表达哲学思想的哲学图形。

　　看似简单的太极图形，自诞生那天起，后人不断为其作注，力图穷尽其丰富的内涵。时至今日，这样的诠释仍在继续。

　　哲学是打开太极图玄妙的钥匙，通过以图解图的方式，我们可以解读出太极图蕴含着的十大哲学基本观点。这十大哲学观点，笔者将在注释 50～59 中一一解释。

50. 一示一元　宇宙一统　始归一点　繁湮朗明

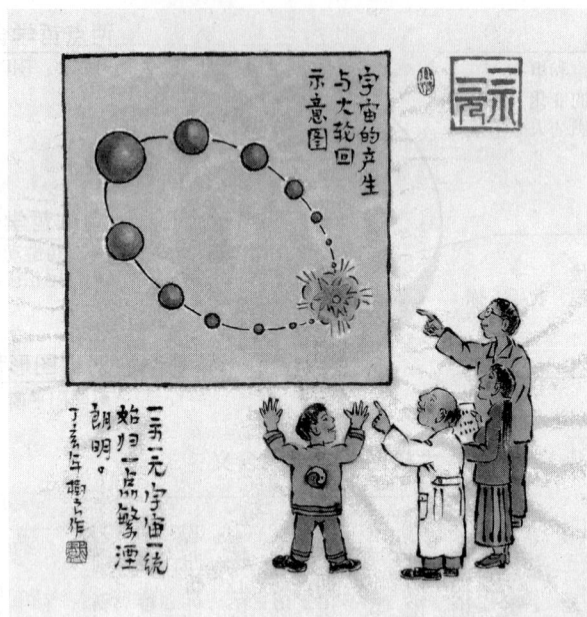

图 188

太极图蕴含的第一个哲学观点就是"一元论",即宇宙万物起始于"一","一"是物质,而非精神或绝对理念。这个"一",用图形语言来表达就是圆圈。

原始之数为一。《说文解字》中说:"惟初太极,道立于一,造分天地,化成万物。"可见太极既为初为一,可化成万物,又可至于无穷。太极原是天地、乾坤、刚柔、阴阳、理气等一切相对事物的一个混合体,可以不断二分。但无论经过多少次的二分,其分子永远是太极,也就是"一"。

从现代天体物理学来说,万物也是起源于一个"奇点"。宇宙起源于150亿年前的奇点的大爆炸,在之后的150亿年中先后诞生了星系团、星系、银河系、恒星、太阳系、行星、卫星等。我们目前的观测手段能观测到的和观测不到的一切天体和宇宙物质,形成了当今的宇宙形态。人类就是在这一宇宙演变中诞生的。

宇宙现在仍处于不断的膨胀中,若干亿年以后,它将开始收缩,直至收缩到原始状态的那个奇点上,完成"奇点－爆炸－膨胀－收缩－奇点"的宇宙大轮回,详见注释13。

51. 二示二元　阴阳两分　对立统一　哲学核心

图 189

太极图展示的第二个哲学观点是"二元"，即事物都是一分为二的。太极图中阴阳把太极圆分成黑白两部分。阴阳两仪也即我们说的"二元"，它们相互对立，又相互依存在太极圆之中。

一、"一分为二"源于中国

太极图内含阴阳两仪，体现了一分为二的思想。"矛盾"既对立又统一的内涵通过"阴阳"表现了出来。"阴阳"是中国古典式的矛盾代名词，抓住了阴阳就抓住了太极图的核心（详见注释 41）。

最早用图形表达"一分为二"哲学思想的是太极图。最早的太极图，已有六七千年历史。当文字出现后，《黄帝内经·太素》的撰注者、隋朝的杨上善已提出："一分为二，谓天地也。"南宋朱熹在说明"理一分殊"时认为："一分为二，节节如此，以至无穷，皆是一生两尔。"但朱熹的一分为二，并没有超出把一分割为两的思想范围。

就整个物质世界的发展过程来讲，一分为二是普遍的，但不能机械地理解，应该看到事物可分性的内容、形式是多种多样的。正确地认识和把握一分为二，就既要看到矛盾双方的对立和排斥，也要看到双方的联系和统一，以及在一定条件下的相互转化。从

213

这个意义上说，一分为二也可以看作对立统一规律的通俗表达。

一分为二其实表达了事物双方既对立又统一的关系。

对立统一规律是唯物辩证法的根本规律，又称对立面的统一和斗争的规律。它揭示出自然界、人类社会和人类思维等领域的任何事物都包含着内在的矛盾性，且由事物内部矛盾推动着事物的发展。

二、对立统一规律的形成与发展

哲学在发展初期就已具矛盾双方对立统一的辩证思想。在中国古代，《易经》用阴阳两种力量的相互作用解释事物的发展变化。《老子》提出"反者通之动"这一命题，概括了矛盾的存在及其在事物发展中的作用。后世的哲学家常用分合、两一、参两、相反相成等概念表达事物对立面既统一又斗争的思想。

在欧洲，古希腊米利都学派关于"始基"的思想中已包含有对立统一的思想。赫拉克立特提出"相反者相成，对立的统一"。亚里士多德则讨论了一系列范畴的对立统一的关系。

在近代，黑格尔第一次以唯心主义的形式系统地阐述了对立统一规律，指出"一切事物本身都自在地是矛盾的"、"矛盾则是一切运动和生命力的根源"。马克思、恩格斯批判了黑格尔的唯心主义体系，吸取了他的辩证法思想，创立了唯物辩证法，创立了对立统一规律的科学形态。其后，列宁第一次提出对立统一规律是唯物辩证法的实质和核心。毛泽东在《矛盾论》中对对立统一规律进行了全面深刻的论述，并提出了一系列在具体工作中分析和解决矛盾的思想方法和工作方法。

三、矛盾对立统一规律在唯物辩证法中的核心地位及局限性

矛盾对立统一规律是唯物辩证法的实质和核心（见注释41）。太极图阴阳平衡论较之近代哲学的对立统一规律更为优胜。"太极和"理论强调对立为手段，以"追求阴阳平衡（统一、和谐）"为鲜明目的。近代哲学中的对立统一规律，由于对立和统一的"目的-手段"关系不明确，成为"斗争论"的理论依据。"斗争论"认为，斗争是永恒的，事物依靠斗争而发展。典型例子就是希特勒在《我的奋斗》一书中写到：一切生命都在进行一场永恒的斗争。

52. 三示变化　至大无边　衍小无内　变易无尽

图 190

太极图展示的第三个哲学观点是"变化"，即万事万物都处在变化中，没有静止不变的事物。

我们可以通过太极圆圈无穷大、无穷小的变化来涵盖世间万物的一切变化。世界万物都处在变化中。太极图的变化无穷无尽，至大无边、至小无内，揭示了这一变化规律。

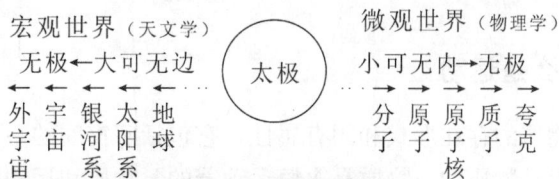

宇宙天体

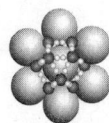

原子世界

图 191

53. 四示运动　双鱼追逐　生生不息　运转永恒

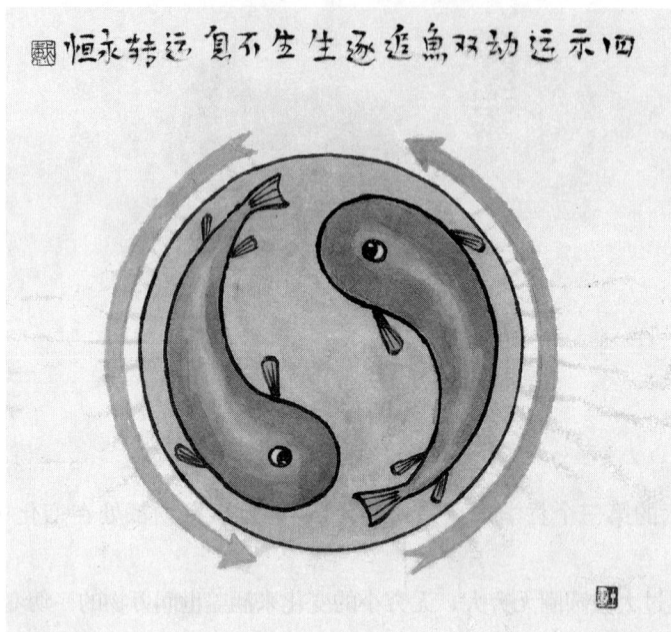

图 192

一、什么是运动？

运动是物质的存在形式和固有属性，它包括宇宙间的一切变化和过程。辩证唯物主义认为，世界是物质的，物质是永恒运动着的。物质和运动是不可分的，世界上没有不运动的物质，也没有离开物质的运动。

物质运动的基本形式有五种：机械运动、物理运动、化学运动、生物运动和社会运动。

静止是运动的一种特殊形式。它有两种情况：一指事物在某种场合下可以不具有某种特定的运动形式；二指当某事物处在量变阶段而没有发生质变时，该事物还是它自己——在这个意义上它是静止的。

运动是绝对的、永恒的、无条件的；静止是相对的、暂时的、有条件的。运动和静止是对立的统一。没有绝对的运动就没有相对的静止，没有相对的静止也显示不出绝对的运动。否认事物的绝对运动会导致形而上学的不变论，否认事物的相对静止则会走向相对主义和诡辩。

二、太极图揭示的运动观点

太极图内含的第四个哲学观点是"运动",即事物都是运动着的而非静止的,事物的运动是绝对的,而静止是相对的。

太极图通过阴阳鱼栩栩如生、相互追逐的画面,来表示事物处于永无休止的运动状态。

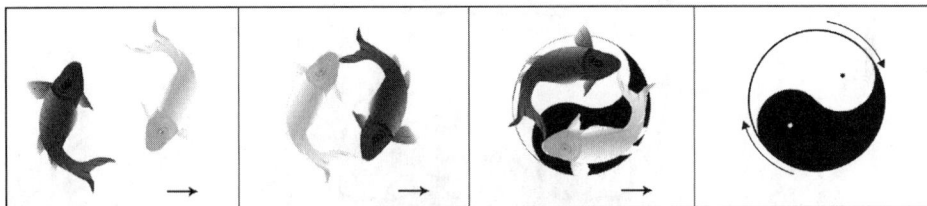

图 193

三、社会发展的动力

这里,我们以社会发展为例子来说明事物发展的动力。社会发展是全人类参与的一种宏观的运动,是与人关系最密切的运动。那么,人类社会发展的动力来自什么呢? 对于这个问题,古今中外有不少哲人、名人提出过各自的观点。汇总见表 29。

表 29

作者/哲学派别	什么是社会发展的动力	备注
马克思主义	社会基本矛盾(生产力和生产关系的矛盾)是社会发展的根本动力	《德意志意识形态》(1845—1866)
黑格尔	绝对精神是历史发展的动力	
弗洛伊德	欲望决定命运	
司马迁	"天下熙熙,皆为利来,天下攘攘,皆为利往。"(《史记·货殖列传》)	皆为利益而来,意为社会发展的动力是欲望。
邓小平	科学技术是第一生产力	
温家宝	改革是经济和社会发展的强大动力。	《关于制定国民经济和社会发展第十一个五年规划建议的说明》
胡锦涛	改革开放是发展中国特色社会主义的强大动力	《在中国共产党第十七次全国代表大会上的报告》
笔者	和谐圆满是人类社会发展的终极目的和动力	

54. 五示核心　黑白鱼眼　阴阳帅印　坐镇指令

图194

太极图揭示的第五个哲学观点是"核心论"。

事物都是运动的，并围绕着自己的核心在运动，如地球围绕太阳系的核心太阳运动（运转周期为一年），太阳围绕银河系的核心在运动（运转周期约为两亿年）。核心是由其实力来决定的。众多行星均围绕太阳核心转动，因为太阳就占整个太阳系质量的99.86%，"猴王是打出来的"，靠的是实力。我们可以得出：两人、两事、两个要素及其以上必有主次之分，绝对的平均主义是机械论的表现，如把家庭夫妻的平等说成绝对平等就是一例。

太阳系

银河系

图195

太极图用黑白鱼眼表示阴阳各自的核心，即"帅眼"。各对立面围绕着自己的核心——"帅眼"运动。如楚汉之争，"鱼眼"就是刘邦与项羽。对它的进一步解释，可参看注释64、65。

55. 六示轮回　鱼身环绕　头尾相接　循环昭本

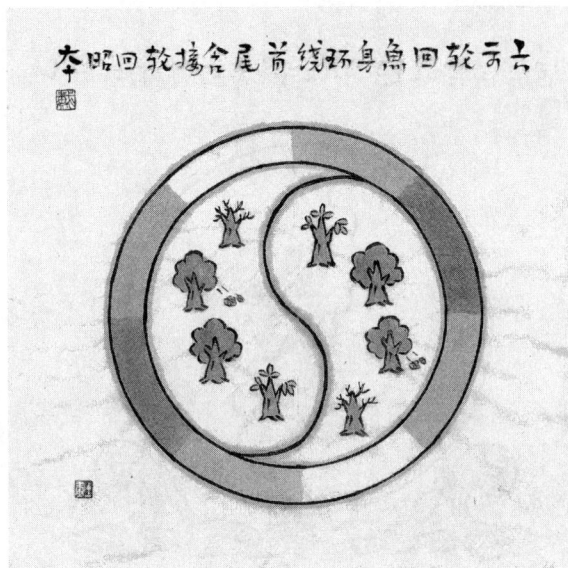

图 196

太极图的第六个哲学观点是"轮回"，即事物的发展是循环往复式、呈螺旋式向前发展的。

任何事物都在轮回中变化。太极图用圆圈的首尾相接和两条首尾相接的鱼的关系，来表示事物发展的轮回观。

"轮回"本是个梵文名词，意思是"轮转"或"生命的循环"。我们这里借用来表示事物的发展规律。

事物的发展是前进性与曲折性的统一。从发展方向上看，事物发展的总趋势是前进的，事物经过两次否定，克服了消极因素，保留了积极因素，增加了更高级的新内容，发展成为新事物。从发展道路上看，事物发展是迂回曲折的，出现了仿佛回到出发点的运动，有时还会出现暂时倒退，说明新事物战胜旧事物是一个反复斗争的过程。坚持前进性和曲折性的统一，必须反对两种错误观点：一种是循环论，只看到曲折性，看不到前进性；另一种是直线论，只看到前进性，看不到曲折性。我们要相信道路是曲折的，而前途是光明的。

最大的轮回莫过于宇宙的轮回，从"奇点－大爆炸－宇宙产生－回归奇点"这一轮回需要惊人的时间。

56. 七示曲折　波浪呼应　绵延起伏　否定否定

图 197

太极图揭示的第七个哲学观点是"曲折"，即事物的发展过程充满了曲折性。表现这一曲折的图形就是"S"曲线，"S"曲线使太极图妙趣横生。

一、波浪太极图——否定之否定规律

"S"曲线亦可看成是一个波浪中的一个波峰和一个波谷组合，它的波浪起伏，表示否定之否定的哲学含义。

事物发展的道路是迂回曲折的。事物发展的形式有起有伏，斗争的过程有反有复。事物发展的曲折性是由于矛盾双方经过两次否定造成的；同时，也是由于事物矛盾双方力量对比和相互消长的不平衡性，以及矛盾斗争依赖的客观条件复杂性引起的。

否定之否定是唯物辩证法的三大规律（对立统一、量变质变、否定否定）之一。否定之否定是事物

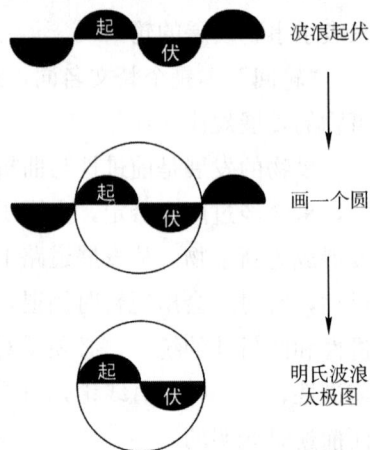

图 198

由于内部肯定方面与否定方面的矛盾而自我发展，经过两次否定（否定和否定之否定）和三个阶段（肯定、否定和否定之否定），成为更高级的新事物。这是一种自我完善。否定之否定规律揭示了事物发展的趋势是波浪式前进或螺旋式上升的。

二、"S"曲线的妙用

太极图中的"S"曲线，趣味横生，奇妙无穷。

第一，增加动感。"S"线使太极圆一分为二，形成了两条栩栩如生、相互追逐、首尾相接的游鱼，增加了图形的动感。

第二，反映矛盾内部斗争的曲折性。事物以曲折形式发展。太极图以"S"曲线表示事物内部对立、斗争与发展的曲折性。

第三，反映阴阳矛盾双方交融的关系。当阴阳矛盾双方处于对立时，犹如两军对战，S曲线则成为双方的"交战"界线。

第四，表示你中有我，我中有你的相互渗透、相互包容的关系。

第五，表示含蓄，构成了东方的含蓄思维方式。

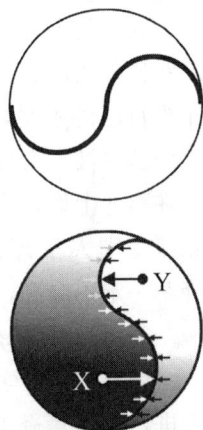

图 199

三、太极图"S"曲线对东方思维的影响

为什么中国人的思维表现出委婉、灵活，而不那么直白？这种含蓄的思维方式来自于太极图"S"曲线表示的你中有我、我中有你的关系。它不同于西方思维那种直白性和强调原则性。如主人问客人喝什么时，中国人说"随便"，外国人则直截了当地说："咖啡。"

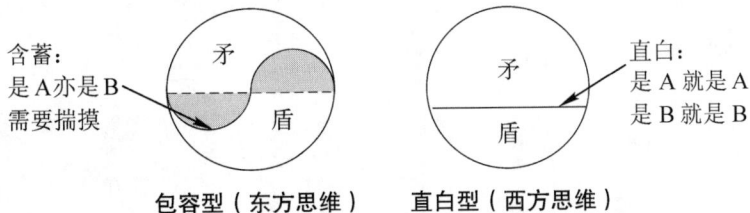

含蓄：
是A亦是B
需要揣摸

矛
盾

矛
盾

直白：
是A就是A
是B就是B

包容型（东方思维）　　直白型（西方思维）

图 200

四、从波浪曲线看儒、道思想的实质

波峰、波谷是一对辩证关系，体现了事物的平衡：有多高的波峰，就有多深的波谷；有多深的波谷，就会推出多高的波峰。

现在我们看看它的应用。

1. 作用力等于反作用力

物理学上作用力等于反作用力的定律，就是这个道理。

2. 肯定与否定、赞同与反对

我们把肯定、赞同比作为波峰，把否定、反对比作为波谷。这一波浪理论告诉我们：要正视自己的不足，正视别人提的意见和批评。因为这一波谷会推动你下一轮更高的波峰，从而在事业上取得更大的成就；反之，那种不乐意接受别人批评、自以为是的人，他的"波峰"一定不会高，他的"浪"一定不会远。

3. 儒、道思想在波浪理论上的体现

儒家主张"学而优则仕"，鼓励人们勤奋、上进，从而攀登上理想高峰；道家批评儒家，认为儒家高大的波峰背后，必然有一个痛苦的深渊，犹如汹涌澎湃的大海波涛。因此，道家提倡"无为而治"、"享受自然"，其思想犹如平静的湖面。儒、道思想用波浪曲线表示为图201。

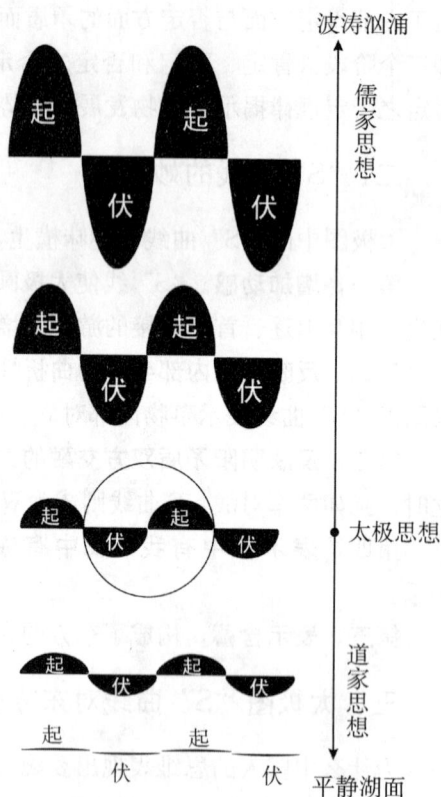

图201 儒、道思想波浪图

4. 道家的自然观，折腾小

道家思想贴近自然，人为的折腾最小，见注释15、30。

57. 八示相容　一体同生　合和前提　包容共存

图 202

　　矛盾既具有对立的特性，又具有相容的特性。太极图用阴阳表示它们的对立性；将对立阴阳共容于太极圆之内，表示了它们的相容性。由此可见，只有包容才能共存，而共存就必须包容；包容是共存的前提，是统一的前提，是和谐的前提。

　　如一个家庭，夫妻矛盾是主要矛盾，矛盾力度最大，但他们却生活在一个家庭之中；又如一个企业，团队中的矛盾力度最大，但他们却工作在一个团队之中。包容体现了矛盾的统一性，又是矛盾统一的前提。正由此，受太极包容思想的影响，中华文化又是包容的文化，它使世界上最大的民族——中华民族成为世界上最能包容的民族。世界为什么动乱纷争？其重要原因就是缺乏包容。

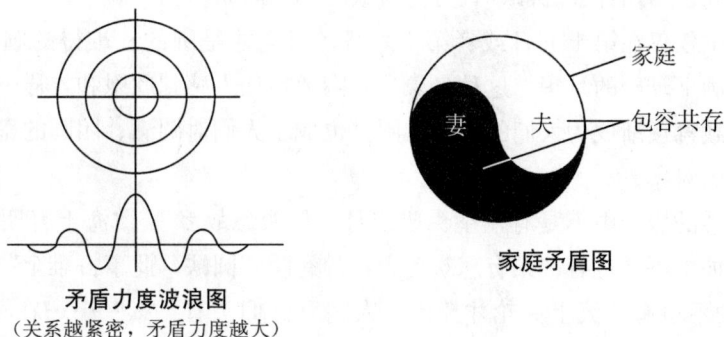

矛盾力度波浪图
（关系越紧密，矛盾力度越大）

家庭矛盾图

图 203

58. 九示圆满　形如月圆　璀璨光明　美满象征

图 204

太极图揭示的第九个哲学观点是"圆满"，通过过程的完整求得周全、美满的结果。

太极图的外形直观地体现了其"圆满"的内涵：太极图的主体是包含黑白双鱼的标准圆，而与太极图一体的无极图的外形更简洁，完全就是一个圆圈。它们的外形就如十五的月亮一样圆满、明亮，象征中华民族自古以来追求圆满周全的理想和追求圆满、美满的乐观主义民族性格特征。

一、从月圆到圆满

除太阳以外，古人最关注的天体非月亮莫属。与太阳朝升夕落，常年都如圆盘一样挂在天空不同，"月有阴晴圆缺"，月亮时缺时圆、时暗时明。

每月之中仅仅在第十五日或者第十六日，月亮才是圆的。难得的圆月高挂在夜空中，向大地洒下璀璨的月华。这种景象让人陶醉，让人感到欣慰和吉祥……于是，赏看圆月、载歌载舞逐渐成为人们的乐事。圆月也成了人们对圆满、团圆的寄托，成了人们畅想和吟诵的对象。

我们熟悉的唐诗中不是有"举头望明月，低头思故乡"，"海上升明月，天涯共此时"么？宋词中不是也有"人有悲欢离合，月有阴晴圆缺，此事古难全"么？曹雪芹的《红楼梦》中不也有"天上一轮才捧出，人间万姓仰头看"么？……在浅吟低唱之间，"月、圆月、圆满"已经根植到了人类的情感最深处。

二、"圆"文化

中国的先民将日常活动中感知的对圆的认识移植到生产活动中，制造了很多圆形的工具，在改造世界和征服世界的征途上取得了伟大的成就。

"圆"深刻地影响了中国的宇宙观。中国古人思维中的宇宙"天圆地方"，民歌中就有"天似穹庐，笼盖四野"的表达（详见注释11）。

"圆"也深刻地影响了中国古人的思想文化观念。中国古代思想中非常重要、影响深远的是"无极—太极"思想，而无极和太极的外观都可以用圆来描述（详见注释11）。

"圆"对中国文化的影响还体现在中国人的办事方法上。中国人行为处世讲求原则性和灵活性。原则性如"矩"，是方；灵活性是"规"，是圆。方圆结合，正是中国人灵活处世的方法。

中国文化中的"圆"也体现在风俗习惯上。如农历的正月十五是元宵节，吃汤圆；农历的八月十五中秋节，赏月吃月饼……这些习俗，都寄托着中国人对圆满的追求。

中国文化中的"圆"也通过汉语词汇体现了出来。如：圆润、圆满、圆和、圆范……

三、太极图圆满周全的应用与启示

太极圆在画图时，图形要圆满。要圆满，就必须周全（360°）；首尾不相接（359°），就不能周全圆满（如图205、206所示）。

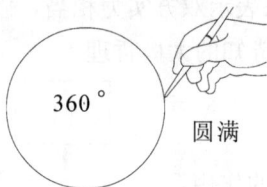 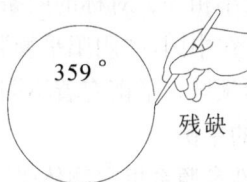

图205　360°＝首尾相接＝圆满　　　　图206　359°＝首尾未接＝未圆满

根据周全圆满的原理，我们得到如下启示：

1. 人类理想目标

周全圆满成为人类理想的终极追求。

2. 做事方法

自始至终，有头有尾（如图206首尾相接）。

"控制论"就是根据这一原理的典型应用：指令发出——反馈信息——接受信息——再发出指令……这个信息反馈的过程也是一个首尾相接、不断巡回的过程。

59. 十示和谐 均匀对称 目的鲜明 阴阳平衡

图 207

一、阴阳平衡——人人皆知的中华哲理

太极图中以大小相等、对称的两条阴阳鱼来表示双方实力相当，以示在对立中追求阴阳平衡和统一。在中国，"阴阳平衡"是人人皆知的太极哲理。

在不同的科学领域，平衡有着不同的涵义。

1. 物理学中的平衡

"平衡"指惯性参照系里，物体受到几个力的作用，仍保持静止的状态，或匀速直线运动状态，或绕轴匀速转动的状态，叫做物体处于平衡状态，简称物体的"平衡"。

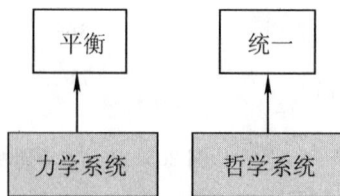

图 208

2. 哲学上的平衡

表示对立的矛盾双方实力相当，其综合效果使矛盾趋向同一或统一。

二、阴阳平衡与和谐

追求阴阳平衡的和谐理念是太极哲理的又一个伟大贡献。太极图中的阴阳平衡，指矛盾的统一，那与和谐又是什么关系呢？

我们先看两个例子。

（1）**美味佳肴**。将主食和众多佐料按程序和最佳需求量调和在一起，使各种调料适量和平衡，最终烹饪出色香味美的佳肴。

（2）**美妙音乐**。众多乐器在指挥家的指挥下，高亢与低沉、婉转与激昂，和谐协调地演奏出美妙动听的音乐。

从上述两例我们看出：对众多的因素进行调和（手段），最终达到相对完美的效果（目的性）。

现在来看"阴阳平衡与和谐"。阴阳平衡指的是一对矛盾体中的统一关系；和谐则指在众多矛盾中求得统一的关系。简言之，众多矛盾的统一就是和谐。

"和谐"一词，在中国有着悠久的历史，它最早出现于 1800 年前东汉时期著名经学家郑玄为《诗经》的《关雎》篇作的笺注。笺注中说："后妃说乐君子之德，无不和谐。"大意是说后妃喜爱、乐于君子的美德，非常和谐美好。这正式提出了"和谐"这个词。这里的和谐最初指男女融洽协调、相处美好，后来引申成一个美好的词汇，指协调和睦。

三、从阴阳平衡目的鲜明，看对立统一规律的不足

阴阳图形的对称、平衡方式揭示了事物在一个矛盾体中追求平衡、在众多矛盾平衡体中追求和谐的"太极和"真理，犹如众多调料调配成美味佳肴、众多乐器调合成美妙音乐一样，宇宙万物和人类社会都在平衡中发展、变化，都以"和"为其发展的根本目的。从某种程度上说，**太极图阴阳平衡论较之近代哲学的对立统一规律更为科学、合理**。太极图哲理以"追求阴阳平衡"为鲜明目的，而近代哲学中，对立统一规律的"目的－手段"关系不明确，导致"斗争论"产生。"斗争论"认为：斗争是永恒的，事物的发展依靠斗争而获得。其典型例子就是希特勒在《我的奋斗》一书中说："一切生命都在进行一场永恒的斗争"。希特勒以此为指导思想，引发了惨绝人寰的第二次世界大战。中国的"文革"，同样是以"斗争论"为理论依据，即"以阶级斗争为纲"，导致了中国十年浩劫……

中国的阴阳平衡学说，是华夏先民智慧的结晶，是中华大地"土生土长"的矛盾学说。阴阳平衡学说目的鲜明地提出了"阴阳平衡"和追求"和"的观点，即在对立统一中以统一为目的。把统一作为目的，有益于消除不必要的争端，共同营造一个和谐的环境（详见注释 41）。

四、平衡论是科学基本定律

阴阳平衡还揭示了"世界是平衡的"这一科学上最伟大的定律，如质量守恒、能量守恒、运动平衡、生态平衡、心态平衡、饮食平衡等（详见注释 71）。

60. 东汉伯阳　阴阳环分

图209

一、"丹经之祖"魏伯阳

魏伯阳（100—170），号云牙子，会稽上虞人，为高门望族之子，东汉著名炼丹家，兼及内丹和外丹，有"丹经之祖"之称。其著作主要有《周易参同契》。其说似解周易，其实假借爻象，以论做丹之意。魏伯阳的思想对道教的炼丹术影响很大，被世界公认为最早的一位留有著作的炼丹家。

二、魏伯阳制"水火匡廓图"

魏伯阳在《周易参同契》中，推出了一幅解释自己的太极观念的图形——水火匡廓图。

水火匡廓图（见图210），中心为太极圆，其外围绕三重圆环。而这三重圆环被中间划断，左边为火卦，右边为水卦，故称水火匡廓图。

"水火匡廓图"是由坎（水）、离（火）二卦与太极圆的组合构成。太极圆居核心，表示具有巨大的能量；水、火分左右，表示来源于核心能量。这种能量关系和阴（水）阳（火）组合，揭示了宇宙间能量的辐射关系。

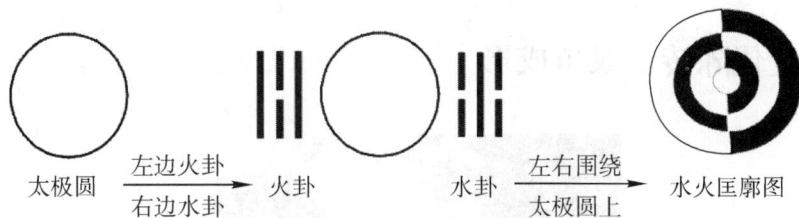

太极圆　左边火卦／右边水卦　→　火卦　　水卦　左右围绕／太极圆上　→　水火匡廓图

图 210

三、水火匡廓图揭示了能量核心

强大的核心能量向四周喷射，构成波浪的能量辐射。水火匡廓图的实质就是反映核心能量向四周喷射的波浪图形。这种波浪图在许多古代器皿上都有发现。

这种强大的核心能量向四周喷射构成的波浪图，在天文上构成了一幅幅美妙壮景（见图 211）。

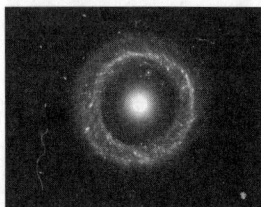

银河系　　哈勃望远镜拍摄到的宇宙深空照片　　狮子座中的 MGC3628 星

图 211

四、现代的环形图形

类似于"水火匡廓图"的考古发现，见图 212。在现代生活中，我们也不难发现类似于"水火匡廓图"那样的环形图形，如我们熟知的宝马汽车的标志（见图 213）等。

图 212
旋纹彩陶罐
马家窑文化时期，藏于甘肃省博物馆（距今 4200—5500 年）

图 213　宝马汽车标志

61. 五代陈抟　双鱼成形

图214

陈抟（871—989），字图南，自号"扶摇子"、"希夷先生"（希指视而不见，夷指听而不闻），五代宋初著名道教学者，常被道教尊为陈抟老祖，还有人称他为"睡仙"。据传双鱼太极图由他所作。他还著书立说，成为古代太极图的总结者和传播者。

世传在陈抟以前，未出现类似于今本太极图这样的太极图式。出土的古代文物上也多以阴阳双鱼、螺旋形、旋涡形为主。对现在最流行的今本太极图，其图形特点是由双鱼太极演变而来（如图215所示）。它源自何处，众说纷纭，颇有争议。在宋人的著作中，基本上认为"先天图"是从陈抟那里传下来的。晁说之（公元1059—1129）在《嵩山集》卷十八《王氏双松堂记》叙述了先天图的流传："有宋华山希夷先生陈抟图南，以《易》授终南种征君放明逸，明逸授汶阳穆参军修伯长……"宋人朱震在《汉上易传·进易说表》中说："陈抟以先天图传种放，放传穆修，穆修传李之才，之才传邵雍。"

先天太极图　　　　双鱼太极图　　　　今本太极图

图215

230

62. 宋代周氏 图分五层

图 216

周敦颐（1017—1073），宋道州营道县（今湖南道县）人，思想家、理学家，中国理学的开山祖。

周敦颐继承《易传》和部分道家以及道教思想，著有《太极图说》，提出一个简单而有系统的宇宙构成论，说"无极而太极"，"太极"一动一静，产生阴阳万物。他所提出的哲学思想，如无极、太极、阴阳、五行、动静、性命、善恶等，成为后世理学研究的课题。

周氏之前的陈抟，曾作有"无极图"，周氏借鉴陈抟的无极图而作太极图（如图217所示）。

该图原本表述的是炼丹的过程，周氏在陈抟炼丹术基础上有所发展。最下一圈和最上一圈，皆为虚无，当中一段为有，表示从无到有，首尾相接，又返归于无。太虚为万有之根本，故名为无极图。

周敦颐太极图分为5层，有无极图、男女、阴阳、动静、五行。周敦颐五层太极图表达的基本内容为：太极作为宇宙本源，其本性是寂静，先天地而存在；后生出天和地或阴阳二气，即第二圈乾坤合抱之象；由于阳气的运动，阴气的配合，生出五行之气，阴阳五行之精华，与无极本性"阴静"凝聚成构成万物的性质，亦即五行生成图中最下一圈；乾道成男居左，坤道成女居右，男女交感，万物则生。周敦颐太极图其实质是讲宇宙的生成过程（对五层的图解，见图217）。

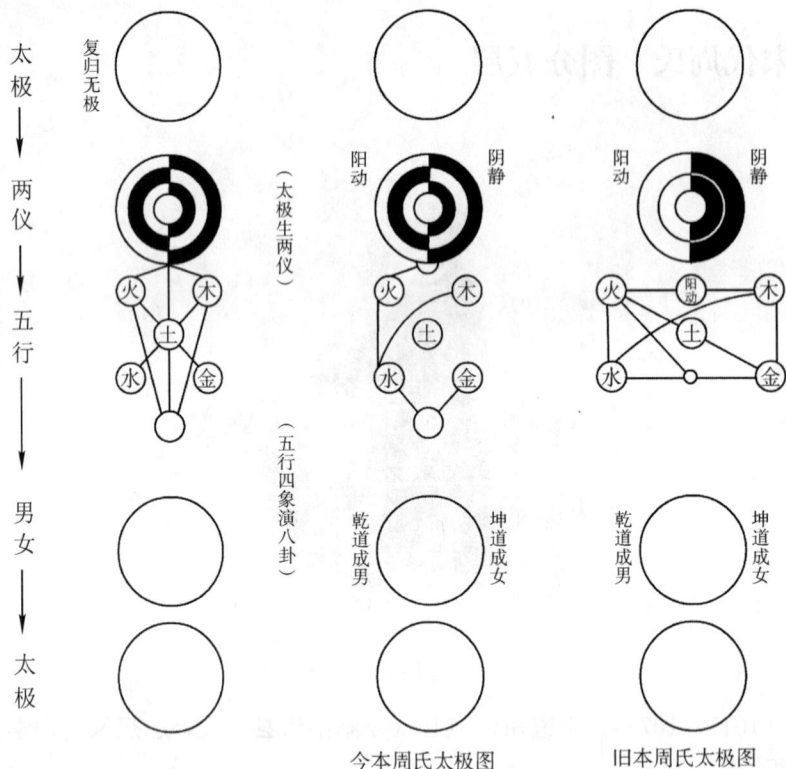

左侧纵列：

太极
↓
两仪
↓
五行
———
↓
男女
↓
太极

（太极生两仪）

（五行四象演八卦）

复归无极

阳动　　阴静

阳动　　阴静

火　木
土
水　金

火　木
土
水　金

火　阳动　木
土
水　　金

乾道成男　　坤道成女

乾道成男　　坤道成女

今本周氏太极图　　旧本周氏太极图

图 217

周敦颐的又一贡献，就是著《太极图说》，后来成为易学、太极图学的重要论著，全文共 303 字。

《太极图说》　［宋］周敦颐

无极而太极。太极动而生阳，动极而静，静而生阴，静极复动。一动一静，互为其根。分阴分阳，两仪立焉。阳变阴合，而生水火木金土。五气顺布，四时行焉。五行一阴阳也，阴阳一太极也，太极本无极也。五行之生也，各一其性。无极之真，二五之精妙合而疑。乾道成男，坤道成女。二气交感，化生万物。万物生生，而变化无穷焉。惟人也得其秀而最灵。形既生矣，神发知矣。五性感动，而善恶分，万事出矣。圣人定之以中正仁义而主静，立人极焉。故圣人与天地合其德，日月合其明，四时合其序，鬼神合其吉凶。君子修之，吉；小人悖之，凶。故曰："立天之道，曰阴与阳。立地之道，曰柔与刚。立人之道，曰仁与义。"又曰："原始反终，故知死生之说。"大哉易也，斯之至矣。

《太极图说》又可以直接为周氏太极图作注解，见图218及其注释。

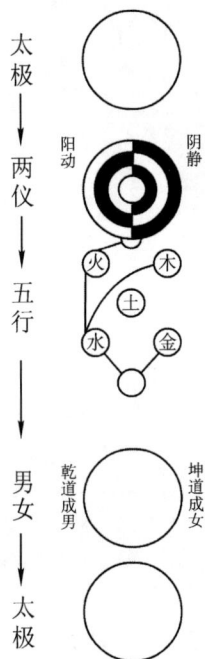

(1) 无极而太极。

(2) 太极动而生阳，动极而静，静而生阴，静极复动。一动一静，互为其根，分阴分阳，两仪立焉。

(3) 阳变阴合，而生水火木金土。五气顺布，四时行焉。

(4) 五行一阴阳也，阴阳一太极也……乾道成男，坤道成女……

(5) 太极本无极也。

图218　今本周氏太极图

63. 明代来翁　阴阳抱心

图 219

来知德，字矣鲜，号瞿唐，明嘉靖四年（1526）生于今重庆梁平县仁贤镇华安村白鹤湾，卒于明万历三十二年（1604），明代著名易学家、理学家，享誉海内外的注《易》大师。其所著《周易集注》世称绝学，是继孔子后用象数结合义理注释《易经》取得巨大成就的唯一一人，故称来夫子。

在先天太极图、先天八卦图基础上，来知德悟出并进一步"阐明了阴阳对待，阴阳平衡"的理论。《来瞿唐先生易学六十四卦启蒙》中说："天地万物，独阴独阳不能生成，故必有错，而阴阳循环之理，阳上则阴下，阴上则阳下，故必一综，则错综二字，不论六爻变与不变，皆不能离也。"该理论的提出，进一步丰富了后期的中医理论。

来知德创制的太极图，中心空圆，作为太极核心。他说："此圣人作易之原也，理气数象，阴阳老少，往来进退，常变吉凶，皆寓于其中。"

此图白者为阳仪，黑者为阴仪，表明阴极生阳、阳极生阴。以居中的黑白两线代表原古太极图中的黑白点。中有一阳圈，以象太极，有"无极而太极，太极而两仪"之妙。他曾作《美圆歌》赞誉自己的太极图："我有一丸，黑白相和。虽是两分，还是一个。大之莫载，小之莫破。无始无终，无右无左。"来氏以此图，解释伏羲八卦和文王八卦方位以及年月日变化。

234

　　从结构上来看，来知德太极图以阴阳两仪环抱居中的"太极"无限螺旋、生生不息，表现的是阳极生阴、阴极生阳、气机生生不息、循环不绝的道理。

　　注释60中提到的东汉魏伯阳的阴阳环分太极图，体现了能量场的径向发射，形成了波浪的辐射形式；来知德的太极图，体现了能量场以螺旋形式向外辐射：中间的圆圈代表了核心的强大能量，外围的两仪即螺旋场的旋臂。银河系的中心就是一个强大的能量场——黑洞，太阳系就在银河系的旋臂上；地球上的气象螺旋也是如此（见图220）。来知德的太极图与吴作人画的《无尽无限》和笔者的"69太极图"（见注释64、74）原理一致，均体现物质的螺旋运动。

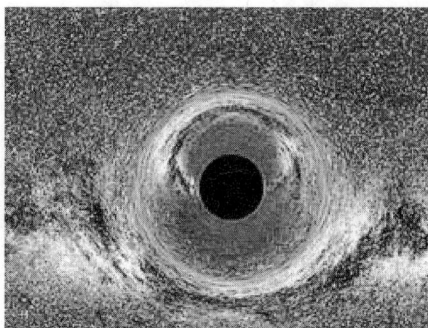

银河系中心的黑洞　　　　围绕黑洞旋转的银河系

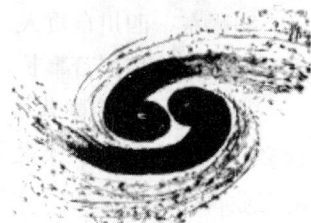

无尽无限（吴作人）
二维强关联电子系统
国际讨论会会徽

气象螺旋

图 220

64. 今有明氏　灰度太极　量变质变　独创新颖

图 221

一、明氏简介

明赐东，四川自贡人，毕业于四川大学机械制造专业，高级工程师，中国知名调节阀专家，华林集团董事长，美国文化科学研究院院士。

1988 年，作为国营企业技术副厂长的明赐东，怀抱"探索科技转化为生产力、探索多种经济的发展、探索个人价值的充分发挥"的理想，辞职创建华林公司，致力于解决工业自控执行难题——调节阀的国产化及疑难特种阀技术攻关。在军工、核试验、石化等行业成功开发出上百种特种调节阀，主导产品"全功能超轻型调节阀"被誉为调节阀的又一里程碑。目前，"华林"已成为调节阀行业知名品牌，拥有 30 多项专利。"华林"依据"人才奠基、文化导向、创新发展、产业报国"的企业理念，按照"产品经营、企业运作、资本运作"三个层面的战略，推进企业稳健发展。

作为调节阀专家，明赐东发表论文 50 多万字、出版技术专著 4 本，组建了中国调节阀领域最权威的技术交流平台——中国调节阀网。

明赐东认为，"企业－科技－文化－效益－人才"的关系如图 222 所示。科技和文化是推动企业发展的两个轮子，缺一不可。因此，企业在为社会创造有形价值的同时，应注重企业文化建设。集团下成立了文化公司，提出了"太极图学"等研究课题，并绘制了明氏太极图，同时创办了太极图网、华林红枫文学网站；在新加坡、美国文化科学院、四川省社科院、成都文化馆、河南、威海等地多次演讲太极文化；主编《枫林》文学丛书，编辑《大义为正》一书；发表的《太极：中华文明之母，世界哲学之源》、《太极图的哲学内涵及社会学意义》等太极哲学研究论文已引起国内外高度重视。现正编写的著作还有《图形哲学》、《诗情画意》等。目前，明赐东已领衔启动将太极图申报为世界非物质文化遗产事宜。

图 222

二、明氏太极图

曾有一个易经爱好者与明赐东开玩笑说："从你的名字上看，你就应该与易学有缘：日月为易（明），视易为宝（赐），东方也。"也许这是巧合，但事实上明赐东对《易经》的图形表达——太极图确实情有独钟。

明氏根据自己对图形哲学的研究，结合太极思想，创立了明氏太极图系列。明氏太极图及其阐释见表 30。

三、灰度太极　独创新颖

明氏太极图系列中，最突出的是灰度太极图。它不同于传统太极图，以黑白两色制作，白中黑点，黑中白点。灰度太极图的创意在于通过灰度的渐变关系，揭示了量变到质变的变化过程，即量变质变规律：在白色"阳"的一方，浅白色紧围其核心"白点"；颜色的加深，表示对"阳"中心"白点"的逐渐不认同，进而"阳"方与"阴"方的头部颜色一致，成为"阳"方的"尾巴"，最终被"阴"方头部吸引过去，投入"阴"方阵营，从而"阳"方的部分因素通过量变质变为"阴"方的过程得以完成。反之亦然。对于量变质变规律和阴阳双方的核心关系，在注释 68 的蝌蚪太极图中，还将进一步阐述。

表 30

序号	明氏太极图	图　形	简　注
1	灰度太极图		通过灰度渐变体现量变质变关系；白中白点，黑中黑点体现各自的核心
2	蝌蚪太极图		通过蝌蚪的游动体现核心论和量变质变关系
3	龙图太极		龙跃太和的中华图腾：体现中华民族龙的精神和太极思想
4	熊猫太极图		中华国宝与中华文化瑰宝相融合
5	日月太极图		体现日出月隐的变化关系
6	宇宙太极图		宇宙变化的太极模型，体现了转动、喷射、膨胀的宇宙运动模式
7	流星太极图		体现太极在宇宙中无处不在
8	万物皆太极		放眼看世界，万物皆阴阳（矛盾）
9	69 太极图		《易经》中，6 代表地，9 代表天，69 代表天地阴阳；在天文、物理学中体现能量的螺旋运动
10	太极申遗徽记		呈报太极图申遗的徽记

65. 蝌蚪太极　环绕核心　尾部变性　头部欢迎

图 223

将明氏灰度太极图用蝌蚪来填充，便成为"蝌蚪太极图"。它有如下含义。

1. 体现核心

所有蝌蚪都围绕着位于中心的一个蝌蚪运动，体现事物的运动都围绕自己的核心进行。这一核心的力量必须是强大的，如地球围绕着太阳运转，就是因为太阳的质量占了太阳系全部质量的 99.86%。

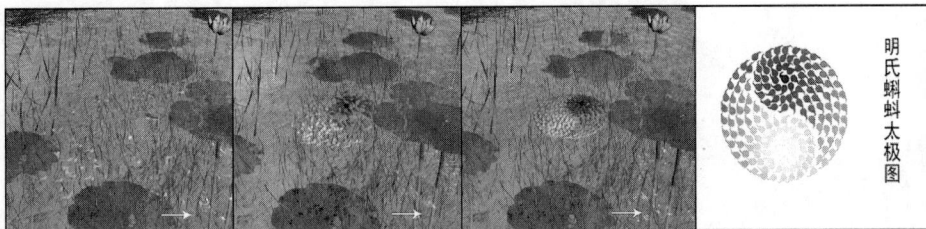

图 224

2. 体现阴阳交和

在"蝌蚪太极图"中，"阳"方白色包含着逐步变深的"尾巴"，"阴"方黑色包含着逐步变浅的"尾巴",以此白中有黑、黑中有白,通过灰度代表着阳中有阴、阴中有阳。党中有党、派中有派、教中有教,就是这个道理。

3. 尾部变性,头部欢迎

在"蝌蚪太极图"中,分成了阴阳两个"阵地"。黑色阵地尾部蝌蚪的色度与白色阵地头部色度基本一致,代表着对黑色阵地的认同度不够,所持观点已经接近白色阵地观点,这就是所谓的认识上的"尾巴"(落后分子)。而尾部落后分子,当它所持观点,转而认同白色阵地后,便从尾部游向了白色阵地,即所持观点的倒戈。对倒戈的"尾巴",却受到另一阵地头部的欢迎,以示另一阵地的头领,欢迎对立阵地倒戈的"尾巴"。图225形象地揭示了矛盾内部的运动和对立面相互转化的过程。

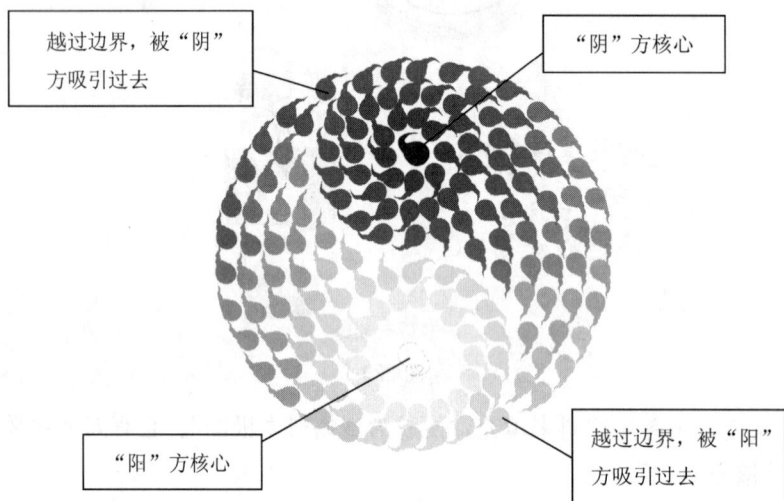

越过边界,被"阴"方吸引过去

"阴"方核心

"阳"方核心

越过边界,被"阳"方吸引过去

图 225

66. 龙图太极　中华图腾　太和龙跃　无往不胜

图 226

人类历史发展的早期，由于生产力低下和对自然认识的肤浅，人们渴望有超自然的力量保护和精神崇拜的安慰。在这样的背景下，图腾的出现成了一种必然。随着人类文明的发展，图腾不但没有被历史淘汰，反而被人们赋予了更多的期盼。

一、祖先的保护神——图腾

"图腾"一词来源于印第安语"Totem"，意思为"它的亲属"、"它的标记"。在原始人认为本氏族人都源于某种特定的物种，并且在大多数情况下与某种动物具有亲缘关系，于是，图腾信仰便与祖先崇拜发生了关系。在许多图腾神话中，先民们认为自己的祖先起源于某种动物或植物，或是与某种动物或植物发生过亲缘关系，于是某种动、植物便成了这个民族最古老的祖先。例如，"天命玄鸟，降而生商"（《史记》），玄鸟便成为商族的图腾。因此，图腾崇拜与其说是对动、植物的崇拜，还不如说是对祖先的崇拜——这样更准确些。

"Totem"的第二个意思是"标志"，就是说要起到某种标志的作用。图腾标志在原始社会中起着重要的作用，它是最早的社会组织标志和象征。它具有团结群体、密切血缘关系、维系社会组织和互相区别的职能；同时，通过图腾标志，得到图腾的认同，受到图腾的保护。图腾标志最典型形态的就是图腾柱，在印第安人的村落中，多立有图腾柱。

二、中华先古图腾

图腾与图腾崇拜是人类历史进程中普遍出现的现象，中国的先民自然也有自己的图腾与崇拜。表 31 罗列了我国先民的部分图腾。

表 31

图腾物	民族	时代	证据
太阳	我国先民	1.1—4 万年前	宁夏贺兰山和大麦地岩画发现很多太阳崇拜岩画
鱼	我国先民	新石器时代	西北地区出土了许多以鱼纹作彩陶的器物，代表为半坡出土的人面鱼纹彩陶盆（见注释21）
猪	红山先民	红山文化时期（距今 5—6 千年）	红山文化出土很多的玉猪龙，这是一种神器，是红山先民所崇拜的代表其祖先神灵的图腾物——猪（见图 a）
熊	黄帝部落	黄帝时期	黄帝称有熊氏，熊为图腾（见图 b）
龙	夏族、华夏族	夏至清	《归藏·开筮》："鲧殛死，三岁不腐，剖（副）之以吴刀，化为黄龙，是用出禹……" 据考证，夏族的旗帜就是龙旗，作为华夏（中国）的象征，一直沿用到清代）（见图 c、图 d）
玄鸟	商族	商代	"天命玄鸟，降而生商。"（《史记》）（见图 e）
熊	鄂伦春族、鄂温克族	古代至今	鄂伦春族称公熊为"雅亚"，意为祖父，称母熊为"太帖"，意为祖母。鄂温克族人称公熊为"和克"（祖父）
狼	古匈奴人、古突厥人、古回鹘人	古代至今	《魏书·高车传》："匈奴单于生二女……下为狼妻，而产子。后遂繁衍成国，故其人好引声长歌，又似狼嗥。"
蛇	侗族	古代至今	侗族传说其始祖母与一条大花蛇交配，生下一男一女，滋生繁衍成为侗族祖先（见图 f）
狗	瑶族、畲族	古代至今	瑶族的五色服、狗尾衫用五色丝线或五色布装饰，以象征五彩毛狗，前襟至腰，后襟至膝下以象征狗尾。畲族有狗头帽
青蛙	壮族	古代至今	壮族有"蚂拐节"，即青蛙节，以青蛙为图腾
鸟	古代越人、古代朝鲜族	古代至今	浙江绍兴出土古越人铜质房屋模型，屋顶立一图腾柱，柱顶塑一大尾鸠。古代朝鲜族每一村落村口都立一鸟杆，都是鸟图腾柱

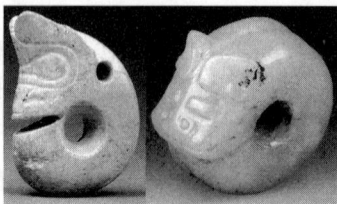

猪形玉器，辽宁省凌源市牛河梁出土，现藏于中国国家博物馆。

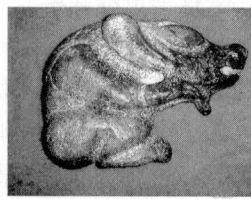

熊形玉器，前者出土于河南安阳妇好墓，距今 3000 多年；后者出土于辽宁省凌源市牛河梁。

图 227

红山玉龙，距今5500年

清朝龙旗，1888年确定

人首鸟身神像，四川三星堆，距今3000年

高山族蛇图腾板

图 228

三、龙图腾

1. 龙的由来及含义

在众多图腾中，对中华民族影响最为深远的是龙图腾。

龙是蛇类、蜥类图腾的综合体，集9种动物之特征，有"九似"之说。《说文》："龙，鳞虫之长，能幽能明，能细能巨，能短能长。春分而登天，秋分而潜渊。"可见龙不仅具有变幻莫测的神异色彩，还具有兴云雨、利万物的吉祥内涵。自古以来，龙就聚多种象征意义于一身：勇猛，威武，神秘，吉祥，喜庆等等。自从统治者在皇室使用的器皿上运用龙及其变体纹样，以显示统治者的威严与神秘开始，龙从图腾就演变成带有政治色彩的图案。到了封建社会中后期，龙凤吉祥图案多用于宫廷与皇室，它们大多气势恢弘，灵秀飞扬，成了区分统治集团尊卑等级的伦理标志。在民间，龙也是吉祥的象征，它播云降雨，驱邪降妖。民间的许多活动如"赛龙舟"、"调龙灯"都是人们祈祷平安丰收的活动。龙及其组合图案是我国传统吉祥图案中人们喜闻乐见的内容。原始龙文化的文化意识，渗透着中华民族特有的生命意识与崇祖意识，是中华民族伟大生命力的象征。

对每一个炎黄子孙来说，龙的形象是一种符号、一种意绪、一种血肉相连的情感！"龙的子孙"、"龙的传人"这些称谓，常令我们激动、奋发、自豪。龙的文化除了在中华大地上传播承继外，还被远渡海外的华人带到了世界各地。在世界各国的华人居住区或中国城内，最多和最引人注目的饰物仍然是龙。因而"龙的传人"、"龙的国度"也获得了世界的认同。

2. 龙的考古发现及龙文化的传承

考古发现，最早的中华第一龙是辽宁阜新查海"龙形堆塑"，具今8000年，属于新石器时期的中期。在新石器时期的考古发现（见图229）。

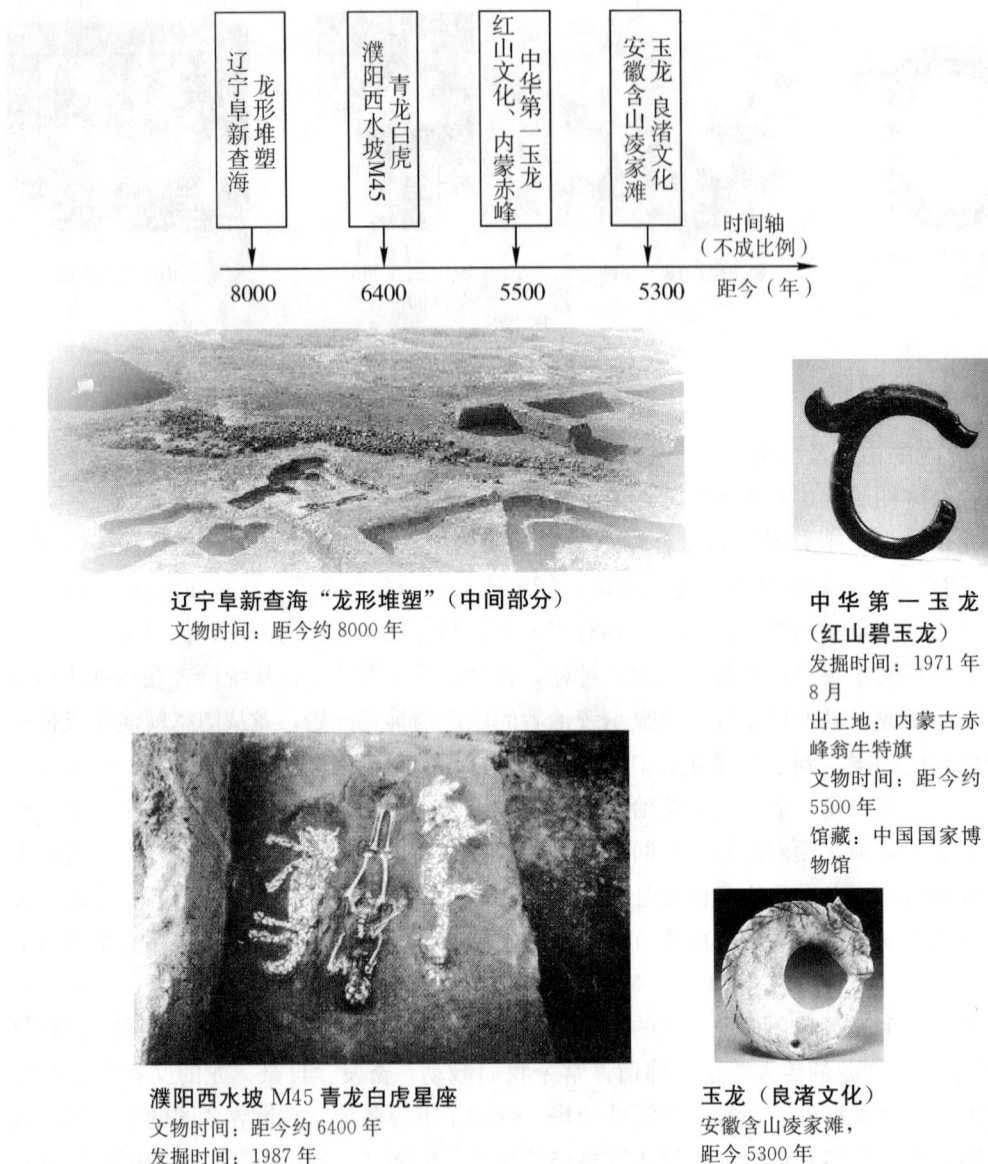

辽宁阜新查海 龙形堆塑

濮阳西水坡M45 青龙白虎

红山文化、内蒙赤峰 中华第一玉龙

玉龙 良渚文化 安徽含山凌家滩

时间轴（不成比例）

距今（年）

8000　　6400　　5500　　5300

辽宁阜新查海"龙形堆塑"（中间部分）
文物时间：距今约8000年

中 华 第 一 玉 龙
（红山碧玉龙）
发掘时间：1971年
8月
出土地：内蒙古赤
峰翁牛特旗
文物时间：距今约
5500年
馆藏：中国国家博
物馆

濮阳西水坡 M45 青龙白虎星座
文物时间：距今约6400年
发掘时间：1987年

玉龙（良渚文化）
安徽含山凌家滩，
距今5300年

图229

　　进入夏商周时期，龙被所有帝王尊崇。在"天帝神"关系中，借龙的威力把帝王说成代表天的天子，在世间统治人类。龙图腾被帝王专属，中国历代皇帝自称为"尊龙天子"，皇帝的服装称为"龙袍"，皇帝高兴时叫"龙颜大喜"，生气时叫"龙颜大怒"，皇帝死了叫"龙驭殡天"，一代一代地传递下来，直到封建社会的结束，同时也标志着龙饰服装为皇帝专用的结束。

龙的文化一直在民间流传，直到现在。龙图腾象征神力、吉祥、飞黄腾达，威猛、强大。中华民族对它崇拜有加，成为中华民族的象征——中华民族是龙的传人、中国是龙的故乡。成龙所唱《龙的传人》已是家喻户晓。1888年，清朝把龙图腾作为国旗。2008年北京奥运会，中国代表队的服饰为中国龙。龙图腾还走向了世界，成为不丹国旗图案。

今天，我们习惯于把中国的发展称为"腾飞"，而"腾"就来自于龙文化，即"腾空而起"、"腾蛟起凤"。在当今各地的旅游景点中，龙文化标识随处可见。由此可见，龙文化在中国人的思维里根深蒂固。

身穿龙袍的中国末代皇帝
溥仪（1906—1967）

图 230

四灵中的东方
之神——青龙

南北朝龙纹

1888 年清朝国旗

不丹国旗

2000 年悉尼奥运会中国队领奖服

北京奥运会中国代表队龙图腾服

成龙传唱《龙的传人》

图 231

3.《易经》中的龙文化与君王关系

皇帝作为天子，龙图腾被帝王誉为自己的化身，自称"九五之尊"，这与《周易》

密切相关。

在《周易》第一卦"乾卦"中，用龙的状态来说明事物发展的阶段：

"潜龙勿用"，龙潜深渊，蓄势待发，不宜冒进；

"见龙在田"，龙现大地，发展已有一定端倪，良好的开始；

"或跃在渊"，龙跃出深渊，进入积极进取阶段，有好的发展；

"飞龙在天"，飞龙在天，如日中天的地位，大有作为；

"亢龙有悔"，龙飞过高，脱离了基础，不可能保持长久。

其中，九五"飞龙在天"，后引申为皇帝的尊称——九五之尊；上九"亢龙有悔"也引申为高高在上的皇帝权利独揽、唯我独尊，却心灵孤独，故自称"寡人"。

四、关于中华祖先

只有伟大的民族才能创造伟大的文明。中华民族创造了世界四大古文明之一，拥有5000年辉煌灿烂的历史。这些成就的取得，是因为我们有伟大的祖先。中华民族是一个热爱祖先的民族，那么，我们的祖先是谁呢？

1. 炎黄之说

我们以是炎黄子孙而自豪，"炎黄后裔"、"炎黄子孙"是中国人自称的最常见的说法。

"炎黄"是炎帝和黄帝的统称。《国语·晋语》记载："昔少典娶于有蟜氏，生黄帝、炎帝。"认为黄帝和炎帝都是神农部落的首领少典的儿子。司马迁在《史记·五帝本纪》明确记载了炎、黄二帝参与的两次战争：第一次是炎帝和黄帝之间爆发的战争，因主战场在阪泉，史称"阪泉之战"——最后炎帝归顺了黄帝，形成了炎黄部落联盟；第二次是涿鹿之战，炎黄部落联盟同另一部落蚩尤部落在涿鹿之野进行的战争——最后蚩尤被打败。从此，炎帝部落与黄帝部落在中原安定下来了。炎黄之战的意义在于由分散的部落开始向着统一方向迈进，这便是国家雏形的开始。

至今，我国不少地方还保留有炎黄的遗迹。如今河北省涿鹿县矾山镇三堡村，据传是炎黄战蚩尤后建都的地方，现遗址上建有黄帝城；陕西黄陵县桥山，是传说中黄帝龙驭升天的地方，现建有黄帝陵，陵园内有传说中的"黄帝手植柏"，在碑亭中还保存有蒋介石、邓小平、江泽民等为黄帝陵的题词；陕西宝鸡和湖南株洲也有规模宏大的炎帝陵。

黄帝陵
陕西省黄陵县桥山

黄帝城
今河北省涿鹿县矾山镇三堡村

黄帝手植柏，陕西黄陵县黄帝陵内，距今五
千多年，是世界上最古老的柏树。相传它为
轩辕黄帝亲手所植。

山西晋城炎帝陵
（江泽民题写碑文）

图 232

为了感念炎黄的恩德，中华民族历代都有祭祀他们的传统。如公元前 110 年，汉武帝就在黄帝陵亲自组织过超过 18 万人参加的祭祀活动。1939 年 4 月 5 日，当时的中华苏维埃政府主席毛泽东、人民抗日红军总司令朱德，派遣林伯渠为代表，以鲜花束帛之仪致祭中华民族始祖轩辕黄帝。毛泽东还亲笔书写祭文。2004 年，公祭黄帝陵正式升格为国家级公祭活动。

蒋介石题碑

1942年冬，国民政府主席蒋介石因公务繁忙未能亲自前来祭奠，遂亲笔写了"黄帝陵"三个大字。手迹至今保存完好，并载入黄陵县志。

邓小平题碑

1988年，为黄帝陵题词——"炎黄子孙"。

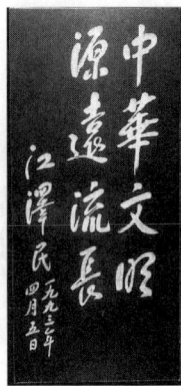

江泽民题碑

1993年4月5日清明节，江泽民为黄帝陵题词——"中华文明，源远流长"。

图233

2007年和2008年清明节，陕西黄帝陵公祭黄帝大典

考古表明，炎黄的时代约在距今4700年（辛亥革命期间，以宋教仁为代表的同盟会曾采用过的"黄帝纪年"推算，炎、黄二帝的生活年代大约距今4700余年）；若按中国5000年文明来计算，还落后于5000年文明约300年。这与中华五千年文明之说，出现逻辑矛盾。那么，早于炎黄之前，创造中华文明的祖先是谁呢？

2. **伏羲之说**

伏羲女娲是传说中的故事，其发生的时间是在新石器时期。换句话说，伏羲女娲是传说中新石器时期我们中华民族的祖先。传说毕竟是传说，实际上，伏羲女娲只是我们祖先群体在这一时期的代表而已。或者说，他们是这一时期我们祖先的代名词（关于伏羲的故事和传说详见注释 12）。

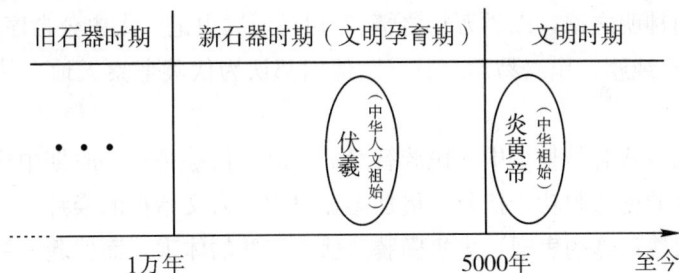

旧石器时期	新石器时期（文明孕育期）	文明时期

图 234　中华祖先时代图

3. 中华祖先

根据上述得出，我们的中华祖先有两个：一是新石器时期创造中华文明的伏羲，有中华人文始祖之称；二是文明初期的中华祖先炎黄帝。

五、伏羲文化与龙文化、太极文化的关系

龙文化、太极文化的产生，均在新石器中后期，与伏羲传说同一时代。那么，伏羲文化与对中华文明影响深远的两个伟大图形——龙图腾和太极图腾，有什么内在联系呢？

1. 龙是伏羲的化身

在注释 12 中，我们知道中华民族的伟大人文祖始是伏羲，而龙是由蜥蜴图腾和蛇图腾演变而来，蜥蜴图腾和蛇图腾其实就是伏羲的化身。那么，龙自然也就是伏羲的化身了。

龙文化的内涵一方面体现龙的神力和精神，另一方面体现对中华人文祖始伏羲的崇拜。

2. 太极思想体现伏羲思想

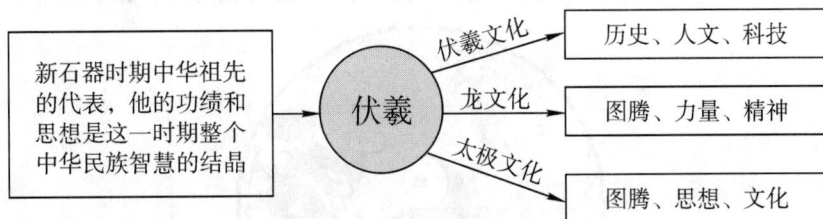

图 235

伏羲被称为中华人文始祖，一个非常重要的原因就是传说他创制了太极八卦。传说伏羲创制太极八卦的时间与出土的新石器时期文物上记录的太极雏形的时间一致。关于伏羲创制太极八卦，比较明确的记载是孔子的《周易·系辞传》："古者包牺氏之王下

也。仰则观象于天，俯则观法于地，观鸟兽之文与地之宜，近取诸身，远取诸物，于是始作八卦，以通神明之德，以类万物之情。"司马迁《史记·太史公自序》道："余闻之先人曰：'伏羲至纯厚，作《易》八卦。'"他们都认为伏羲考察天地自然的法则，创制了太极八卦图。

实际上，太极八卦是整个中华民族智慧的结晶。伏羲是这一时期中华民族祖先的代表，将太极八卦的创造归功于伏羲，更加彰显对中华人文始祖的崇拜。

龙图腾是伏羲形体的表现，太极图腾是伏羲智慧的体现，而伏羲又是我们伟大祖先的代表。龙图腾和太极图腾表现的，实际上是华夏儿女对祖先的缅怀和对祖先智慧的崇拜。

龙图腾塑造着中华民族的气质，引领着华夏儿女顽强拼搏、奋发向上，为中华民族的崛起赋予了强大的精神力量；而太极图腾，以它博大深邃的哲学思想，无时无刻不在指导着我们去认识世界和改造世界，为中华民族和全人类的文明进步起着巨大的促进作用。

中华文明绵延起伏、生生不息，是人类历史上唯一横亘万古的伟大文明。而中华文明的两大源头——龙文化和太极文化，则是中华文明绵延起伏、生生不息、横亘万古的根本原因。由龙图腾衍生的龙文化是中华民族的气质，而太极图腾蕴含的太极文化则是中华文明的精髓。它们犹如手心手背，相依相存，相互支撑，共同塑造着中华民族的气魄。

六、太和龙跃——伟大的中华图腾

龙图腾和太极图腾象征着中华民族的精气神，对于中华民族有着特殊的意义。中华民族的发展自然地和龙的腾飞、太极思想的传播联系在一起。而龙图腾和太极图腾的有机结合，构成了"太和龙跃"图。"太和龙跃"图体现了中华民族是有思想、有智慧，致力于"和"的追求的强大的、自信的、奋进的民族。龙的腾飞象征着中华民族的腾飞。在太极哲学光辉照耀下，中华民族将是不可战胜的民族，也必将成为世界和平的中坚力量。

图 236

67. 日月太极　天体运行

图 237

一、日、月寓意　美好象征

中华民族的先民把自己的祖先炎帝尊为太阳神，他让光明普照大地，把温暖送到人间，是万民景仰的神灵。在天文学中，太阳的符号"⊙"和我们的象形字"日"十分相似，象征着宇宙之卵。

月亮，司夜间之光，与主司白昼光明的太阳相对，故又名"太阴"。自古我国对月亮的别称就有婵娟、玉桂、银台、太清、冰蟾等数十种。在人们的心目中，月亮是美妙、洁静、安谧、和平的象征。就连媒人也称为"月老"，车站台也叫做"月台"。咏月的诗词和佳联也比比皆是。在我国古代，太阳和月亮都是美好的象征。

二、日月运转　历法定制

所谓历法，简单说就是根据天象变化（日、月运行）的自然规律，来计量较长的时间间隔、判断气候的变化、预示季节来临的法则。

（1）**阴历**：根据月相圆缺变化的周期（即朔望月）来制订的历法。

251

（2）**阳历**：以地球围绕太阳的运转周期（即回归年）为根据而制订的历法。

（3）**我国古历法**：把回归年作为年的单位，把朔望月作为月的单位，是一种兼顾阳历和阴历的阴阳合历。

我国的历法起源很早，相传伏羲就是根据日月运动的启发而首创历法。而最早的有史可查的成文历法是春秋末年的四分历，它是当时世界上最进步的历法。它的岁实是365.25 日，是当时世界上所使用的最精密的数值。四分历规定 19 年 7 闰，十分精确地调整阴阳历，比希腊人发明的历法要早 160 多年。

汉武帝太初元年（公元前 104 年）实行太初历。它是由西汉时期的民间天文学家落下闳创制的，是自有科学历法以来，第一部资料完整的传世历法。它规定以正月为岁首，并首次引入了中国独创的二十四节气，首次计算了日月交食的发生周期。历中采用的行星汇合周期的数值也较为准确。汉代的历谱多以冬至、立春、夏至、立秋、伏腊等主要节气注历，所以也称农历。

三、日出月隐　周而复始

阴阳来自天地的形成，即天为阳、地为阴。进而，日月交替变化，白日为阳，黑夜为阴；向阳为阳，背阳为阴。它们周而复始地变化形成了日出月隐太极图。

在日出月隐太极图中，用圆圈代表从地球上观测到的天空，太阳和月亮就在这个周天中交替运行，把天空分成阴阳两部分（白天和夜晚）：在阳的一面，用一个红点代表太阳，白色代表白天；阴的一面，用一个月亮代表星空，黑色代表夜晚。

日出月隐太极图表达了太阳和月亮周而复始的天体运动关系。天地日月变化，简单、形象而生动展现了阴阳的变化、运动关系，让初学太极图者一目了然。

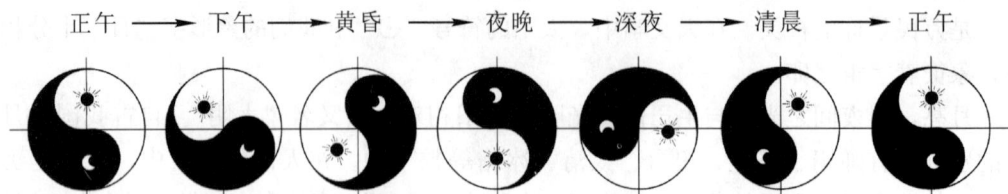

正午 ⟶ 下午 ⟶ 黄昏 ⟶ 夜晚 ⟶ 深夜 ⟶ 清晨 ⟶ 正午

图 238　日出月隐周而复始

68. 熊猫太极　自然天成

取出右边
圈内熊猫　　　熊猫太极图

图 239　熊猫太极图的产生

大熊猫憨态可掬，性情温和，基本不具有攻击性，与世无争。而黑白相间、憨态可掬的熊猫，与太极图却有着内在的关联。图 232 中的熊猫画上一个圈正是一个熊猫太极图案。

一、国宝熊猫

我国物质和文化宝藏相当丰富。如果问及我们的国宝是什么，可能很多人第一反应就会说："熊猫!"是的，大熊猫作为我国独有的动物，被作为"国宝"由来已久，早已深入人心。

熊猫已经有 2 亿年的历史，故称"活化石"。中国野外现存只有一千多只，数量极为稀少，成为名副其实的珍稀动物、中国国宝。它生活在中国西南青藏高原东部边缘的温带森林中，以高山箭竹为主要食物，主要分布在我国长江上游向青藏高原过渡的这一系列高山深谷地带，包括岷山、邛崃山、大小相岭和大小凉山、秦岭等山系。以上山系除秦岭外主要都分布于四川，因而四川也成了享誉中外的"大熊猫故乡"。

二、大熊猫和太极图

大熊猫是我国的"国宝"，太极图是我国的文化瑰宝。熊猫太极图融合两者，含义如下：

第一，大熊猫黑白两色与太极图黑白两色一致。

第二，熊猫性格温和与太极图圆满美好一致。熊猫憨态可掬，性情温和，非常吻合太极图的内涵特点，即圆形、柔美、圆满、平和。"熊猫太极图"，是把广受世界人民喜爱的国宝熊猫和古老太极图结合起来，浑然天成，很好地表达了中华民族追求和谐、圆满的思想。我们也经常把熊猫赠送给友好国家，传递着和平与友谊。

第三，四川是熊猫的故乡，熊猫是四川省的标志性保护物种。而熊猫太极图的创制也表现了四川的特有性。

图 240　熊猫太极图的动漫制作

三、熊猫徽记与标志

熊猫温和可爱、弥足珍贵，赢得了世人的关注与青睐，被许多组织作为徽记与标志，如世界自然基金会（WWF）的标志（1961 年，图 241），第 11 届亚运会吉祥物（1990 年北京，图 242），中国"俄罗斯年"标志（2006 年，图 243），北京奥运会吉祥物（2008 年，图 244）。

图 241　WWWF 徽记

图 242　11 届亚运会吉祥物

图 243　俄罗斯年标志

图 244　北京奥运会吉祥物

四、将熊猫太极图作为四川省省徽的建议

熊猫温柔可爱，象征着和谐与美好。四川是熊猫的故乡，综合考虑到大熊猫的特殊内涵以及其对四川的重要性，我们早在 2007 年已向社会各界、相关政府部门和媒体提出将大熊猫太极图作为**四川省徽记**的倡议。

图 245　建议"**熊猫太极图**"作为四川省徽记

69. 平衡定律　科学之本　支撑科技　泛及百门

图 246

一、"科学基本定律"命题的提出

我们知道，宪法作为一个国家的根本大法和母法，统管着其他子法。其他一切法律和法规都必须以宪法为基础，遵循宪法确定的原则。同时我们也知道，哲学中追求阴阳平衡的对立统一规律是宇宙的根本法则。那么，加速人类文明进程的科学是否存在一个基本定律，统管和指领着各领域科学呢？如果存在，那这个基本定律该是什么呢？

笔者认为"平衡论"就是科学的基本定律。把"平衡论"作为科学的基本定律提出，是一个全新的命题，是本书的一个重大创新观点。这个命题是否成立，期待大家讨论。

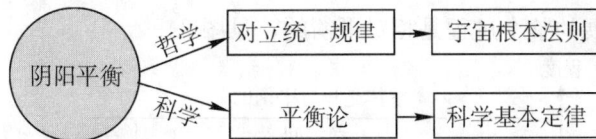

图 247

二、关于"科学基本定律"

"平衡论"科学基本定律表述如下：

第一，平衡是相对的，不平衡是绝对的；相对平衡存在于绝对不平衡之中。

第二，平衡指研究对象（包括我们的宇宙）的总体状态处于相对平衡之中，其中包含着若干局部的不平衡。设其中处于不平衡状态的局部为 A_1、$A_2 \cdots A_N$，但就总体状态而言，处于相对平衡之中，见图248a。

第三，不平衡状态的 A 都有趋向与自身平衡的本性。A_1、$A_2 \cdots A_N$ 有着各自不同的差异，不同的 A_1、$A_2 \cdots A_N$ 差异构成不同的学科。设对应局部不平衡状态 A 的平衡为 B，各学科就是寻求自身领域中的平衡规律和实现 B_1、$B_2 \cdots B_N$ 的方法，使研究对象整体趋向更加稳定、更加完善的平衡，见图248b。

第四，当 A_1、$A_2 \cdots A_N$ 变成新的平衡 B_1、$B_2 \cdots B_N$ 时，新的不平衡 A_1'、$A_2' \cdots A_N'$ 又得以产生，见图248c。依次循环往复，无穷无尽，使整体趋向了更加稳定、更加完善的平衡状态中。

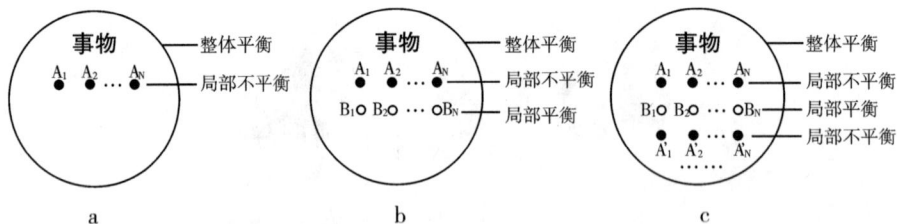

图 248 "平衡论"定律示意图

第五，不同的学科需要去解决自身领域中 A_1、$A_2 \cdots A_N$ 的平衡问题，这就是各学科平衡论的展开。

"平衡论"作为科学基本定律，还可进一步做出如下推论：

第一，"平衡"是人类及其科学研究的前提。没有平衡就没有宇宙、没有时空、没有人类自身。

第二，"平衡"是人类从事科学研究的目的。通过科学的探索发现，寻求科学平衡的方法，使研究对象整体趋向更加稳定、更加完善的平衡。

第三，事物发展的整个过程是相对平衡的，见图249。

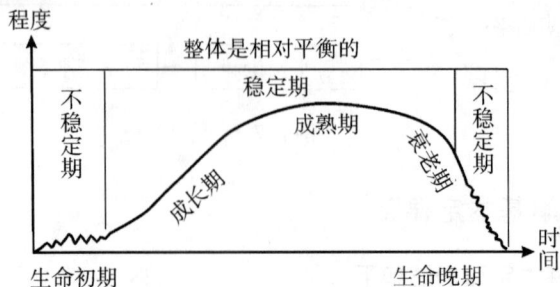

图 249 从事物发展的生命曲线看事物发展的相对稳定性

由此可见，"平衡定律"是宇宙之根本、存在之缘由、万物之规律。

有平衡歌说：

生理不平衡——会生病；

心理不平衡——积怨恨；

家庭不平衡——闹矛盾；

邻里不平衡——起纠纷；

社会不平衡——生动乱；

生态不平衡——有灾难；

宇宙不平衡——就完蛋。

三、支撑科学　泛及百门

在哲学范畴，最早的"平衡论"来自近两千年时的东汉哲学家王充（公元 27—约公元 97），其代表著作为《论衡》。他讲的"衡"有平衡、均衡和"自然而然"的意思。"衡"字本义是天平，《论衡》就是评定当时言论价值的天平。它的目的是"冀悟迷惑之心，使知虚实之分"（《论衡·对作篇》）。《论衡》是古代一部不朽的唯物主义哲学文献。

在西方，论及"平衡论"约有两百年历史。法国哲学家、社会学家、西方社会学的创始人孔德（公元 1798—1857）和英国的哲学家、社会学家、心理学家的斯宾塞（公元 1820—1903 年）主张的"平衡论"（亦称"均衡论"）亦是这种观点。这个观点主要是"把事物发展的相对平衡绝对化的形而上学理论"，而苏联布哈林（公元 1888—1938）提出了经济平衡和社会平衡的"动的平衡"观点。

在科学上，阿基米得早在距今 2200 年前就利用平衡原理提出了"浮力定律"，自那以后，平衡定律在科学范围不断被发现和应用。尤其是近两百年来，"平衡论"被越来越多的学科发现和应用。

"平衡论"作为科学基本定律支撑了各种学科。换言之，各种学科都是在"平衡论"这一科学基本定律基础上展开的。

"平衡论"的实质是太极阴阳平衡在科学领域的展开和应用。

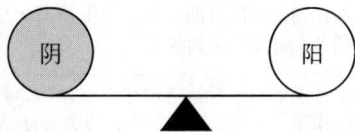

图 250　"阴阳"平衡图

众多学科领域中的部分"平衡论"汇总见表 32：

表 32

学科	定律或理论	定律、理论内容	备注
1. 宇宙学	宇宙平衡定律	宇宙的物质分布、能量、生态、微观世界都是平衡的；宇宙的存在状态，本身也是一种平衡	Basehead
	开普勒第二定律	行星的向径，在相等的时间内扫过相等的面积	开普勒 （1571—1630） 德国天文学家
	开普勒第三定律 （行星运动定律）	所有的行星轨道的半长轴的三次方跟公转周期的二次方的比值都相等	同上
	哈勃定律	星系的视像速度与距离之间成线性正比关系，揭示了宇宙是不断膨胀的，并且这种膨胀是一种全空间的均匀膨胀	哈勃 （1889—1953） 美国天文学家
2. 物理学	浮力定律	浸在液体中的物体受到向上的浮力，浮力的大小等于它所排开液体的重量。即浮力的大小与物体所排开液体的重量相平衡	阿基米得 （前 287—前 212） 古希腊数学家
	质量守恒定律	在任何与周围隔绝的物质系统中，不论发生何种变化或过程，其总质量保持不变，又称物质不灭定律	1756 年 俄国化学家 罗蒙诺索夫 1777 年 法国化学家 拉瓦锡
	牛顿第一定律	一切物体在不受任何外力的作用下，总保持匀速直线运动状态或静止状态，直到有外力迫使它改变这种状态为止	牛顿 （1643—1727） 英国大科学家
	牛顿第三定律	两个物体间的作用力和反作用力总是大小相等，方向相反，并且作用在同一直线上，$F=-F$	同上
	能量守恒定律	能量既不会凭空产生，也不会凭空消失，它只能从一种形式转化为别的形式，或者从一个物体转移到别的物体，在转化或转移的过程中其总量不变	焦耳 （1818—1889）等人。 英国物理学家
	质能守恒定律	质量和能量是统一的，都是物质存在的形式，它们之间存在着这样的平衡关系：$E=MC^2$ 即能量 E 等于质量 M 乘以光速 C 的平方。这就是著名的相对论的公式表示	爱因斯坦 （1889—1855） 美国物理学家
	热力学第一定律	热可转变为功，功可转变为热；消耗一定的功必产生一定的热，一定的热消失时，也必产生一定的功	德国物理学家克劳修斯 1850 年提出
	帕斯卡定律	密闭液体的任一部分的压强，能保持其大小不变沿着液体朝各个方向传递到各处	帕斯卡 （1623—1662） 法国物理学家
	力学平衡	在力学系统里，平衡是指惯性参照系内，物体受到几个力的作用，仍保持静止状态，或匀速直线运动状态，或绕轴匀速转动的状态，叫做物体处于平衡状态，简称物体的"平衡"	——
	机械平衡	通过合理分配各运动件中的质量，以消除或减少机械运转时由于惯性力所引起的振动的措施	——

学科	定律或理论	定律、理论内容	备注
	三力平衡	一刚体受不平行的三力作用而处于平衡时，此三力的作用线必共面且汇交于一点	——
	气压平衡	托里拆利大气压强实验：倒立于水银槽内的托里拆利管中水银柱位于高于槽中水银面760毫米左右处，以与管外大气压强的作用相平衡	托里拆利（1608—1642）意大利物理学家
	力矩平衡	如果一个物体所受到的力的合力矩的代数和是0，那么就说这个物体处于力矩平衡状态	——
3. 化学	化学平衡定律	在可逆反应中，当ΔrGm＝0时，反应达最大限度，处于平衡状态。此时正反应和逆反应的速率相等，反应混合物中各组分的浓度保持不变的状态	吉布斯（1839—1903）美国物理化学家
	化学平衡移动定理	如果改变影响平衡的一个条件（如温度、压强等），平衡就向能够减弱这种改变的方向移动（对于一般情况来说，减弱变化并不能使变化消失，仅仅是减弱）	勒夏特列（1850—1936）法国化学家
	电离平衡	在一定条件下（如温度，压强），当电解质分子电离成离子的速率与离子重新结合成分子的速率相等时，电离的过程就达到了平衡状态，即电离平衡	阿累尼乌斯（1859—1927）瑞典化学家
	水解平衡	盐水解产生酸或碱的速率与酸或碱电离的速率相等时即达到水解平衡	——
	溶解平衡	在一定温度下，当沉淀溶解和结晶的速率相等时，固体质量、离子浓度不变的状态。溶解平衡是动态平衡	——
4. 数学	等式平衡	等式两边同时加上相等的数或式子，等式仍旧平衡；等式两边同时乘（或除）相等的非零的数或式子，等式仍旧平衡；等式两边同时乘方（或开方），等式仍旧平衡	——
	互逆平衡	数学中存在正负、奇偶、加减、乘除、乘方开方、积分微分等对应互逆的平衡	——
	勾股定理	直角三角形两直角边的平方和等于斜边的平方	公元前12世纪，中国数学家商高最早涉及；公元前550年，希腊学者毕达哥拉斯也发现
	平衡方程式	f（x，y）＝0或c（常数）平衡点0或常数c的数学计算，计算公式f（x，y）	
	阴阳平衡计算方法	＋、－；×、÷；乘方、开方；微分、积分；虚数、实数；无穷大、无穷小……	

学科	定律或理论	定律、理论内容	备注
5. 生物学	遗传平衡定律	一个群体在符合一定条件的情况下，群体中各个体的比例可从一代到另一代维持不变	英国数学家哈代和德国医生温伯格分别于1908年和1909年独立证明
	生态平衡	在生态系统内部，生产者、消费者、分解者和非生物环境之间，在一定时间内保持能量与物质输入、输出动态的相对稳定状态	生态平衡又称自然平衡
	间断平衡论	新的物种只能通过线系分支产生，只能以跳跃的方式快速形成；新种一旦形成就处于保守或进化停滞的状态，直到下一次物种形成事件发生之前，表型上都不会有明显变化；进化是跳跃与停滞相间，不存在匀速、平滑、渐变的进化	1972年由美国古生物学家埃尔德雷奇和古尔德共同提出
6. 医学	免疫平衡	"免疫平衡"是指机体保持自身的"内稳态"，病毒、病菌和免疫的平衡，它是健康的前提	——
	饮食平衡作息平衡	饮食平衡：吃喝供需合理。饮食平衡也是人生乐趣及修养水平所在；作息平衡：人体动静适宜的健康状态	——
7. 体育	体操平衡	体操动作的基本术语之一，系指那些用脚、手和脚或身体其他部位支撑在地面上，保持的预定静止姿势。有俯平衡、侧平衡、仰平衡	——
8. 建筑学	平衡法则	分析和评测影响建筑建设的多方面因素，然后在定量分析的基础上加以经验判断来确定每个因素对项目的影响程度，并根据各影响要素之间的相应关系得出结果	流行的高层建筑设计理念
9. 哲学	斯宾塞均衡论	平衡不仅是运动、进化的必然性，也是运动进化的起点；认为平衡、渐变是自然界和社的基本状态	斯宾塞（1820—1903）英国哲学家
	布哈林平衡论	平衡具有普遍性和多样性并且只存在于不平衡之中，平衡与不平衡的相互转化是由事物内部矛盾决定的，是按照量变质变、否定之否定的规律发展的	布哈林（1888—1938）苏联哲学家、政治家
	恩格斯平衡论	平衡是运动的暂时、相对的静止，宇宙间的一切吸引运动和一切排斥运动一定是相互平衡的	恩格斯（1820—1895）德国哲学家
	毛泽东平衡说	平衡是矛盾的暂时的相对统一	毛泽东（1893—1976）
10. 管理学	平衡管理	平衡管理就是企业内部化和外部化的整合，它致力于协调各种内外部关系，充分利用各种资源，用科学的理论方法及先进的技术工具指导管理实践的一种管理方法	——

续表32

学科	定律或理论	定律、理论内容	备注
11. 经济学	供求平衡规律	商品价格根据供求关系围绕价值上下浮动，达到供求平衡	马克思 1867 年在《资本论》中涉及
12. 社会学	社会平衡	社会是以共同生存条件相联系的人群，社会平衡即这些人群的内部平衡以及他们与外界的相互平衡	——
13. 其他	历史平衡	历史发展需保持三种平衡：部族、国家自身的内部平衡；部族、国家与其他部族、国家关系的平衡；人和自然的平衡	吴宗国 北京大学教授
	心理平衡	内心世界的和谐状态	——
	生理平衡	人体五脏六腑等器官表现为自组织、自调节、非人为的有机系统，生理平衡就是这个系统的平衡	——
	白平衡	相机对白色物体的还原，补偿机器对白色物体在不同色温下的色差	——
	财务资产平衡	资产＝负债＋所有者权益	会计恒等式

关于各学科的平衡论，详见注释 70～81。

70. 宇宙平衡 解释天文

图 251

深夜，遥望星空，茫茫的宇宙中，银河蔚为壮观，让人心驰神往。时而流星划过，偶尔还能看见拉着长长尾巴的彗星。面对美景，我们不禁要问，银河系为何如此美丽壮观？浩瀚宇宙内还有多少神奇的东西？遗憾的是，这样的美景我们难以看到了！

一、和谐宇宙

对于居住在地球上的人类来说，宇宙还存在着许多未解之谜。利用现代科学手段探秘宇宙，发现宇宙是一个 200 亿光年（也有科学家持 400 亿光年、780 亿光年、1560 亿光年等说法）的庞然大物。在注释 12 中我们介绍了宇宙大爆炸理论和宇宙的太极图模型。而图 252 揭示了宇

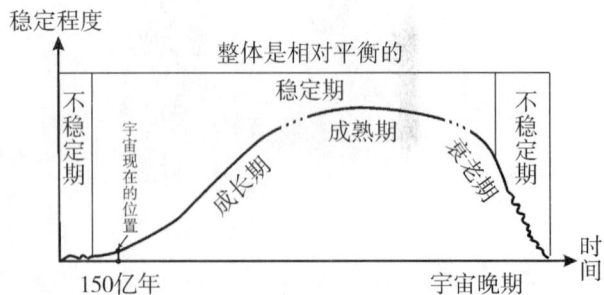

图 252 宇宙生命曲线看宇宙发展的相对稳定性

宙的生命曲线。宇宙从 150 亿年前的奇点爆炸产生，经过不稳定的爆膨期，现在处于不断膨胀的相对平衡状态。虽然宇宙中随时随处都有局部的星系爆炸（见图 253a），但是丝毫不影响宇宙的相对平衡。

德国天文学家开普勒（1571—1630），他以数学的和谐性探索宇宙，提出了行星运动定律，并于 1619 年出版了《宇宙和谐论》。这也许是宇宙和谐论的最早著作了。

二、太极宇宙

不管宇宙有多么神奇，它都符合生命曲线规律，符合平衡规律。因此，我们可以用太极模型将它概括。宇宙不只是一个平面太极（见图 253a），更是一个立体的太极（见图 253b），其中包含着若干星系（见图 253c）。在宇宙内，存在着众多太极星系，圆形的、椭圆的、螺旋的（见图 253d、h、i）。银河系是典型的螺旋太极（见图 253e），吴作人所作的《无尽无限》图和明氏的《69 太极图》，其实质表现的就是银河太极（见图 253f、g）。还有带着尾巴的星系、行星等太极（见图 253j、k）。

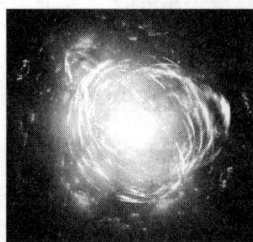

a. 宇宙太极模型　　　b. 宇宙立体模型　　　c 宇宙星系

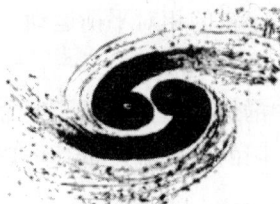

d. 飞马座星系 NGC7742　　e. 银河系　　f. 吴作人作画《无尽无限》　　g. 明氏 69 太极

h. 完美的环状星系　　i. 狮子座 NGC3628 星系　　j. UGC10214 星系　　k. 流星太极图

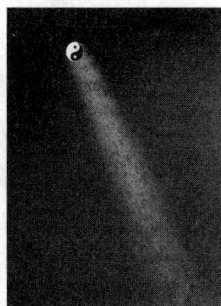

图 253　太极宇宙部分图片

71. 地球生命　平衡所成

地球太极曲线图　　　　地球气象对流螺旋图　　　　地球太极图

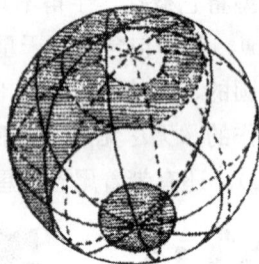

图254

从前面的论述中我们知道，宇宙是平衡的，地球是宇宙平衡的产物。地球上的陆地、海洋、河流、山川，是地球平衡运动的结果；而地球上生物的出现，更是宇宙达到最完美平衡的结果。

通常，人们知道生命赖以生存的基本条件是水和空气。其实，还有两个最基本的条件：一是温度，二是宇宙的相对平衡运动。

1. 温度条件

地球在太阳系中的最佳位置获得了生命存在的温度条件。靠近太阳的金星温度高达400多度，而远离太阳的火星温度低达$-133℃$，唯有地球处于适宜生命存在的最佳温度位置：$+60℃\sim-90℃$。

2. 宇宙的相对平衡运动是智能生命存在最基本的条件

生活在地球上的人类，走路、跑步、坐车时能感觉到速度的变化。这些速度都非常之慢。从宏观上来讲，地球带着我们转动，还有太阳系、银河系也在带着我们在转动。我们身边有许许多多的运行速度，快的1秒钟就高达数百公里，可为何我们感觉不到它的存在呢？就是因为它们处在一种平衡的运动之中（见图256）。

我们再看看在高速路上行车的例子：设汽车速度为V，正常速度为A，变速为$\triangle v$，当我们很均匀地加速和减速时，即$\triangle v<a$（变速a为乘坐人感觉不适的最小变速），坐车人并不感觉到速度变化带来的不适。其用公式表示为：

$V=A+\triangle v$

乘车舒适的条件：$\triangle v<a$。

当变速$\triangle v\gg a$，甚至突然急刹，若乘车人没系安全带的话，刹车的惯性会使乘车人撞

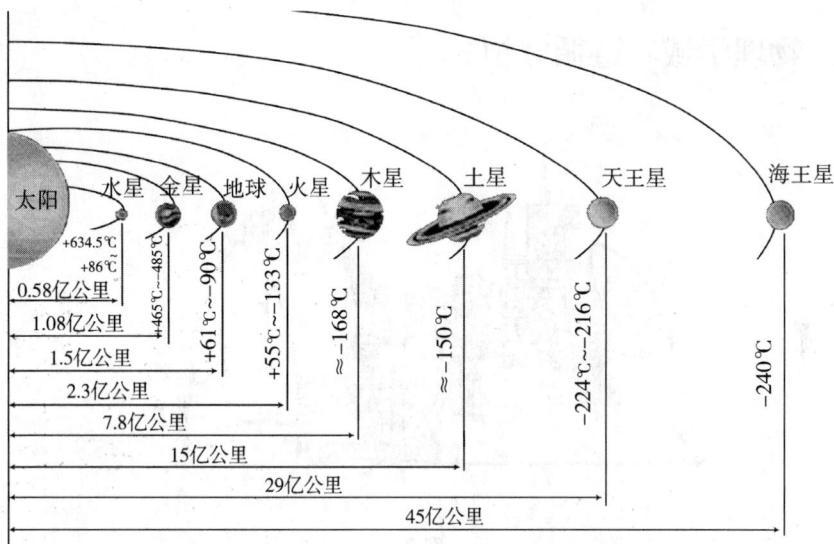

图 255

碎玻璃窗而被抛出窗外。这就是为什么要系好安全带和非特殊情况下不得紧急刹车。

通常高速公路行驶的汽车速度为 $V = 120$ 公里/小时（33 米/秒），一辆几吨重量的汽车，在紧急减速的情况下，其惯性会将人抛出窗外。那么，59.76 万亿亿吨重量的地球，运行速度自转 465 米/秒（是汽车速度的 14 倍），若轻轻地"刹"一下，地球、人类将面临的灾难就可想而知，更不要说大质量的太阳系、庞大的银河系的公转速度 220 公里/秒了。由此可知，星系的平衡运动是人类存在最基本的条件。

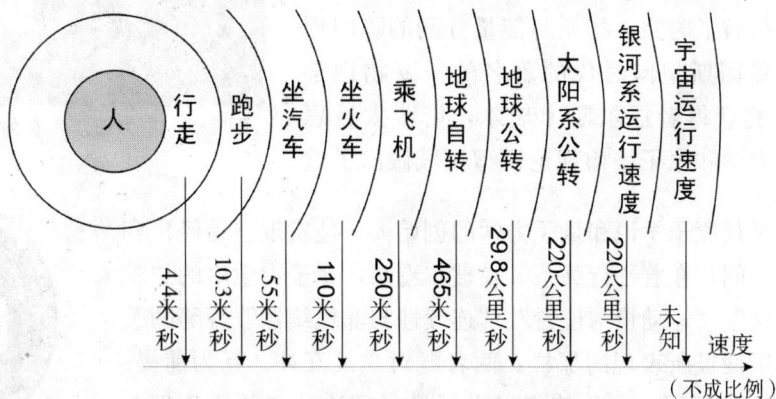

图 256

72. 物理学域　遵循守恒

图 257

在物理学上，平衡原理被彰显得淋漓尽致。从"万有引力"到"运动平衡"，从"质量守恒"到"能量守恒"，从"作用力等于反作用力"，从至大无边的宇宙平衡到至小无内的原子结构平衡，都说明平衡无处不在。平衡论科学基本定律在物理学上的应用详见注释 69 汇总表。

一、至小无内的原子平衡

太极"至小无内"的思想，引发量子的研究。

爱因斯坦划时代的相对论原理，揭示质、能可互换，物质与运动统一，空间、时间亦不离物质运动而独存，打破了时空、物质与能量分割的陈旧理论框架。与爱因斯坦同时代的著名的丹麦物理学家、诺贝尔奖获得者尼尔斯·玻尔，借鉴太极思想，在量子力学和原子结构理论模型领域做出了重大贡献。

图 258　左为玻尔，右为爱因斯坦

玻尔是现代原子学说和量子力学的创始人。他发现《易经》和现代物理学之间存在着平行关系。在玻尔看来，量子力学中的"粒子性与波动性"、"运动量与位置"、"连续性与非连续性"等等的关系，如同阴阳两极所表现的那样：两者既对立又互补、互为前提、相辅相成、缺一不可。由此玻尔提出了量子理论的"并协原理"，进而获得了诺贝尔物理学奖。他对《易经》尤其是"太极"十分钟

图 259　玻尔勋章

爱，以致他后来被封为丹麦爵士的时候，竟把他的家族沿用了 100 多年的家族徽章改成了"太极图"图案，刻在图案上的铭文是：contraria sunt complementa，即"互斥就是互补"。不仅如此，玻尔还将阴阳太极图案印在自己的衣袖上。

玻尔的互补原理，以及玻尔勋章体现了东西方文化结合的精髓，是古代哲学与现代科学的成功典范。

二、至大无边的宇宙平衡

注释 13、70 均提到了宇宙的太极模型。它体现了宇宙的膨胀变化、平衡运动关系。而银河系的太极模型在吴作人作的《无尽无限》和明氏的《69 太极图》中，得到了展现。

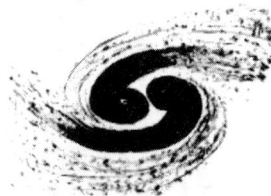
图 260　无尽无限（吴作人）
二维强关联电子系统国际讨论会会徽

《无尽无限》一画，是 1988 年在北京召开的"二维强关联电子系统国际讨论会"上，应诺贝尔物理奖获得者李政道的邀请，中国著名画家吴作人为此次会议制作的会标。吴作人在谈到这幅画的创作思想时说："以往对于'太极图'虽有多样的理解，但多半认为它是个封闭的、固定的、浑然寂寞的整体。而我想要表现的，却是在无限空间中旋转运动而又相互作用、联系的体系，它更能表达博大深邃的宇宙的变化和无比深奥的大自然现象。"诺贝尔奖获得者李政道博士对这一"太极图"会标非常欣赏。他说："您的大作已获国内外科学家的最高评价。如太极、两仪，画中包含的抽象理念，已经超过了物理上的基础理论。而其形象动荡，更深深地表达了从宇宙星云至电子、质子……一切之形成。结合古今，融汇万象，实创作之结晶。"

三、中华世纪坛邓小平身后的"太极图"

中华世纪坛体现了"中和"、"和谐"之美。在《中华千秋颂》壁画中，有一幅画有邓小平肖像的壁画。中华世纪坛官方网站注释此图时说：邓小平身后这两个图代表"两弹一星"。一个是"东方红"卫星的原型；另一个是太极图形。有学者认为这个太极图形象征了中国古老的太极图表达的阴阳平衡（对立统一）辩证哲学观和至大无边、至小无内的宇宙观，与现代物理的契合，是传统与现代的结合，是东方与西方的结合。

中华世纪坛上的太极图

图 261

73. 化学反应　推陈出新

图 262

美国物理学家、化学家吉布斯（1839—1903）提出了化学平衡定律和《论多相物质的平衡》揭示了化学平衡关系。就化学反应的实质而言，化学反应是"平衡（反应前的物质）——不平衡（反应过程）——新的平衡（新的物质产生）"过程。由此可见，化学反应就是一个追求平衡的过程。

一、化学反应产生新物质

化学是自然科学的一门基础学科，研究的内容主要包括物质的组成、结构、性质、变化及相关的现象、规律和成因。

化学反应是一个或一个以上的物质（又称作反应物）经由化学变化合成或分解为不同于反应物的产物的过程。

与物理反应仅仅改变物质的状态（如将液态水加热形成水蒸气这样的气态水）不同，化学反应的本质特征就是新物质的生成（如铁在纯氧中燃烧就生成新的物质四氧化三铁）。可以说，推陈出新是化学反应的重要"使命"。

二、化学反应与平衡关系

我们先来看看化学反应的过程。

首先，物质在一个平衡的环境下是相互稳定、平衡的；其次，物质的外在环境条件（如温度等）发生了变化，物质难以继续保持稳定和平衡，于是物质或者物质之间开始发生变化反应；最后，物质反应变化后，在外在环境条件下稳定下来。

化学中有一种我们熟知的反应叫中和反应。它是酸和碱的反应，结果呈中性。中和反应的本质是氢离子与氢氧根生成水，即弱酸与弱碱离子反应后水解，达到水解平衡，使得酸碱度呈中性。可见，中和反应就是中和酸碱、追求平衡的一个化学反应。

再来考查化学上的五种主要反应，我们更容易理解化学反应就是一个追求平衡的过程，汇总在表 33 中。

表 33

反应名称	稳定的物质（平衡）	环境条件变化（不平衡）	新物质生成（新的平衡）
异构化（化合物结构重组而不改变化学组成物）	A	物质产生反应	B
化学合成（两种以上元素或化合物成一种复杂产物）	A+B		C
化学分解（化合物分解为构成元素或小分子）	A		B+C
置换反应（额外的反应元素取代化合物中的一个元素）	A+BC		AC+B
复分解反应（离子化的两个化合物交换元素或离子形成不同的化合物）	AC+BD		AD+BC

三、化学反应质量守恒

早在 200 多年前，俄国化学家罗蒙诺索夫（1711—1765），在 1748 年提出物质和运动守恒的概念。他通过大量的密闭容器中加热金属的实验，于 1756 年，得到了这样一个结论："参加反应的全部物质的重量，等于全部反应产物的重量。"这就是今天我们熟知的、作为化学科学基石的质量守恒定律。化学反应质量守恒证明了平衡无处不在。

四、太极思想指导下的中国古代化学

化学其实并不是近代才由西方兴起的学科。中国古代化学试验的萌芽，比西方早了上千年，这个萌芽就是源于我们的冶金术和炼丹术。唐代炼丹家马和在其著作《平龙论》中明确的借助了太极阴阳观念来解释氧气："气分阴阳，使火硝、奇石加热，生阴气，水亦阴阴"。这句话用现代词汇翻译出来就是：空气的成分复杂，主要由阳气（N_2）和阴气（O_2）组成，阴气还存在于青石（氧化物）、火硝（硝酸盐）等物质中。如果用火加热它们，阴气就会放出。

综上，我们不难看出太极所体现的平衡思想在化学中得到了充分的体现，而太极阴阳思想更是对中国古代的化学起到相当重要的指导作用。

74. 数学方程　平衡计算

图263

数学是一种工具，是计算的工具。那么，数学与平衡、太极有什么关系呢？

一、阴阳在数学中的应用及平衡方程式

太极图的核心理念就是阴阳。在数学中，阴阳理论得到充分应用，或者说，数学就是阴阳关系的计算。

表34

阳	实数	正	奇	加	乘	乘方	积分	……
阴	虚数	负	偶	减	除	开方	微分	……

那么，数学计算又是怎样体现阴阳平衡的呢？

如果我们设阳部分为 x，阴部分为 y，则阴阳平衡公式为：

$$f(x, y) = 0 \text{ 或 } c$$

数学计算中存在诸多平衡，这个平衡就是"＝"。换句话说：等号（＝）就是"平衡"。所以数学方程式可称平衡方程式。如热平衡方程式、质能守恒方程式。

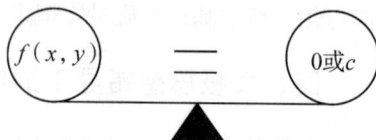

图264　数学计算平衡关系图

二、辩证法的计算公式表达——z 理论

辩证法表达的一分为二、对立统一思想，用图形语言来表达，就是太极图。下面，我们用数学公式来表达，则为：

$$z = x + y$$

此方程式中，z 代表事物，x、y 代表矛盾的两个方面。

就人性而言，有 x 理论（人性恶）和 y 理论（人性善）之说。笔者认为，人性具有两面性，应该是既善又恶的综合体，故把它称之为"z 理论"，详见注释 41。

三、数字里的太极玄机

提到数学，可能绝大多数人首先想到的就是数字。从牙牙学语时，我们就熟悉了"0、1、2…9"这 10 个基本的数字。人类认识数学，接触数学，都是从这 10 个基本代码开始的。殊不知这几个数字与太极也有联系。

图 265　明氏"69 太极图"

数学中的"0~9"十个代码，其中 0、6、9 就与太极图关联。中国古代的零是圆圈"〇"，并不是现代常用的扁圆"0"。中国的"〇"在数学里是零，但在图形语言里它则是一个代词，代表事物，即太极圆；数学中的"6"和"9"，在易学里代表的是"地"和"天"。而在明氏系列太极图中，结合为"69 太极图"。69 太极图与来知德太极图、吴作人画的《无尽无限》太极图为同一类。其中心圆为其核心，6 的"尾巴"和 9 的"尾巴"为旋臂。

四、伏羲六十四卦是远古的二进制排列

从 18 世纪到 20 世纪，经历了三次工业革命。第一次工业革命起于 18 世纪 60 年代，以蒸汽机为主要标志；第二次工业革命起于 19 世纪 70 年代，以内燃机为主要标志；第三次工业革命起于 20 世纪 40 年代，以计算机为主要标志，其影响越来越深远。计算机的发明与伏羲的六十四卦有关联。

1667 年，莱布尼兹在法国巴黎参观博物馆，看到了帕斯卡尔的一台加法机，引起他要创造一台乘法机的兴趣。1701 年秋末，正当 54 岁的莱布尼兹为创造乘法机冥思苦索、无路可走的时候，突然间收到了他的法国传教士朋友从北京寄给他的"伏羲六十四卦次序图"和"伏羲六十四卦方位图"。莱布尼兹从这两张图中受到了很大启发。他居然发现，六十四卦正是从 0 到 63 这 64 个自然数的完整的二进位制数形。根据这一启示，他发明了二进制计算机的运算模式和基本算法。直到 1946 年，根据莱布尼兹（1646—1716）的二进位制方法，埃

图 266　世界第一台计算机 ENIAC 商标图案（美国）

克特和莫奇勒发明了世界上第一台全自动电子数字计算机"埃尼阿克"（ENIAC）。这台计算机于 1946 年 2 月交付使用，共服役 9 年。第一台计算机的出现，标志着人类高科技时代的象征。"埃尼阿克"为纪念太极八卦在计算机科技上的贡献，选择了以太极八卦图作为商标（徽记）。

75. 生物世界　阴阳化生

图 267

有性繁殖是生物界最普遍的繁殖方式，动物与植物由阴阳（雌雄）结合而产生后代。不管植物还是动物，有性繁殖都被认为是有助于优化种群基因遗传的繁殖方式。

一、生态平衡

在注释 69 中我们汇总有生态平衡、间断平衡论、遗传平衡定律。生物学上的平衡理论等，受篇幅限制，不再细述。

二、生物上的太极

生物的繁衍、成长、进化皆与阴阳不可分割。在生物界，明氏太极图中提到的"熊猫太极图"就是一个典型（如图 268 所示），植物中的叶序也呈现出太极图排列（如图 269 所示）。

图 268　熊猫太极图

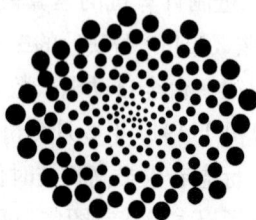

图 269　叶序太极图
（斐波那契型）

三、阴阳生万物

我国古代的思想家坚持"阴阳生万物"的生物化生思想，而农学生物学家更是依据阴阳彼此消长、转化的思想来研究生物本身以及生物之间的关系。

如春秋时期的思想家曾参（孔子的学生），就在《大戴礼记·曾子天圆篇》中提出了"阴阳二气化生天地万物"的生物生化学说。曾参认为天地万物是由阴阳两种"精气"化生而成。天由阳气吐出而成，因而形成"火"和"日"的"外景"；地由阴气含蓄而成，因而形成"金"和"水"的"外景"。"天之所生上首，地之所生下首，上首之谓圆，下首之谓方"，所以"天道曰圆，地道曰方"。这是说天所生阳气自上而下，地所生阴气自下而上，因而形成天圆地方。天气的变化是由于阴阳二气的相互交流。当阴阳二气各静其所的时候是安静的，"偏则风（偏指偏向一方的行动），俱则雷（俱指二气相互冲击），交则电（交是二气交锋），和则雨（和指二气融合），阳气胜则散为雨露，阴气胜则凝为霜雪，阳之专气为雹，阴之专气为霰，霰雹者一气之化也"。所有各类动物都由阴阳二气化生，毛虫（生毛的动物）和羽虫（生羽的动物）是阳气化生；介虫（生甲壳的动物）和鳞虫（生鳞的动物）是阴气化生；只有人是"裸胸"的动物，是"裸虫"，是"阴阳之精"化生。可以看出，在曾参的思想里阴阳二气才是天地万物之本。

四、阴阳理论在国外生物学界的应用

阴阳理论对国外生物学的影响，最显著的是生物控制的"阴阳假说"。

1973 年，生物学家纳尔逊·戈德伯格（Nclson Goldberg）提出了生物控制的"阴阳假说"，在分子生物学的研究领域里占有一定的地位。他恰恰就是受了太极八卦图的启发，才提出这一假说的。原来，1957 年苏特兰德发现了环腺一磷，1963 年普赖斯发现了环鸟一磷。这二者在生命的活动及疾病发生发展过程中都起着一定的作用。当时戈德伯格从一本朝鲜出版的汉医学中看到太极八卦图，从中得到了很大启发，认为环腺一磷和环鸟一磷就是体内两种对立的调节系统，与东方医学中的"阴阳"相似，很可能是"阴阳"的物质基础，从而提出了著名的"阴阳假说"。纳尔逊·戈德伯格（Nclson Goldberg）提出的生物阴阳控制假说，与太极图阴阳对立、消长、平衡的理论不谋而合。

76. 中医理论　阴阳五行

图 270

　　有一句俗话叫"人吃五谷生百病"，人一旦生病就得寻医问药。从古至今，医学都是事关人们健康的重要课题。在数千年的历史中，中医为我们人类的身体健康作出了重要贡献。中医是中国的**四大国粹**（武术、中医、京剧、书法）之一，2006 年 2 月被中国文化部确认为第一批世界非物质文化遗产国家申请项目。

　　中医最核心的治疗思想就是辩证施治，而**辩证施治思想来源于太极图的阴阳平衡思想和五行的相生相克平衡原理。**

一、中华医学与太极徽记

　　在我们周围，有不少中医组织都采用太极图作为徽记。值得一提的是，现在中国有 8 所中医大学采用了太极为徽记。可见，太极思想在中医理论中的核心地位。

世界中医药学会　　中华中医药学会徽记　CCTV-4"中华医药"
联合会徽记　　　　　　　　　　　　　　栏目徽记

图 271

湖北中医学院　成都中医大学　贵阳中医学院　天津中医学院　福建中医学院　云南中医学院　河南中医学院

图 272

二、中医指导思想——阴阳平衡

1. 中医

什么是中医？一种说法认为中医就是"中华医术"的简称；另一种说法根据中医的实质，认为中医就是"尚中"和"中和"，使身体保持中和之气，既不阴虚，也不阳燥。

2. 医易同源太极

古人讲"医易同源"，认为医学和易学有着同样的源头。这源头就是太极图的阴阳平衡论，核心就是"和"。这里的"和"就是中医追求扶正祛邪，不偏不倚。中医的最高境界就是致中和，"寒者热之，热者寒之，致中和"（语出《黄帝内经·素问》）。可以说中医学阐明的"阴阳和合"、"阴平阳秘"生理机制，正是太极图和谐平衡思想的最佳体现。

孙思邈是唐代最伟大的医药学家，被后人尊为"药王"。他编著的《千金方》是一部集唐代及唐以前祖国医药学之大成的现存最早的医学类书。他说："不知易，不足以言太医。"而"易"是什么？"易"是《易经》，再往前推，"易"就是太极。通过前面本书第22节、第23节我们知道，易经是太极图在文字时代的演绎和发展，其主要哲学思想都来自于古老的太极图。因此，药王孙思邈的话其实就说明了太极图对中医学的深刻影响。而其他中医著名典籍，如《黄帝内经》、神医扁鹊的《难经》、医圣张仲景的《伤寒杂病论》等，也都始终贯穿着太极图揭示的阴阳学说。

图 273

3. 中医指导思想——阴阳平衡

阴阳是中国古代哲学范畴，直接来源于太

极图。阴阳平衡是太极图的精髓。古人以阴阳的消长来解释事物的运动变化，中医则以阴阳平衡为指导思想，用阴阳来阐述人体上下、内外各器官之间，以及人体生命同自然、社会这些外界环节之间的复杂联系。《黄帝内经·素问》中提出"察色按脉，先别阴阳"，认为阴阳对立统一的相对平衡是维持和保证人体正常活动的基础；阴阳对立统一关系的失调和破坏，则会导致人体疾病的发生，影响生命的正常活动。

中医中的阴阳平衡观点在药理中表现为热、温、寒、凉四种药性。它们的关系可以用图 274 来表示，其平衡关系为：中和＝"热＋寒"或"温＋凉"。

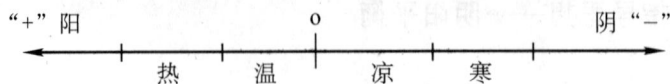

"＋"阳　　　　　　　o　　　　　　阴"－"

热　　温　　凉　　寒

图 274　中医阴阳平衡对应关系图

三、中医与五行

中医的核心理论是阴阳五行。阴阳在平衡，而五行则是通过"生"、"克"关系的调配，以达到阴阳平衡的目的。

1. 五行学说

五行，太极哲学中关于物质"生－克"的辩证关系学说。五行的概念，最早见于春秋时期成书的《尚书·洪范》："五行，一曰水，二曰火，三曰木，四曰金，五曰土。水曰润下，火曰炎上，木曰曲直，金曰从革，土爰稼穑。"五行学说认为大自然由五种元素构成。这五种元素的代词取名为金、木、水、火、土。其含义分别为：金代表地下物，木代表地上物，水代表雨和水，火代表太阳及火，土代表地表面。**五行的意义**在于揭示了宇宙万物存在生的促进和克的制约关系，以此达到阴阳平衡，即**五行平衡论**：相生关系为土含金、金盛水、水浇木、木燃火、火烬土，其轨迹为"圆形链"；相克关系为土吸水、水灭火、火溶金、金葬木、木穿土，其轨迹为"五角形链"，如图 267 所示。

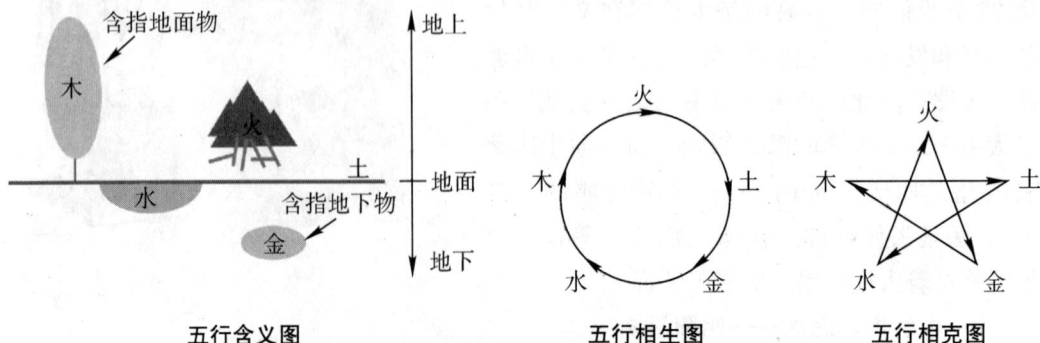

五行含义图　　　　　　五行相生图　　　　　　五行相克图

图 275　五行含义及"生－克"关系图

五行作为代词，通常它代表的内容见表 35。

五行	行星	方向	时序	生化过程	五脏	五腑	五窍	五体	五志	五色	五味	五音
木	木星	春	风	生	肝	胆	目	筋	怒	青	酸	角
火	火星	夏	暑	长	心	小肠	舌	脉	喜	赤	苦	征
土	土星	长夏	湿	化	脾	胃	口	肉	思	黄	甘	宫
金	金星	秋	燥	收	肺	肠	鼻	皮毛	忧	白	辛	商
水	水星	冬	寒	藏	肾	膀胱	耳	骨	恐	黑	咸	羽

2. 中医与五行

中医主要用五行学说阐述五脏六腑间的功能联系以及脏腑失衡时疾病发生的机理，也用以指导脏腑疾病的治疗。

首先，中医借助五行来说明脏腑的生理功能与相互关系。如将五脏的生理活动特点配属五行：肝喜条达，有疏泄的功能，木有生发的特性，故以肝属"木"；心阳有温煦的作用，火有阳热的特性，故以心属"火"；脾为生化之源，土有生化万物的特性，故以脾属"土"；肺气主肃降，金有清肃、收敛的特性，故以肺属"金"；肾有主水、藏精的功能，水有润下的特性，故以肾属"水"（见图 276）。

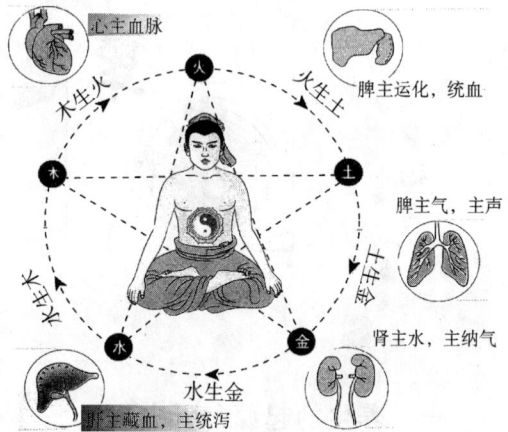

图 276　五脏五行对应图

又如，中医还用五行来说明五脏相互滋生和相互制约的关系：肾（水）之精以养肝，肝（木）藏血以济心，心（火）之热以温脾，脾（土）化生水谷精微以充肺，肺（金）清肃下行以助肾水——这是五脏相互滋生的关系；肺（金）气清肃下降可以抑制肝阳的上亢，肝（木）的条达可以疏泄脾土的壅郁，脾（土）的运化可以制止肾水的泛滥，肾（水）的滋润可以防止心火的亢烈，心（火）的阳热可以制约肺金清肃的太过——这是五脏相互制约的关系。五行学说应用于生理，就在于说明人体脏腑组织之间，以及人体与外在环境之间相互联系的统一性。

中医运用阴阳五行的辩证关系及平衡、循环、规律运动的哲学思想，借助于中医药的调配和组合来庇护着人类的身体健康。

77. 养生精髓　重在平衡

图 277

一、养生的起源和历史

"养生"起源于先秦、战国时期的《黄帝内经·灵枢·本神》："故智者之养生也，必顺四时而适寒暑，和喜怒而安居处，节阴阳而调刚柔，如是则避邪不至，长生久视。"

养生的目的在于追求健康、长寿。养生理论强调：调和阴阳、流通气血、培补精气、节欲保精。养生方法有调神、导引、食饵、保精、环境养生等。

以恬淡虚无为主导的精神养生或精神调养，即"修身养性"，源于老庄之学，后来主要发展于佛、道两家。它与两家倡导的修炼和清静无为的主张分不开，而这也正是气功修炼的重要前提。儒家的气功，主张以无私无畏的浩然正气为根本，即孟子说的"吾善养吾浩然之气"，但后世传习甚少。故气功亦以佛、道两家为主，魏伯阳的《周易参同契》被视为气功学术的经典作品。晋隋时期，矿物药养生达到顶点，服食五石散几乎成了当时士大夫阶层的时髦，流传很广。房中术则在秦汉以前较为开放。辟谷养生术自创立至今也逾千载，代有流传，只因遵行不易，仅局限在佛教、道教的少数流派中传播。相反，饮食调摄养生法则因符合上下各个阶层尤其是上层社会的需要，而日渐发展，代代完善。四时调摄养生、环境养生等因其顺应自然、符合人愿，故而日积月累，研究渐趋完善。

二、太极养生——阴阳平衡

养生的实质就是追求身体和心态的平衡来实现强身健体、延长寿命的养生方法，故称太极养生。

从太极养生的内容上来看，最重要的是要实现平衡。我们在养生中要兼顾哪些平衡呢？

（1）**环境平衡**。将自己置于一个大的环境之中，如家庭环境、居住环境、工作环境等，在众多环境中求得平衡。

（2）**动静平衡**。很多人都知道跑步、登山等运动可以锻炼身体，但缺忽视了通过坐禅、静养的方式来实现心灵的放松。

（3）**饮食平衡**。首先是营养搭配平衡，要兼顾饮食"多－少"（宜少）、"咸－淡"平衡（宜淡）、"冷－热"平衡（宜温）、"油腻－清淡"平衡（宜清淡）、"荤－素"平衡（宜素）等。

（4）**心态平衡**。平静地看待悲－喜、得－失、成－败等。

（5）**作息平衡**。在工作上要注意工作与休息平衡，保证足够的睡眠。

……

三、辩证法在养生上的应用

在注释41中，提到了的 z 理论，即 $z=x+y$。将此公式应用到克服不良习惯上，则可改变成下面公式来表示：

养生的方法＝长期习惯＋相反习惯

例1：双球顶腰、双球作枕法。现代人的腰椎和颈椎劳损一般是源于长期伏案和弯腰的结果，而且呈现越来越年轻化的趋势，一种简单而有效的保健方法就是顶腰和仰头。

这里介绍一套笔者独创的预防腰椎、颈椎劳损的保健方法：双球顶腰法、双球作枕法。双球顶腰法指准备两个网球，睡觉时将两个网球放置在腰下不舒服的位置，凭借人体自身的重量压迫该穴位，过一会儿再移动位置，这方法可柔和的按摩腰部，缓解疲劳；双球作枕法亦是同理，将两个网球放置在颈部，按摩颈椎。这两个方法简便易行，既经济又能缓解和治疗腰椎、颈椎劳损。另外，经常开车或坐车的人，几个小时下来常常腰酸背痛，用同样的方法，拿一个厚靠垫把腰顶出来靠着，那么在车上也可以保健了。如果再听听音乐，就更是享受了。

例2：托腮法。人在长期伏案工作时，颈椎极易产生劳损。这是因为人在伏案工作时，整个头部前倾，给颈椎施加了更大的压力，长时间保持这个姿势，颈椎和脖子就会发生酸痛。解决的办法就是伏案工作一段时间后，即用双手或者单手托腮，通过手臂的支撑来缓解颈椎的负重。经常通过这种方法给颈椎减压，能有效减少颈椎病的发生几率。

三、"修心－养身"的辩证关系

辩证法可以指导养身行为，那么修心和养身又是什么关系呢？

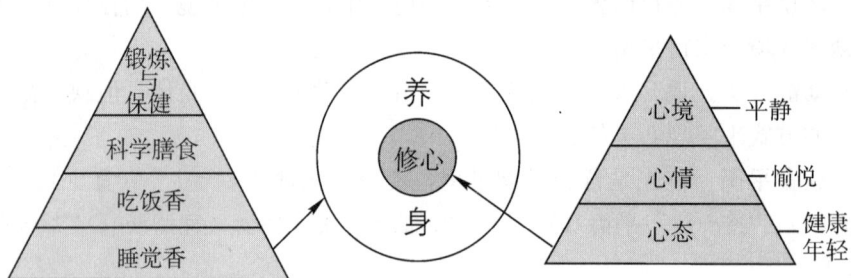

图278

首先要做到的是**睡觉香**，关键是调整自己的心态，只有平和、平静的心态才能让有较好的睡意，睡眠质量自然就高了。

睡觉香，才能**吃饭香**。在吃饭前保持一定饿感，是一件不容易做到的事。为此，还需克制饮食过量，多饮食易消化健康的食品。

科学膳食，既要吃饭香、吃得饱，又要保持营养不过剩和缓解饥饿感；但现在，生活条件好了，讲究吃的多了，锻炼的却少了，患"富贵病"的人越来越多。

坚持锻炼是保健的重要环节。俗话说：生命在于运动。值得一提的是，锻炼和保健不只是中老年人的事，中青年也应该有锻炼和保健的意识，并付之行动。让自己年轻十岁、二十岁，是可以办到的。

养身的前提是**养心**。睡觉香、吃饭香都与心态密切相关，养生的关键就是要实现心态和身体的平衡。养生的行为和好的结果必须建立在好的心态、心情、心境基础上。而好的心态、心情、心境又必须建立在自然、平和与欲望的平衡上。一切"自以为是"（总指责别人这错那错）和"贪"（想做做不了的事）的意念，都不可能产生好的心态、心情、心境。对于那些知道糊涂、知道不足、知道错误的人，自然会拥有健康的身体和成功的事业。

78. 武术其道　太极神韵

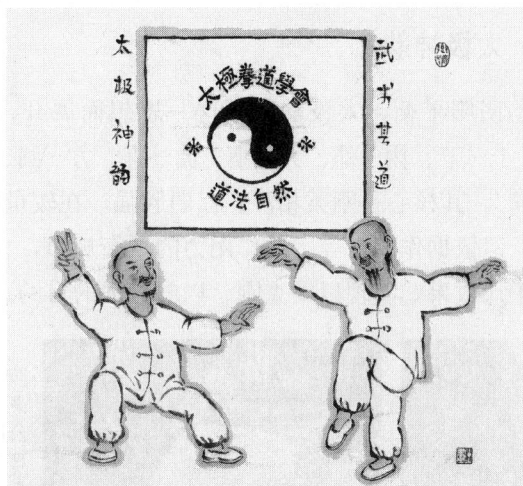

图 279

一、太极拳——哲拳

　　武术是中国的四大国粹之一，在中国的历史进程中、在古战场上、在古代政权建立上、在强壮中华民族的体魄上，功不可没。中国功夫驰名中外。就太极拳而言，中国练太极拳的人以千万数计，世界练太极拳的人则以亿为单位计算。为何太极拳如此深入人心？为何受到众多习武者的青睐？人人都知道太极拳是中国功夫之一，但为什么称太极拳？练拳之外，太极拳里包含着什么哲理？这知道的人可能就不多了。

2008 年北京奥运会
太极拳表演

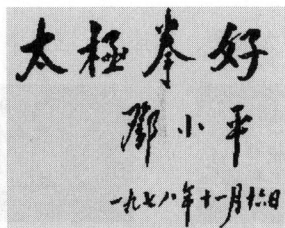

图 280

　　中国武术是中国的特色文化。它是一种格斗术，但与泰拳、跆拳道、拳击、格罗西柔术不一样。除了格斗部分外，它还融入了医学与哲学的成分。中国传统武学各个流派都有自己的疗伤方法和心法，而武术界流传的拳谱剑诀也包含了很多的哲学道理，尤其是太极拳，更被称为"哲拳"。

二、拳法昭示　太极神韵

太极思想的核心是阴阳平衡，太极拳依据这一思想而展开，处理好刚－柔、虚－实、动－静、快－慢、上－下、内－外、大－小、曲－直、方－圆、开－合等的对立与平衡关系，故称"太极拳"。其核心是刚柔相济、以弱胜强。在较量中，单就两者的力量、体魄而言，定有差距，但依据作用力等于反作用力的平衡规律，太极拳重在处理好平衡关系进而达到四两拨千斤效果，实现以柔克刚、以弱胜强的目的。

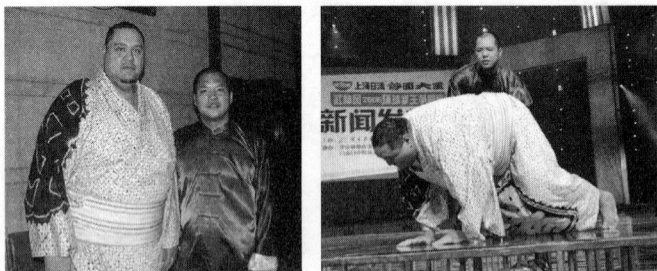

2006年6月9日，身高 1.80 米、体重 95 公斤的王战军战胜了日本相扑第一高手、身高 2.03 米、体重 223 公斤的曙太郎。

图 281

"太极拳－哲拳－阴阳"平衡哲理：

(1) 刚柔相济；　　(6) 内外相融；

(2) 虚实相伴；　　(7) 大小相含；

(3) 动静相因；　　(8) 曲直相应；

(4) 快慢相间；　　(9) 方圆相生；

(5) 上下相随；　　(10) 开合相寓。

图 282

太极拳、八卦掌、形意拳等中国功夫均以太极思想为基本指导思想，故以太极为徽记。

世界医道武术论坛徽记　武当拳法研究会徽记　中国台北足球队　　中国国际柔力球协会　　　陈式太极拳

图 283

79. 建筑园艺　风水人文

图 284

　　风水是中国闻名于世的一大文化现象,风水术乃古建筑理论之精华。中国建筑园艺讲究风水,但对很多人来说,风水一词都具有相当浓厚的神秘色彩。风水究竟是什么?风水是不是迷信呢?

一、什么是风水

　　风水起源于祖先几百万年来为适应自然环境和战胜自然灾害,而选择适合生存和居住的环境这一过程中。风水一词来源于四千年前产生的八卦中的两个自然元素,风(☴)和水(☵)的组合。"风"代表地上物体及流动、变化的状况,上至天象,下至地表;"水"代表地面和地下物体及流动、变化的状况。"风水"意指我们居住选址和建筑时,应充分考虑地上、地面、地下条件。用现在科学观点来讲,地上条件指阳光、风向等,地面及地下条件指地质、山脉、水文、地震结构等。**风水的意义**在于让人们去寻求最佳的居住环境。震惊中外的"5·12"汶川大地震使数万人死于房屋倒塌之中,究其原因,就是没有考虑所处区域的地质条件——龙门山脉地震带。

　　中国风水术源远流长,进入文字时代后,我国最早的文学大作《诗经》就有先民相地的记载。风水大师郭璞(276—324)曰:"气乘风则散,界水则止。古人聚之使不散,行之使有止,此谓之风水。"这是关于风水的最早文字表述。唐代杨筠松(834—906)是风水鼻祖郭璞风水的实践家,著名的中国风水宗师。他的不少风水著述,为堪舆所宗。至此，风水又成为了堪舆学的核心内容。

郭璞

杨筠松

图 285

二、风水的核心是天地人合一，追求和谐

风水作为中国古代的建筑理论，是中国传统建筑文化的重要组成部分。它蕴含着自然知识、人生哲理以及传统的美学、理论观念等诸多方面的丰富内容。实际上，风水也可以说是中国古代的环境理论和方位理论。风水理论，在景观方面注重人文景观与自然景观的和谐统一；在环境方面，又格外重视人工自然环境与天然自然环境的和谐统一。风水理论的宗旨是勘查自然，顺应自然，有节制地利用和改造自然，选择和创造出适合人的身心健康及其行为需求的最佳建筑环境，使之达到阴阳之和、天人之和、身心之和的至善境界。在自然环境、自然方位上，风水理论总结了与建筑相关的天文、地理、气象等方面的自然知识和相应的生活经验，如把"背山、面水、向阳"看作最好的自然方位，把适量的"前低后高"看作最佳的宅院地势，重视住宅建筑中"水口"（包括入水口和出水口）和"气口"（包括门、窗）的自然方位，主张居室空间的高矮大小、室内采光的阴暗程度均应适可而止等。这些环境因素，都是与人的身心健康密切相关的。否则，把住宅建在有自然危害之地，或者把居室建成采光、通风、温度、湿度都很糟的人工环境，任凭多强壮的人，住久了也是要生病的。

从环境建筑学的角度来看，这些都是有一定科学道理的、值得认真地加以研究和借鉴的。虽然有人利用风水来骗取钱财，但我们不能简单地把它等同于迷信。风水是有学术价值的传统文化，**科学风水≠迷信风水**。

三、紫禁城是风水学的巅峰之作

紫禁城又称故宫，是明清两代的皇宫。紫禁城建成于公元 1420 年，其建筑布局、规制大小、数字奇偶、所着色彩及其功用等等，均包含了我国古代阴阳、五行、八卦、四象、天干、地支等"象天法地"，为中国风水学说的巅峰之作。

图286　紫禁城

紫禁城城南北长961米，东西宽753米，占地面积达720,000平方米。有房屋980座，共计8704间。四面环有高10米的城墙和宽52米的护城河。从1424年到1912年近500年时间中，一直是统治中国政权的皇宫。

　　从方位上来说，紫禁城位于北京城正中，坐北朝南；从风水上来说，这样的方位朝向太阳，能更好地采光；从水文上来看，紫禁城在内，金水河在外，金水河按照文王八卦从西北干位向东南巽位顺淌流去，取泽水通顺，顺风顺水以利风水、吉祥及帝王的寿康延年。

　　紫禁城是成功运用阴阳说的典范。如将雄伟的前朝三大殿为阳，太和殿是阳中之阳，以体现刚阳之气。秀丽的后廷三宫六院为阴，坤宁宫则是阴中之阴，以显阴柔之美。前朝保和殿为阳中之阴，后廷干清宫则是阴中之阳。中和殿与交泰殿则分别设置于阴阳两大建筑之间，这就起到阴阳调和的美妙作用，充分体现了阴阳交感、天下太平的哲理性。

　　五行学说在紫禁城中的运用也十分出色。前朝三大殿建于"土"字形的露台上，以表示"土居中"和"天下之地莫非王土"之意。五行的色彩各不相同，即青（木）、赤（火）、黄（土）、白（金）、黑（水）。紫禁城以红、黄色调为主，因红属火，火主光大，黄属土，土居中央。黄色在古代是皇家的御用色。轩辕帝被称黄帝。皇帝的衣服被称为黄袍，红、黄色彩兼用，以表示帝王之居的至尊至大及为天下的统治中心和崇高地位。

图287

四、建筑园艺中的太极运用

除了风水外，太极、八卦在建筑园艺中得到了广泛的应用。

成都天府广场，是中国最大的"太极广场"。它位于成都市中心，面积 8.8 万平方米，2007 年初竣工。广场设计成太极图形，表示了"天府之国，上善之都、和谐圆满"。

中国最大的"太极城市"——重庆。在重庆南岸隔江远观朝天门，它与长江、嘉陵江、长江大桥、南滨路构成了一幅自然太极图，十分雄伟壮观。笔者曾在《重庆科技》上作了介绍和建议，但这一中国最大的太极城市的景观开发尚未得到重视。

图 288

中国第一太极县城：陕西旬阳县城。旬阳县历史悠久，早在 6000 年前就有人类活动。汉高祖五年（公元前 202 年）开始置县。

"天然太极城"是因奇特的地貌造成。由于旬河的下切、侵蚀、堆积，使河床呈"S"形。旬河环绕流经旬阳县城，并在老县城东注入汉江，组成了一幅天然太极图案。县城周围环立着八座

图 289

山峰，分别昭示着"乾、兑、离、震、坤、艮、坎、巽"八个方位。阴阳鱼眼位置分别生长着一棵郁郁葱葱的古柏，使得县城成为一座天然太极八卦城。

新疆特克斯八卦城。这是一座被上海吉尼斯总部授予"现今世界最大规模的八卦城"，传说由"长春真人"邱处机（1148—1227）设计。该城依中国古代奇书《周易》八卦图说而建，取"天地交而万物通，上下交而志同"之意，现有 22 个民族，人口约 15 万。县城以中心八卦文化广场为太极"阴阳"两仪，按八卦方位以相等距离、相同角度如射线般向外伸出八条主街，由中心向外依次共设四条环路。整个县城呈放射状圆

形，街道布局如神奇迷宫般，路路相通、街街相连。这是一座现在在我们这个国家里可能绝无仅有的一座不需要红绿灯的城市。

浙江兰溪八卦村。兰溪诸葛八卦村距市区 18 公里，村中现居有诸葛亮后裔近 4000 人，为全国诸葛亮后裔最大聚居地。据历史记载，它有七百余年历史。诸葛村整体结构是诸葛亮第 27 代裔诸葛大狮按九宫八卦设计布局的。整个村落以钟池为核心，八条小巷向外辐射，形成内八卦，更为神奇的村外八座小山环抱整个村落，构成外八卦。

其他如墨西哥那亚利特州八卦城、八卦田、国家大剧院等也都体现出太极、八卦的应用。

图 290

图 291

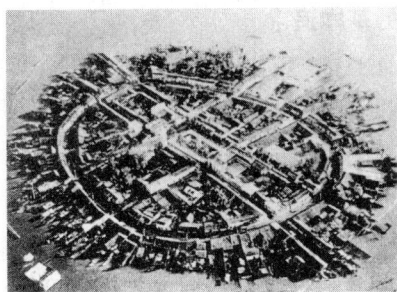

图 292　墨西哥那亚利特州八卦城

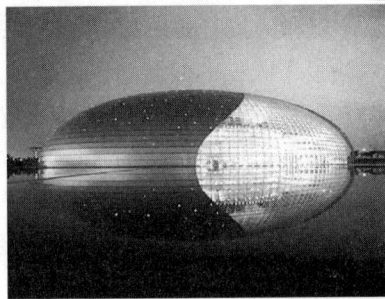

图 293　国家大剧院

图 294　**杭州八卦田**
南宋时，杭州八卦田所在地为皇室籍地，即皇帝在规定时节象征性"躬耕"以示劝农的场所。

80. 社会科学　依沿其理

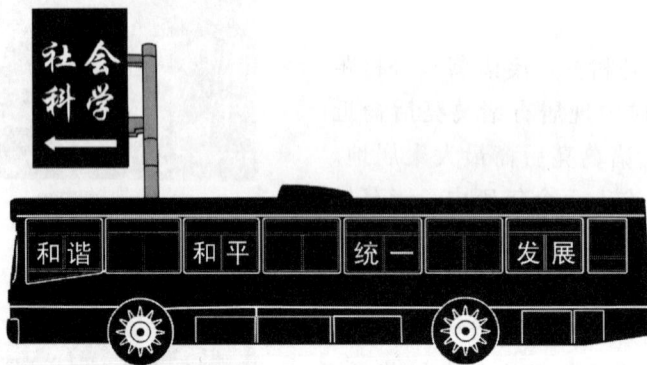

图 295

社会学中，把追求"稳定发展"、"环境友好（天地人和）"、"社会和谐"、"世界和平"、"世界大同"作为根本理论和准则。而这一准则的来源就是平衡论在社会科学上的展开。

1. "以和为贵、和平发展"是社会发展的基本追求

它激发了人们的归属意识、合作意识，而且能增强民族凝聚力。中华五十六个民族能和睦相处，就是世界和为贵的典范；在国际交往中同样应采取"以和为贵、和平发展"的价值取向，这样才能坚持走和平崛起、和平发展的道路，坚持和平统一的方针，坚持和平共处五项基本原则。

2. 稳定发展是化解社会矛盾和平衡社会关系的根本途径

高速公路行车，最舒适的坐车感受就是适速的匀速运行（如 120 公里/小时），一切忽快（加速）忽慢（刹车，且速度越快，刹车就越急）都是"折腾"，给坐车人极其不适应之感，还带来安全隐患。社会发展，亦是如此。地球上人类生命还有 30—50 亿年，我们为何不在保护好自然环境的前提下发展，并享受自然、享受社会发展带来的快乐呢？

3. 兼容并包是稳定的前提

现在的社会是多元的社会，拥有多元的社会有着多元的文化。要造就整个世界的稳定和谐，就必须使多元文化共存、兼容并包，以便形成不同民族、不同文化之间的相互学习、取长补短；而不是彼此之间的此消彼长的对立关系、斗争关系、霸占关系。过去，世界各民族、各文化因对"不同"的包容程度不同而导致争议、争执、指责、大动干戈，甚至为自己推行强权政策制造理由，酿成世界纷扰浮躁、动荡不安的局面。

81. 世界百科　依准平衡

图 296

　　世间万物，各个学科，无不以"平衡"为基本准则（详细介绍见注释 69~80），除上述领域之外的其它科学领域的平衡论简述如下，部分徽记见图 297、298。

　　哲学，最基本的平衡论就是对立统一规律，被称为宇宙根本法则。用太极哲学来阐释就是阴阳平衡。

　　心理学，强调人的"心态平衡"、"得失平衡"等。

　　美学，平衡就是美。在美术作品中的黄金分割点，就是视觉的完美平衡点。

　　音乐，和谐一词最早便出自音乐。一首优美、动听的乐曲，就是不同乐器、不同音阶、不同音量等差异在统一指挥下，得到的平衡、协调结果。

　　财会，记账平衡、收支平衡等。

　　书画，色彩平衡、布局平衡、冷暖色调平衡等。

　　影视、**文学**，揭露矛盾，平衡结局。

| 凤凰卫视 | 甘肃电视台 | 香港天文台 | 中华环保基金 | 南方基金 | 中国进出口银行 |

图 297

民生银行

中国移动通信
CHINAMOBILE

太极集团

东风汽车

中国玄子物理研究所

重庆特大鸳鸯火锅

图 298

82. 太极图学　哲理宏深

图 299

几千年来，太极思想对中国的历史进程产生着深远的影响，而且这一影响还在延续。所以，笔者认为创立太极图学，对太极哲学的发扬和传承是十分必要的。

一、什么是"太极图学"

围绕太极图而产生的太极图学是一门以哲学为基准，以研究太极图蕴含的哲理为主要内容的学科。它涉及考古、历史、哲学、文学、社会学等。这一学科的建立，对肯定中华祖先先进思想，对中国的图腾研究、符号研究、史前文化研究，对弘扬中国传统文化、探索中国文化的源头、探索中国五千年文明的孕育状况、探索中国哲学的起源乃至世界哲学的起源、探索太极文化对东西方乃至世界的影响以及对中国缔造的世界非遗的保护和传承，都有着十分深远的现实意义。

表 36

太极图学学科的建立	
目的	文明探源，文化探源，保护、传承、普及传统文化
依据	图形、符号、考古发现
对象	图形学、符号学、哲学、历史、考古、社会学、各种科学文化
意义	史前祖先先进思想的研究和肯定，保护和弘扬传统文化

二、"太极图学"与"红学"

"红学"是中国乃至世界文化界非常热门的一个学科，对文学名著《红楼梦》主题和人物的研究、对《红楼梦》作者生平的研究、对《红楼梦》版本的研究、《红楼梦》与其他古典名著的相互影响等等，都可称为红学。它的繁荣，是建立在中国文学瑰宝——《红楼梦》的基础上。而太极图的广泛应用，"太极图学"必然夹杂一些诸如"迷信"的消极因素在内。由于受近代极"左"思想的影响，人们只看到迷信这消极的一面，而排斥它对历史、社会进步的积极一面。作为中国文化瑰宝的太极图的科学研究，还没提到日程上，还未受到人们的重视。太极图学也应该像"红学"那样"红"、那样"热"。

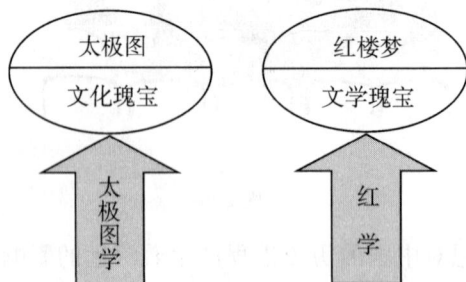

图 300

三、太极图哲理宏深

太极图包涵的哲理宏大而深远，尤其是它蕴涵的"太极和"思想，仍是现实社会的主题。它不仅影响着中国，还影响着世界。太极图哲理部分详见注释第六章，对世界的影响详见注释84～92。

图 301

83. 宇宙法则　人间通行

图 302

对立统一规律是哲学的基本规律，是宇宙的根本法则。早在文字还未出现的几千年前，我们的祖先就通过图形语言绘制的太极图直观、完整地表达了这一基本规律。这正是太极图的伟大之处，是我们中华民族的骄傲。

太极图揭示的哲学原理和马克思主义的哲学原理有着惊人的一致。这说明一个道理：无论是古人还是现代人，无论是中国人还是外国人，只要他认识和揭示了宇宙发展运动的基本规律，结论都是一样的。因此可以说马克思主义哲学和中国太极文化都是人类文明的产物，都是照亮世界的明灯。太极文化是中国文化的灵魂，不仅影响着中国，也影响着世界。

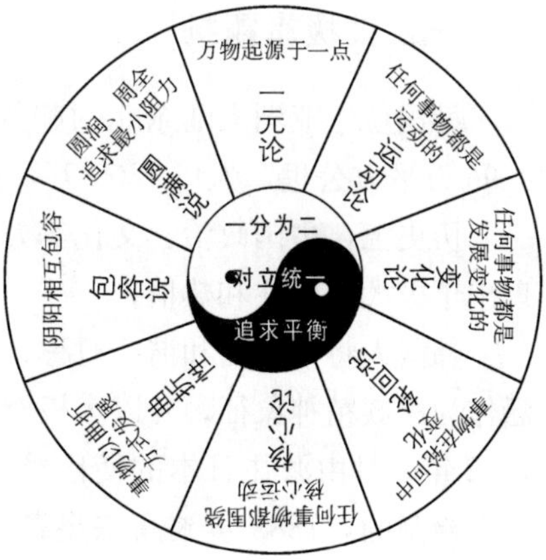

放眼世界，在政治、军事、经济、文化、医学等各个方面，太极图无处不闪烁着人类智慧的光芒：在韩国、蒙古国的国旗上；在新加坡、安哥拉空军的机徽上；在韩国、德国奥运会会徽上；在联合国种族歧视委员会大会会徽上……太极图作为人类的瑰宝，已成为人类的太极、世界的太极。

图 303

太极图在世界上的广泛应用，见注释 84～91。

84. 大韩国旗　尊耀太极

图 304

　　中国的太极、八卦在作为邻国的韩国得到了发扬光大，作为韩国的国旗、国徽。这与我们仍把它看作迷信符号形成鲜明的对比，不得不引起我们的反思。

一、太极旗飘扬

　　韩国位于亚洲大陆东北的朝鲜半岛的南部，与我国隔黄海相望。韩国国土面积有9.96 万平方公里，人口 4800 万，首都为首尔。

　　历史上，中国政治、文化等方面都对韩国产生了深刻的影响，韩国对中华文化也表现出了极大的向往和热情。

　　韩国人将太极图和谐、对称、平衡、循环、稳定的内涵作为民族精神象征，并以太极旗作为国旗。太极旗，是1882 年 8 月由派往日本的使臣朴泳孝和金玉均在船上第一次绘制的，1883 年被高宗皇帝正式采纳为朝鲜王朝的国旗。1949 年 3 月 25 日，韩国文教部审议委员会在确定它为大韩民国国旗时作了明确解释：太极旗的横竖比例为3∶2，白地代表土地；中间为太极两仪，四角有黑色四

图 305　韩国国旗

294

卦；太极的圆代表人民；圆内上下弯鱼形两仪，上红下蓝，分别代表阳和阴，象征宇宙；四卦中，左上角的干即三条阳爻代表天、春、东、仁，右下角的坤即六条阴爻代表地、夏、西、义，右上角的坎即四条阴爻夹一条阳爻代表水、秋、南、礼，左下角的离即两条阳爻夹两条阴爻代表火、冬、北、智。整体图案意味着一切都在一个无限的范围内永恒运动、均衡和协调，象征东方思想、哲理和神秘。

　　韩国国徽是红蓝太极图配以木槿花花边。木槿花是韩国的国花，也称"无穷花"，象征世代生生不息以及坚忍不拔的民族精神。在设计国徽时以五瓣木槿花为主体，在花蕊中间配以传统的阴阳太极图案，弘扬了独具特色的韩国民族风格。

图 306　韩国国徽

二、太极旗飘扬下韩国

　　太极图在韩国的运用不仅限于国旗、国徽。在太极旗的飘扬下，韩国处处可以见到太极图的身影。1988 年，第 24 届夏季奥运会在韩国汉城举行。此次奥运会的会徽就体现了太极图的影响力。而韩国为此次奥运会发行的纪念币，也烙上了这样的图形和国徽（见图 307）。

汉城奥运会会徽

纪念币正面

纪念币反面

图 307

　　2002 年釜山亚运会的会徽也蕴含了太极元素，通过阴阳协调的图案来表示亚洲文化。而朝鲜 19 世纪遗留下来的瓷器上也绘有鲜明的太极图（见图 308）。

图 309　青花釉里红
太极八卦图挂盘（朝鲜）

图 308　釜山亚运会会徽

此外，在韩国空军、航空、银行、足联、电视台等诸多领域，太极图图案比比皆是（见图 310）。

韩国空军机徽　　　大韩航空　　　大韩银行　　　韩国足协　　　阿里郎电视台

图 310

85. 蒙古国旗　太极立心

图 311

　　蒙古是我国的近邻，位于亚洲中部，国土面积 156.65 平方公里，人口 260 万，首都为乌兰巴托。蒙古在历史上和中国有着深厚的渊源：公元 13 世纪初，成吉思汗建立了统一的蒙古汗国，其孙子忽必烈建立了元朝（公元 1271—1368 年），元朝的疆域包含蒙古和中亚的大部分地区。1703 年，清朝康熙帝平定葛尔丹后，蒙古被纳入清朝的版图。

　　由于特定的历史原因，蒙古成了中国文化的直接受惠者与传承者。蒙古将太极图作为国旗的中心部分，取其"和谐"之意作为整个国家的象征。

　　蒙古国旗的核心部位为太极阴阳图。蒙古国旗的旗面由三个垂直相等的竖长方形组成，两边为红色，中间为蓝色。左边的红色长方形中有黄色的火、太阳、月亮、长方形、三角形和阴阳图案。旗面上的红色和蓝色是蒙古人民喜爱的传统颜色。红色象征快乐和胜利，蓝色象征忠于祖国，黄色是民族自由和独立的象征。火、太阳、月亮表示祝人民世代兴隆永生；三角形、长方形代表人民的智慧、正直和忠于职责；阴阳图案象征和谐与协作；两个垂直的长方形象征国家坚固的屏障。

　　蒙古国的国徽也有与国旗同样的图案，太极图也赫然在目。

蒙古国旗　蒙古国徽

图 312

86. 日本崇和 大和自称

以和为贵

内阁总理大臣
福田康夫

图 313

　　日本位于亚欧大陆东端，与我国隔海相望。日本由北海道、本州岛、四国、九州岛四个大的岛屿组成，国土面积 37.78 万平方公里，人口 1.27 亿。

　　早在两千多年前的西汉时期，日本就与我国建立了往来关系。在唐朝时期，中日的交流达到了鼎盛。日本朝廷从 630 年起先后 13 次派"遣唐使"来到唐都长安，学习中国的生产技术、社会制度、哲学历史、文学艺术、建筑技巧和生活习俗。

　　历史上的这些交流，使得日本文化深受中华"太极和"文化和儒家思想的影响。日本从我国儒家文化吸收了"仁、义、礼、智、忠、孝、和、爱"等伦理思想，形成了以**"忠"、"和"**为代表的文化。

　　日本以"大和民族"自称，传统服装为"和服"。大和民族是日本的主体民族，占总数的 99.9％。大和（Yamato）是日语中对大和民族中的"大和"两字的发音，经常用在短语"やまとだましい"（Yamatodamashii，汉字写法为"大和魂"，即"大和精神"的意思）中。

"和服"
和服是日本的传统服饰。和服起源于公元八九世纪，由中国隋唐服饰改制而成。

和
和睦
和平

日本

图 314

87. 新加坡国　图显空军

图 315

　　新加坡是东南亚的一个城市岛国，位于马来半岛南端。新加坡面积仅约 700 平方公里，人口约 460 万人，其中 77% 是华人，华语是官方语言之一。

　　在元朝时，就有中国航海家到达新加坡。明朝郑和下西洋时，也多次到达新加坡。由于这些密切的交流，新加坡深受中华文化的影响，很多学者都将其归入"大中华文化圈"。春节、端午节、中秋节、齐天大圣诞辰等具有浓郁中国色彩的节庆也被作为新加坡的主要节日。儒家文化"崇公抑私"以至"大公无私"的美德，也对新加坡社会产生了重要影响。前总统李光耀先生提出的有名的"亚洲价值观"认为儒家文化的精华有胜过西方个人本位模式的优越性。

　　正是深受中华文化的深刻影响，新加坡文化也非常推崇中华文化中的太极文化，易学、堪舆学在新加坡比较盛行，象征天地宇宙的太极图也被作为新加坡空军机徽。

　　无独有偶，非洲安哥拉的空军机徽，也采用了太极图图案。

新加坡易经研究会　　　新加坡空军机徽　　　新加坡地税　　　安哥拉军徽

图 316

88. 丹麦玻尔　太极勋章

玻尔勋章

图 317

　　尼尔斯·玻尔，全名 Niels Henrik David Bohr，丹麦物理学家、诺贝尔物理学奖获得者、原子物理学的重要奠基人，1885 年出生于丹麦哥本哈根。1918 年，玻尔提出了对应原理，用以阐述周期性体系的运动和该体系的实际量子运动之间的对应关系。由于这些辉煌的成绩，他于 1922 年被授予诺贝尔物理学奖。

　　1927 年，玻尔作为哥本哈根学派的"精神领袖"，提出了"互补性"的观点，并逐步发展了他的"互补哲学"。按照玻尔的看法，无论是物质世界中的客体还是精神世界中的概念，都有各自许多不同的"方面"；这些方面同时又是"互斥"和"互补"的。

他同时认为，追究既互斥又互补的两个方面中哪一个更"根本"，是毫无意义的；人们只有而且必须把所有的方面连同有关的条件全都考虑在内，才能而且必能（或者说"就算是"）得到事物的完备描述。玻尔的晚年，用这种观点论述了物理科学、生物科学、社会科学和哲学中的无数问题，对西方学术界产生了相当重要的影响。

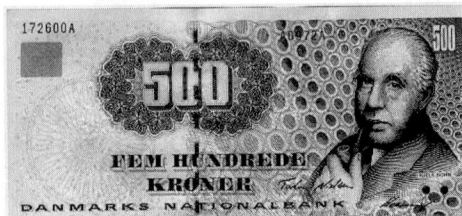

图 318　丹麦 500 克郎纸币上的玻尔（1997 版）

　　玻尔的互补哲学，其实与中国太极图的阴阳对立统一思想不谋而合，因此，他对太极图推崇备至。1947 年，丹麦政府决定授予他级别很高的勋章，要求受勋者有一个族徽。玻尔亲自设计了他的族徽，其中心图案采用了中国古代的"太极图"，并刻上"互补即对立"的文字，形象地表示了他的互补思想。同时，他还将阴阳太极图案印在自己的衣袖上。

89. 德国奥运　铸以徽形

图 319

　　1972 年 8 月 26 日至 9 月 11 日，第 20 届夏季奥运会在德国慕尼黑举行，有 121 个奥委会成员国和地区，共 7134 名运动员参加。

　　慕尼黑奥运会会徽是一个被称做"宇宙"的螺旋体，这个运动感十足的图形营造出一种接近无限的视觉幻想，表达出该届奥运会"光明、清新、慷慨"的主题。其实这个徽记就是一个"宇宙"的太极模型。它表达了宇宙的运动状况，即"爆炸——喷射（膨胀）——旋转"的运动。详见注释 13 和注释 70。

Munich1972

1972 年德国慕
尼黑奥运会徽

慕尼黑奥运会纪念币

慕尼黑奥运会门票

图 320

90. 联合国会　太极运应

图 321

　　据不完全统计，全世界目前有两千多个民族，大的民族超过数亿人，小的民族仅几十人。由于历史、政治、经济、文化等多方面的原因，种族主义和种族歧视一直是困扰人类和谐发展的严峻问题。

　　如何消除种族歧视，让不同种族、不同肤色的人能够在地球上和睦相处、和谐发展，一直是很多和平主义者和国际组织的追求。

　　为了消除种族歧视，联合国召开了三次世界反种族主义大会：1978 年和 1983 年在瑞士日内瓦召开，2001 年 8 月 31 日到 9 月 7 日在南非德尔班召开。

　　第三届会议的东道国南非从中国太极图得到启示，认为太极图包含的和谐统一的哲理能够帮助人类解决世界的区域发展不平衡问题。于是南非政府向联合国提交了以三条灰度太极鱼为标记的图形作为本次大会的会徽。设计者对太极图案进行了艺术加工，将黑白两色的阴阳两极增加了不同层次的灰色作为过渡，象征着各国人民虽然种族、文化及地域不同，但在这个世界里他们却能取长补短、和睦相处。为了纪念本次大会的召开，南非政府还特别发行了纪念邮票，以三条太极鱼象征各种族的融合、和谐和不可分割。

联合国反种族歧视　大会徽记

2001 年 8 月 7 日，南非发行的纪念世界反种族大会邮票

图 322

91. 纵观世界　太极随影

世界中医药联合会　　　　国际能源署　　　　　　美洲印第安人文化中的太极图

纽约大学商学院　　　　玛雅彩绘连体　　　　　　英国的神秘麦田圈

百事可乐　　　　　　　宝马汽车　　　　波兰企业　　　　　安哥拉军徽
　　　　　　　　　　　　　　　　KrakChemiaS.　A

图 323

　　太极图作为世界伟大的图形，已走向了世界。世界越来越多的地区、越来越多的文化都接受了太极图的平衡思想和"太极和"文化，世界随处可见太极图的影子。

　　在国际机构中，有 26 个成员国的国际能源署以五色太极为标志；在美洲，也可以见到太极文化的烙印。在拉丁美洲玛雅文化中，发现有与中国相似的太极图和饕餮纹饰和云雷纹饰；而在玛雅出土的彩绘连体锅，具有东方式的对称美，与中国太极图的哲学意蕴非常相似；就连美国著名大学纽约大学的商学院，其徽记也体现了太极图的影响；在欧洲，英国的太极图却以"麦田怪圈"这种神秘的方式出现；还有众多知名企业也以太极型图案为标志……

92. 多元世界　动乱纷争　和为一统　强权遁形

图 324

多元是现代社会的最重要特征之一。中国古代哲学讲"天人合一"，就是强调人与人、人与自然和谐相处。建立良好关系，世界才能安宁、和平、美好。

一、多元世界

多元，在社会科学中，指不同国家、地区、种族、民族、宗教或社会群体在一个共同文明体或共同社会的框架下，持续并自主地参与及发展自有传统文化或利益。在多元社会中，不同族群相互尊重与容纳，使彼此可以安乐共存、相互间没有冲突或同化，进而成为科学、社会、经济等发展的关键性推动力量。

当今世界是多元的世界，冷战时代的两极霸权大国时代结束了，各个地区和国家处于一个相对平等的发展环境下。

二、动乱纷争——人类历史的另一面

虽然和平与发展是当今世界的两大主题之一，但局部战争、国家冲突、民族冲突、宗教冲突等问题仍然存在，而掠夺资源和环境污染也在不断地加剧。

世界文明至今已有数千年，文字的发明，陶器、金属、纺织、城市和国家、音乐、美术、文学以及现代科技的进步，是人类历史"阳"的一面；而人类历史"阴"的一

面，主要是世界动乱、纷争不断，表现为战争、民族冲突、宗教冲突及环境污染等。

1. 人类长期处于战争或战争的威胁下

战争给人类带来了巨大的损失。近代的两次世界大战，给人类文明造成的损失更是前所未有。二战后，局部战争和冲突不断。美联社调查报告说，第二次世界大战结束以来，共计爆发了大约300多场局部战争，大约有1000万人死于战火。两次世界大战的有关数据见表37。

表 37

项目	第一次世界大战	第二次世界大战
时间	1914—1917	1939—1945
参战国	33	61
中立国数目	17	6
持续时间	1564 天（4 年 3 个半月）	2194 天（6 年）
参战国总人数	10.5 亿人（占世界人口 62%）	17 亿人（占世界人口 80%）
伤亡人数	3000 万人	9000 万人
经济损失	2700 亿美元	50000 亿美元
动员入伍人数	7000 万人	11000 万人

据不完全统计，在有记载的 5560 年的人类历史上，共发生过大小战争 14531 次，平均每年 2.6 次。五千多年中，只有 329 年是和平的。这些战争给人类造成了严重灾难，使 36.4 亿人丧生。损失的财富折合成黄金可以铺一条宽 150 公里、厚 10 米、环绕地球一周的金带。匈牙利一位教授统计，第二次世界大战结束后的 37 年里，世界上爆发了 470 余起局部战争；在世界范围内，无任何战争的日子只有 26 天。

图 325　渴望

2. 宗教冲突和民族冲突

宗教冲突和民族冲突常成为战争的导火索，还引起世界或各国国内长期处于动乱状态，造成经济和人员损失巨大。20 世纪末，随着两极格局的结束，民族矛盾和地区冲突成为战争的主要原因，南斯拉夫内战、海湾战争等为世人瞩目。

以色列和周边穆斯林国家的长期冲突，就是因为宗教冲突与民族矛盾纠合在一起（尤其以宗教矛盾最为突出），导致以色列和周边穆斯林国家长期处于战乱纷争状态，引起 3 次大规模的海湾战争。

三、动乱纷争之原因

世界为什么动乱纷争？至此，我们可总结出三大原因：一是人性的最大弱点"自私"和"占有欲"，想称霸世界，掠夺他人资源；二是文化之间、民族之间的包容不够（不包容，唯我独尊）；三是在矛盾的对立统一中，强调斗争，以"斗争论"为理论根据。

四、世界文化异同

1. 世界文化之异

多元的世界，多元的文化，世界观的不同，价值取向的差异，造成东西方文化、以及各种思想流派的碰撞，从争论开始到争执、到争斗，进而大动干戈。

2. 世界文化之同

尽管东西方文化、各种思想流派的碰撞，甚至大动干戈，但是他们根本目的是相同的，这就是求"和"——和平、和睦、和谐。

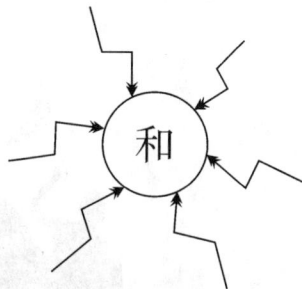

图 326　各种文化追求"和"的方向、路线、习性不同而已

3. 文化争议的实质

若把世界缩小成一个国家的话，就与我国春秋战国时期的百家争鸣一样，争议的实质更多表现在追求"和"的这一根本目的的方向、路线、习性上。

五、"和"为一统　强权遁形

动乱纷争，唯有"和为一统"。纵观世界，局部动乱纷争，世界环境日趋恶化。怎么才能一统天下呢？太极哲理启示我们，世界唯有实现"和"这一人类追求的终极目的，才是一统天下、解决世界冲突的唯一途径。

当今世界靠武力、靠强权来一统天下是不可能的。强权不仅不可能建立世界和平，相反，只能给世界增添动乱。

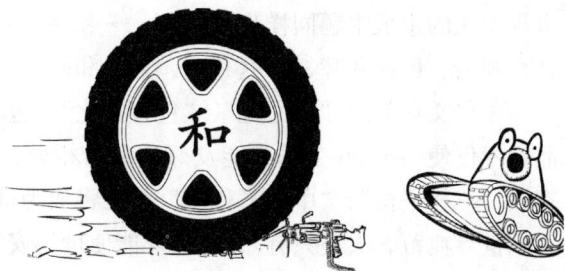

图 327

93. 文化主题

图 328

中国是由 56 个民族组成的大家庭，中国文化是由多民族、多元文化构成的综合体；同样，世界是由多种肤色、多种民族、多种文化构成的综合体。众所周知，延续人类进程、支撑人类发展的永恒主题是爱。那么，世界文化有无一个永恒主题的存在呢？如果有，它又该是什么呢？

太极文化的精髓就是"和文化"。"阴阳平衡"理论告诉我们，人类进步、社会发展的根本目的在于求"和"。这一根本目的性决定了中国文化的永恒主题是"和"。同理，世界文化的永恒主题同样是"和"——和平、和谐、和睦、和美、和好，即世界和平、社会和谐、民族和睦、家庭和美、人人和好……

中华文化就是"和文化"、"包容文化"。包容是"和"的前提。"和"的追求、包容品性不仅使中国 56 个民族能友好地和谐相处、各个文化派别相互学习借鉴，"儒道共禀"、"三教平衡"、"中国不称霸"等也将成为世界和平、世界各民族及各种文化相互包容的世界典范。人类只有"和"，才能使世界安宁。"和文化"是中华文化、世界文化的永恒主题和各种文化的归宿。

"'和文化'是中华文化和世界文化的主题"，是笔者提出的一个全新的观点。正确与否，有待专家、学者的进一步研究、考证。

94. "太极和"论

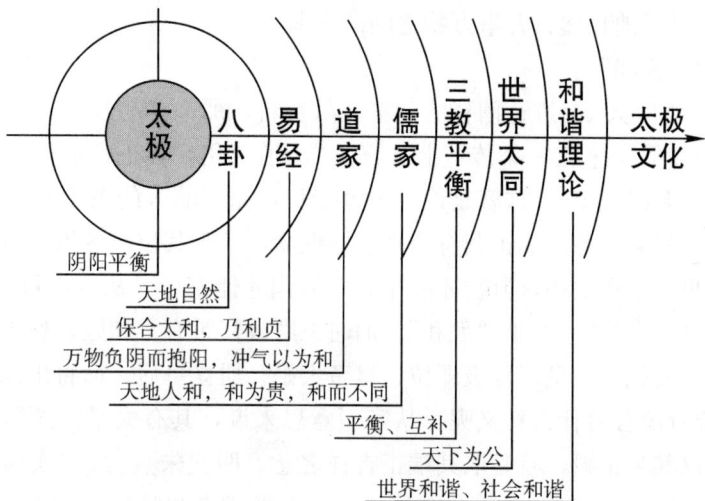

图 329

中国历史文化延绵几千载，关于"和"的理论层出不穷，但归根结底还是在"太极和"这条主干上先后生长出来的繁枝茂叶（如图 329 所示）。毋庸置疑，后来的八卦、易经、道家、儒家等关于"和"的学说，以及当代重新提出的"世界大同"、"和谐理论"都是从不同的角度对"太极和"作出的更详尽阐释和补充。

1. "太极和"之源

太极图实际上是古人借助图形语言表达抽象凝练的宇宙万物生成的图形。用现在的文字来解释，太极圆就是一个符号代词，代表着宇宙，代表着宇宙中的万事万物。在太极图像里被"黑白两鱼"或其他方式切割成对立的阴阳两极，喻示了宇宙及万事万物皆由辩证的二元对立所构成，如黑－白、祸－福、雌－雄等，这就是所谓的矛盾对立；阴阳两极之间柔曲流畅的分界线，又昭示着对立的两极无时不有的变化与无处不在的交合，以此求得平衡，以便更好地共容于一体之中，即所谓矛盾统一。由此，它揭示了宇宙万物在一个矛盾对立体中追求阴阳平衡、在众多矛盾平衡体中追求和谐的"太极和"真理；进而，揭示了宇宙在平衡中发展的变化规律和人类进步、社会发展以"和"为根本目的。**此乃太极图精髓之所在，太极哲学核心之法则，太极哲学的光芒之处。**

2. 八卦之"天地自然和谐"

八卦乾、离、巽、震、坎、艮、兑、坤卦的组合变化，表示自然界中天、火、风、雷、雨、山、泽、地的变化以及它们相互依存的关系。正如《周易·系辞传》所言：

"天尊地卑，乾坤定矣。卑高以陈，贵贱位矣。动静有常，刚柔断矣。方以类聚，物以群分，吉凶生矣。在天成象，在地成形，变化见矣。是故刚柔相摩，八卦相荡，鼓之以雷霆，润之以风雨，日月运行，一寒一暑。乾道成男，坤道成女。乾知大作，坤作成物。"其揭示的是天地自然、万事万物之间的和谐。

3. 易经之"太和"

《易经》是对太极八卦进行阐释的一本文献资料，那么《易经》对于"和"的诠释又是怎样的呢？《周易·乾·彖传》上有言："天道变化，各正性命，保和太和，乃利贞。首出庶物，万国咸宁。"这就是说，天道变化，原有的人的关系和地位都发生了变革与冲突——这就需要各自端正其符合现实的性命，各正其位，各得其所——这样才能"保和太和"：只有保和太和，万物才能生长，万国才能安宁。从这里可以看出《易经》提出的"和"是"太和"。关于"太和"，旧时王殿故宫筑有太和殿，处于非常显要的位置，是举行盛大典礼，如皇帝登极即位、皇帝大婚、册立皇后、命将出征的地方，那么"太和"二字究竟蕴含着什么意义呢？从字面意思来说，其有太平、祥和、国家安宁之意。古代皇宫以其为正殿，就是取其端正吉祥之意。明代朱熹言："太和，阴阳会合冲和之气也。"除此之外，历史上还有精神元气、太平或者和睦这样的解释，可见，"太和"其实就是"太极和"的延伸。

4. 道家之"和"

"万物与我为一"是道家的追求目标。关于"和"的解释，老子曾说："万物负阴而抱阳，充气以为和"，强调了为"和"的目的性，强调"天人合一"与"阴阳次序"。庄子也寻求着物我两忘，"乘天地之正，而御六气之辩，以游无穷"的逍遥境界。

5. 儒家之"和"

儒家关于"和"的理论更加庞杂繁复。孔子有"天地人和"、"和为贵"、"和而不同"的说法；孟子有"天时不如地利，地利不如人和"的论述，还更进一步提出了"数罟不入洿池，鱼鳖不可胜食也；斧斤以时入山林，材木不可胜用也"，这样的关于人类社会与自然和谐发展的思想。总体上来说，先秦以前的大儒们比较关注社会现实，其"和"没有超出人与人、人与社会这个范围。而后来的儒家追随者则更多倾向于将儒学与其他学说相结合，兼收并蓄，提出自己独到的观点与学说。如东汉的王充在《论衡》中提出的天地万物都是由"阴气"和"阳气"构成的观点，以及"人，物也；物，亦物也"的观点。这就比较接近于道家的阴阳为道、物我合一的思想。

6. 三教平衡

佛教传入以后，与儒道二家相融合，逐渐出现三教合流的趋势，出现了像张载、张协、朱熹这样的宋明理学家。与其说是三教平衡是对"和"的一种解释，不如说是"太极和"的一种表现。三教的平衡发展与融合说明"太极和"思想已经在中国遍地生根。

7. 世界大同

世界大同的构想其实最初出自于《礼记》："大道之行也，天下为公，选贤与能，讲信修睦。故人不独亲其亲，不独子其子，使老有所终，壮有所用，幼有所长，鳏（guān）、寡、孤、独、废疾者皆有所养，男有分，女有归。货恶其弃于地也，不必藏于己；力恶其不出于身也，不必为己。是故谋闭而不兴，盗窃乱贼而不作，故外户而不闭……"这样的世界就是大同世界。

8. 和谐理论

构建和谐社会是当今社会的热门话题。它的提出有利于规正社会的畸形发展，有利于调和人与自然的矛盾。而随之出台的构建和谐世界的理想，将有利于世界的和平与发展，使地球成为一个国家与国家之间、民族与民族都和谐的美好村庄。如果再将"和谐"的外延扩大，随着人类对宇宙空间的开发，下一步提出的将是宇宙和谐的理论。

"和"的文化是中华文化、世界文化的永恒主题（见注释93）。追溯"和"文化的源头，不难发现它起源于太极文化中的阴阳平衡理论。中华"和"的思想从新石器中后期的太极"阴阳平衡"，到八卦的"天地自然"，《易经》的"保合太和"，道家的"冲气以为和"，儒家的"天地人和，和为贵"，以及"三教平衡"、近代的"世界大同"、"和谐理论"，如同历史的波浪连绵起伏，一浪一浪地延续至今，从中国影响到世界。

"太极和"是对太极思想和"和文化"的总结与提炼，是笔者的又一创新观点。"太极和"理论与"文化主题"相互衬托，同样需要大家来共同论证。

95. 中华崛起　世界和平

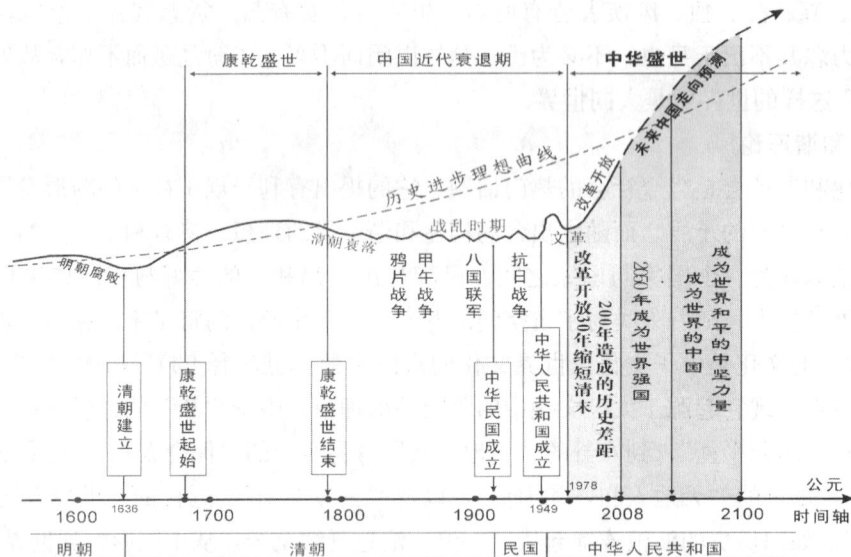

图 330

苏轼《题西林壁》诗云："横看成岭侧成峰，远近高低各不同。不识庐山真面目，只缘身在此山中。"这首哲理诗告诉我们：横看、远看、在其中看，各有不同。《旧唐书·元行冲传》提到："当局称迷，傍观见审"。《红楼梦》第五十五回说："俗语说旁观者清。这几年姑娘冷眼看着……"这里所说的"傍观见审"、"旁观者清"，均同上一哲理。借此，我们应该站远一点，看远一点，以此来审视社会的发展。那么，眼前模糊的事情则感觉更加清晰了。纵观清朝至今的约 400 年历史（见图 330），我们将得到什么样的启发和结论呢？

一、世纪中国

历史一百年，弹指一挥间。纵观清朝至今的历史，依据图 330，我们可以概括为：

18 世纪——康乾盛世。起于康熙二十年（公元 1681 年）平三藩之乱，止于嘉庆元年（公元 1796 年）川陕鄂白莲教起义爆发，持续时间长达 115 年。

19 世纪——走向衰落。从盛世走向衰落，经历了鸦片战争、甲午战争、八国联军……这是中国倍受屈辱、倍受折腾的时期。

20 世纪——走向腾飞。继 19 世纪的衰落到清朝结束，经历两次世界大战，到新中国成立。新中国建立后，又经历了大跃进、"文化大革命"的折腾。直至1978年，改革开放拉开了中华腾飞的序幕。改革开放30年的努力，缩短了自清末以来与世界约两百年的巨大差距。

21世纪——**中华盛世**。继续改革开放的大好形势，再用40年，即在2050年，中国将实现现代化，步入发达国家之林；21世纪中后期，中国将步入世界强国之列，从而跨入中华盛世时期。

二、中国已步入崛起的快车道

中国是有着五千年悠久历史的文明古国，是世界四大文明古国中唯一得以延续和留存下来的文明国度。在历史上，中国无论在文化还是科技方面，都对人类的发展做出了伟大的贡献。

到了近代，中国却渐渐衰落了。一个伟大的文明古国的前进步子慢了下来，被一些新兴国家超越，甚至被新兴国家欺凌。据不完全统计，从公元1840—1912年的72年间，中国就被迫签订了343个不平等条约，被迫赔款13亿2千多万银元。直到1945年抗日战争取得伟大胜利后，中国才真正意义上取得了反侵略的伟大胜利。1949年新中国成立后，中国才真正实现了独立自主；到1978**年改革开放，中国才真正进入了复兴崛起的快车道。**

改革开放30年GDP增长速度曲线见图332，平均增长速度为9.8%，堪称世界奇迹。

图331

三、中国的崛起是和平的崛起

近些年来，中国的经济综合实力不断增长，处在正在崛起的时期，引起了世界的普遍关注。不少国家对中国的发展表现出了担忧和怀疑，甚至别有用心地抛出"**中国威胁论**"的观点。中国要怎样延续自己的崛起道路，消除这些怀疑的杂音呢？

2003年12月10日，温家宝总理在哈佛大学发表演讲时，明确表示中国选择的是"和平崛起的发展道路"，强调中国的发展"必须也只能把事情放在自己力量的基点上"。12月26日，胡锦涛主席在纪念毛泽东诞辰110周年座谈会上再次强调，要坚持和平崛

GDP增长速度（%）　　　　（平均速度9.8%）

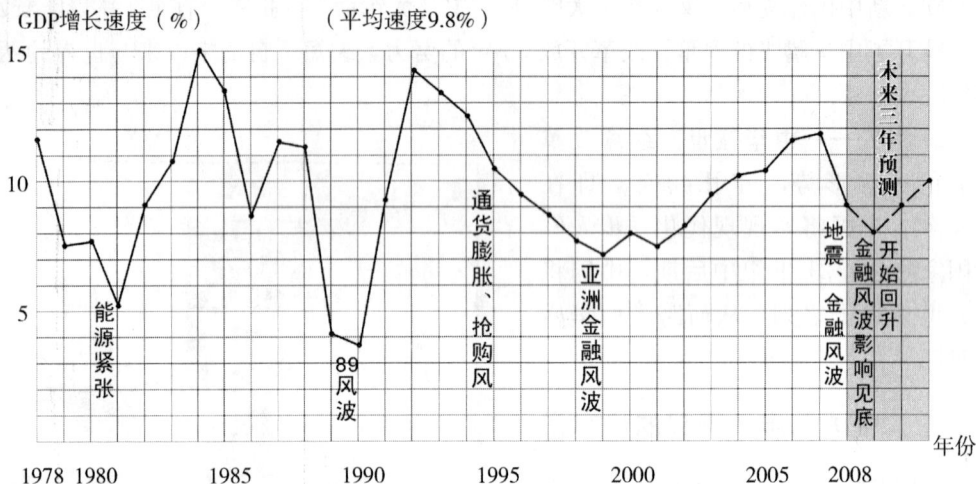

图332

起的发展道路和独立自主的和平外交政策。自此，"和平崛起"正式成为中国的一项国家战略。

中国的崛起不会妨碍任何国家及其个人，也不会威胁任何国家及其个人。中国现在不称霸，即使将来强大了也永远不会称霸。**"和平崛起"**，意味着中国在崛起的过程中坚持的是和平的道路，这与"太极和"理念一脉相承。中国的和平崛起对世界有利无弊。

四、中国的崛起是对世界和平的贡献

当今世界是一个多元的世界，世界上仍然存在不少争端，贫穷、疾病、战争仍然是人类发展的重大阻碍。

2008年12月31日，胡锦涛主席在面向全世界的新年贺词中说："中国将始终不渝走和平发展道路，始终不渝奉行互利共赢的开放战略，积极发展同世界各国的交流合作，积极参与国际社会应对国际金融危机的努力，致力于促进世界经济增长、促进人类文明进步，继续同世界各国一道推动建设持久和平、共同繁荣的和谐世界。"

和平发展起来的中国，将促进世界的和平。实际上，改革开放以来，随着中国国力的增强，中国一直在为世界的和平贡献自己的力量：16年来，我国已先后派出维和人员5000多人次，目前仍有1489名维和军事人员在联合国9个任务区执行维和任务。在目前进行的由联合国主导的维和行动中，我国是安理会5个常任理事国中派兵最多的国家。

中国已与非洲国家在基础设施建设、扶贫、传染病防治、人力资源开发和农业等领域优先开展了形式多样的合作，通过"中非合作论坛"减免了非洲31个国家总共105

亿元人民币的债务，并为近 30 个非洲国家 190 种税目的对华出口商品提供免税待遇。

目前，国际金融危机仍在快速扩散和蔓延，世界经济增长受到严峻挑战。而中国的表现和措施为遏制世界经济进一步恶化发挥了重要作用。国家统计局的数据表明，在 2008 年世界严峻的经济形式下，中国依然保持了 9％的经济增长速度，对世界经济增长的贡献率超过 20％。

沧海横流，方显英雄本色。在纷争和经济衰退的当今时代，世界越来越感受到一个和平崛起的中国对世界和平的重要意义。

96. 太极瑰宝　华夏之根

图 333

至此，将本书对太极图的科学定位归纳如下：

第一，中华第一发明——世界最早的图形辩证法、对立统一规律图形表达，堪称世界第一哲图（见注释 6）。

第二，中华文化之根。从"太极（图形语言）-八卦（符号语言）-易经-百家争鸣-儒、道成为主文化-三教合一"的脉络关系（如图 334 所示）不难看出，太极文化就是中国的根文化。

第三，中华文明之母（见注释 42）。

第四，世界哲学之源（见注释 43）。

第五，世界文化永恒主题（见注释 93）。

第六，世界非物质文化遗产（见注释 97）。

第七，人类文化瑰宝。

根据上述太极的科学定位，太极图是当之无愧的人类文化的瑰宝。

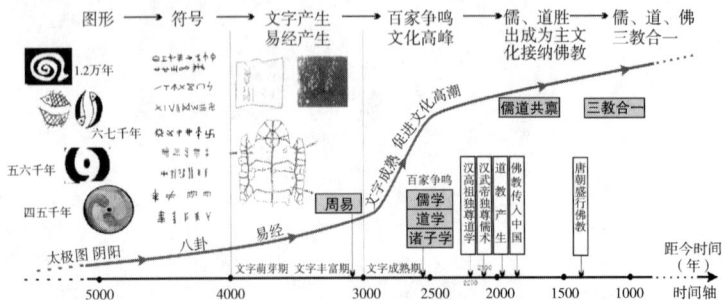

图 334

97. 申遗保护　世界传承

图 335

　　太极图是中国缔造的世界非物质文化遗产之一。它不仅是中国的，更是世界的。将太极图申请为世界非物质文化遗产，目的在于使它得到更好的保护和传承。

一、什么是世界非物质文化遗产

　　"非物质文化遗产"是被各群体、团体或个人视为其文化遗产的各种实践、表演、表现形式、知识和技能及有关的工具、实物、工艺品和文化场所。"非物质文化遗产"包括口头传说和表述，包括作为非物质文化遗产媒介的语言、表演艺术、社会风俗、礼仪、节庆、有关自然界和宇宙的知识及实践、传统的手工艺技能等。如民间文学、民俗活动、表演艺术、传统知识和技能，以及与之相关的器具、实物、手工制品等和歌圩、庙会、传统节日庆典等。

　　非物质文化遗产又称无形文化遗产，是人类以口头或动作方式相传，具有民族历史积淀和广泛突出代表性的民间文化遗产，曾被誉为历史文化的"活化石"、"民族记忆的背影"。

　　非物质文化遗产的最大的特点是不脱离民族特殊的生活生产方式，是民族个性、民族审美习惯的"活"的显现。它依托于人本身而存在，以声音、形象和技艺为表现手段，并以身口相传作为文化链而得以延续，是"活"的文化及其传统中最脆弱的部分。

联合国教科文组织认为非物质文化遗产是确定文化特性、激发创造力和保护文化多样性的重要因素，在不同文化相互宽容、协调中起着至关重要的作用，于1998年通过决议设立非物质文化遗产评选项目。这个项目的申报有三个基本条件：一个是艺术价值，一个是处于濒危的状况，还有一个是有完整的保护计划。而每两年才审批一次，每次一国只允许申报一个。从2001年开始，该项目已进行了两次，共批准了47项口头和非物质文化遗产，其中包括我国的昆曲、古琴、新疆维吾尔木卡姆艺术和蒙古族长调民歌。

二、太极图是中国缔造的世界非物质文化遗产

太极图是中华文化之根、文明之母、世界哲学之源，是中华民族的文化瑰宝。太极图作为一种表达思想的哲学图形，是我们古老祖先缔造的非物质文化遗产。它需要我们不遗余力地保护和传承。

三、太极图申请世界非遗

太极哲图的历史功绩、社会价值和现实意义，是昆曲、古琴、新疆维吾尔木卡姆艺术和蒙古族长调民歌远远无法比拟的。为此，笔者于2007年5月向有关部门递交了要求将太极图申报为世界非物质文化遗产的书面申请，以利于对太极图文化进行更好的发掘、保护和传承。

四、申遗保护　时不我等

中国的世界非遗众多，孰先孰后，要考虑国际竞争。有国际竞争的，我们要优先考虑；代表民族和国家的世界非遗，要优先于代表区域、局部的世界非遗。

太极图的应用广泛，如果由将其作为国旗、国徽的他国申遗，存在理所当然的理由。为此，太极图申遗程序不应该按部就班，按"区－市－省－国家－世界非遗"的常规申报程序，而应该直接走"国家－世界非遗"的特别程序。这样，我们争取时间，以避免"端午申遗事件"的再次发生。

笔者的建议仅限于民间行为，不一定能引起更多的注意和产生更大的影响。为此，笔者大声呼吁：各文化部门应对太极图进行官方研究和保护，全民族都应积极行动起来，保护我们的母文化和根脉文化。

五、还太极图的光辉

风雨沧桑千万年，古图新解耀明天。作为世界非遗的太极图，由于玄奥精深，以致

四 川 省 文 化 厅

明赐东先生：

你好！你交特快专递寄来的《申报书》及"建议函"已妥收并阅读。现回复如下：

一、首先，感谢你对中华文化传统的倍加关注和高度重视，你的建议和意见充分地体现了一种文化自觉，使我们倍感欣慰。

二、你的建议值得我们深思，将对我们今后进一步做好"非保"工作提供极大的帮助。

三、由于我省两年一次的申报工作刚刚结束（即 2007年 6 月 13 日），所有申报材料已进入报批阶段。因此，我们将尽快把你的建议和拟申报内容向文化部做专题汇报。

四、鉴于你拟申报的内容涉及面广、专业性强，是否属于非物质文化遗产范畴，我们将向国家非物质文化遗产专家咨询委员会咨询。届时，我们会尽快告知与你。

此复。

二〇〇七年六月二十日

太极图申遗徽记（建议）

图 336

被历代巫术利用，加之受近代极"左"思潮的影响，在许多现代人眼中仍是"迷信"的符号，被视为文化的异类而不屑一顾。这种现状，对于热爱中华传统文化的有识之士来说，无不痛心疾首；对于最具包容品性的中华民族来说，不能不说是一大憾事。作为中华民族的子孙，我们有责任来改变这一现状，保护我们的"母"文化，还太极哲学光辉。在大力提倡文化复兴的今天，我们更要高举保护太极文化的大旗，踏踏实实地传承、研究和普及太极文化，让世人，尤其是年轻人都知道中华民族流传世界的不仅有儒学、道学（道教），还有流传世界的太极图和伟大的太极文化！为此，笔者呼吁迅即创立"太极图学"，积极开展对太极文化的系统研究；设置图腾研究机构，培养图腾与符号学研究专家，以便更好地承继太极文化、弘扬太极哲学、留住人类文化共同的根脉。

98. 太极理论　引领和平

图 337

太极文化就是"和"文化、包容文化，即"太极和"。"和"文化不只是引领中国走向和平崛起、和平发展的道路，世界发展也如此。

一、太极文化的核心是"和"

在本书中，我们已经对太极图、太极文化作了分条逐理的解说。从前文可知，太极哲学的关键词是阴阳，那么，太极哲学支撑的太极文化核心又是什么呢？

要了解太极文化的核心，我们首先得追本溯源，从可触、可观、可感的太极图说起。太极图是一个阴阳相持平衡的无极世界。阴阳的对立统一是太极哲学的核心内容，也是贯穿太极文化的主动脉。但是阴阳有对立，也有统一，到底哪一个才是矛盾的主要方面呢？仔细观察太极阴阳双鱼图，我们不难发现，阴阳分立的S曲线是包含在太极圈之内的。这形象地说明，阴阳矛盾归于无极的和谐统一，才是太极图的最高旨意。若离开了这个旨意，离开了太极之圆，那么整个宇宙便只有"极阴"和"极阳"对世界的绝对拆分。在这种情形下，宇宙、地球、生物以及人类自身都将失去平衡，成为阴阳分裂的牺牲品。

由此可见，太极之圆，是太极图中暗示宇宙万物和谐的点睛之笔，而太极之圆在太极文化体系中是我们说的"太极和"，其理所当然地成为太极文化的核心。

二、太极理论引领世界走向和平

人们常以鸽子衔来的橄榄叶和对自由女神像的膜拜，来寄托对和平的期待和向往。其实橄榄叶象征和平是从《圣经·创世纪》中诺亚方舟的故事里引申而来，而和平女神也出自于希腊神话。由此看来，"和平"这个理念似乎只是西方文化圈的衍生物。而中国五千年的文明果真就没有诞生出"和平"这一理念吗？

事实是，中国的神话中确实没有主宰和平的神，中国传统文化中也确实没有明确提出"和平"这一概念，但是我们有一个为了天地之和谐牺牲了自己的神——盘古，还有一个容纳了更多内涵的理念——"和"。"和"的理念在道家、儒家、墨家等的经典里有不同的阐释，在他们的实践中也有不同的表现形式，但归根结底还是对"太极和"的延伸、传承与发展。"太极和"不仅包容着西方"和平"的全部理念，而且还赋予"和"更多的内质。因为太极图在阴阳制衡中诠释了"和"的表现形式、适用范围等等，我们根据阴阳制衡的情况、双方力量的对比，可以做出更有利于尚存动乱的世界和平发展的决策。

"和"，人类美好的向往；"和"，人类永恒的追求。人类自诞生那一天起，从未放弃对"和"的追求。然而，多极的世界、多元的文化，让人类追求"和"的旅途变得异常崎岖和艰辛。千万年来，历代仁人志士呕心沥血，禅精竭虑，力图探寻一条解决世界纷争、引领人类走向和平的捷径。世上是否有这样一条捷径？世界怎样才能走向和平？人类怎样才能拥有美满的生活？本书在追述太极图的起源和阐释太极哲学的内涵时已给出了答案：太极"和"文化是解决一切纷争的法宝，是引领世界走向和平的明灯，是缔造人类美好幸福生活的源泉。我们只有弘扬和发展"太极和"文化，使之产生更广泛的影响，太极和才能丰富"和平"理念，让世界和平发展从此有径可循，不致成为一句空话。笔者坚信，通过我们的努力，太极图蕴涵的"和"文化必将引领世界走向和平，为人类创造美好的未来。

图 338　胡耀邦题词：和平

99. 世界大同　和谐欢庆

图 339

　　世界的多极性，文化的多元性，决定了世界应该是求大同、存小异。即有"和"的相同性——共性，又保持各自的差异——多元性下的个性。

一、"世界大同"

1. 古代儒家的大同思想

　　西汉时期由戴德、戴圣编定的《礼记·礼运·大同篇》说："大道之行也，天下为公，选贤与能，讲信修睦，故人不独亲其亲，不独子其子，使老有所终，壮有所用，幼有所长，鳏、寡、孤、独、废疾者，皆有所养，男有分，女有归，货恶其弃於地也，不必藏於己；力恶其不出於身也，不必为已；是故谋闭而不兴，盗窃乱贼而不作，故外户而不闭，是谓大同。"

　　《礼记》到唐代被列为"九经"之一，到宋代被列入"十三经"之中，成为士人必读之书，影响非常大。这段文字翻译成现代文是："当广大而不偏私的'道'通达于全世界之际，普天之下的世界便是属于天下人类共有共享的。人们选出贤明与有才能之人为民服务，大家彼此非常信实和睦。人们不单亲爱自己之亲人，同时也亲爱他人之亲人；不止爱护自己之子女，同时也爱护他人之子女。这使老年人能福寿至终；壮年人各有所用，而不游手好闲；幼年人有所教养成长。并且老而无妻者、老而无夫者、老而无子者、残障疾病者，都能得到最妥当和最关切之照顾。男子做适当的工作，女子有良好的归宿……一切私心小智和阴谋诡计永不发生。一切抢盗偷盗、乱贼暴徒永远绝灭；因此这时的人外出或夜晚，门户不必关闭也安然无事。"这便是"大同世界"。

2. 康有为的世界大同思想

图 340

1884 年中法战争的时候，康有为 27 岁。在这一年他写了一部著作《大同书》。这部书直到辛亥革命以后才发表一小部分，至 1935 年才全书出版。康有为的世界大同主要表现为以下 13 个方面：①无国家，全世界置一总政府，分若干区域；②总政府及区政府皆由民选；③无家族，男女同栖不得逾一年，届期须易人；④妇女有身孕者入胎教院，儿童出胎者入育婴院；⑤儿童按年入蒙养院及各级学校；⑥成年后由政府指派分任农工等生产事业；⑦病则入养病院，老则入养老院；⑧胎教、育婴、蒙养、养病、养老诸院，为各区最高之设备，人者得最高之享乐；⑨成年男女，例须以若干年服役于此诸院，若今世之兵役然；⑩设公共宿舍、公共食堂，有等差，各以其劳作所人自由享用；⑪警惰为最严之刑罚；⑫学术上有新发明者及在胎教等五院有特别劳绩者，得殊奖；⑬死则火葬，火葬场比邻为肥料工厂。

3. 孙中山的世界大同思想

伟大的民族革命先行者孙中山，一生最憧憬的理想社会，是儒家的大同社会。孙中山三民主义的最终目标是建设一个大同世界。他认为，"人民对于国家不只是'共产'，一切事权都是要共享的。这才是真正的民生主义，就是孔子所希望之大同世界"（《孙中山选集》第 844 页）。孙中山对大同博爱向往之深、追求之切。他将大同思想纳入黄埔军校的训词："三民主义，吾党所忠，以建国民，以进大同。"

图 342

图 341

孙中山对"大同"一词，有两种理解或诠释。其一，他将大同理解为国家消亡，世界各民族在一个大家庭内相互融合并和平共处，即所谓"天下大同"。他还认为这一目标将在中国的倡导和促成下实现。其二，他将大同理解为国家范围内的一种理想的社会制度，建立高度和谐的社会，并最大限度地为人民提供福祉，相当于实现民生主义。"天下为公"是大同世界的核心内容。孙中山的大同思想不仅限于中国国内，而且包括世界各国，特别是还包括了各国之间的平等和睦相处关系。

4. "世界大同"新解

根据"太极和"理论，我们可以进一步认识到"世界大同"与中国儒家思想"和而不同"的实质一致。所谓"和"，就是人类进步和社会发展追求"和"的根本目的是一致的。"世界大同"就是这一根本目的同一性。那么，"不同"呢？"不同"则指实现"和"这一根本目的所代表的阶层及其站的角度、走的方向路线、处的习性的不同，并由此构成了多元的文化、多元的世界（如图343所示）。

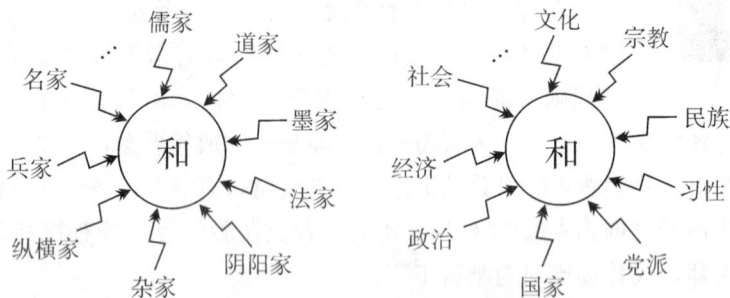

图343 "和而不同"与"世界大同"

世界和平、社会和谐，是整个人类和世界发展的主流和矛盾的主要方面，这就是"世界大同"的方面。相对应的人类和世界发展的非主流和矛盾的次要方面，则是多元文化个性的存留和保护。这样才是五彩缤纷的世界，真正的和谐世界。

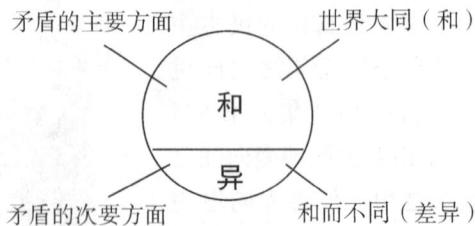

图344 "世界大同"新解

二、和谐欢庆

1. 和谐社会

和谐社会是一个多元的社会，是一个合作和宽容的社会，是一个民主和善治的社会，是一个法治的社会，是一个公平的社会，是一个诚信的社会……

2. 和谐社会理论是"太极和"思想在当今社会的具体体现

"和谐社会"理论，是人心所向，是古太极图揭示的追求阴阳平衡与和谐在新时代的延续。

太极图的圆融、圆满和追求阴阳平衡与和谐的真理，给世界和平和社会发展指出了方向。所谓和谐，旨在相互配合适当而平稳发展；一切激进的、大起大落的发展模式都是不和谐的。世界的发展和归属就是和谐，和谐是永恒不变的目标和主题。

马克思主义要建立的共产主义社会，其实质就是一个和谐的社会。胡锦涛提出的和谐社会理念，正是对马克思列宁主义在新时代的发展和具体体现。

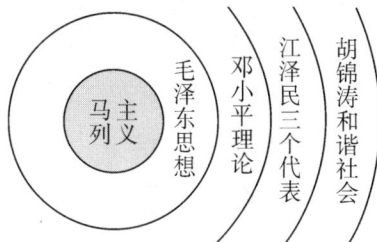

图 345　从马列主义到和谐理论

3. 和谐欢庆

"道途未远，理想先行"，一直是富有浪漫主义情怀的中国人之处世态度。当历史的车轮在慢慢前行的时候，一些先哲却时时登高而瞩，将目光放到了更高更远的地方。"老有所终，壮有所用，幼有所长，鳏、寡、孤、独、废疾者，皆有所养"，这样的社会理想虽然是在两千年前提出来的，但却是我们现今构建和谐社会追求的目标。令人欣喜的是，先辈们留下的"大同世界"的夙愿，正被我们一步一步实现。

"大同世界"是我们的梦想，"和谐"是我们孜孜不倦的追求，我们在多元复杂的社会中创建和谐，我们在纷繁浮躁的世界追寻和谐，我们在浩渺无极的宇宙探索和谐。其实，"和谐"无处不在，无时不有，它与我们人类共生共存。要知道，宇宙间各个星系的和谐共存，才有了银河系的恒定；因为太阳系各个星球之间的和谐共存，地球上的生命才得以延续；因为地球上的各种生物之间相互依存，地球才没有变成一片蛮荒，人类才得以在这里建设自己的家园、生儿育女延续后代。为了这份难得的"和谐"，为了人类的生存与繁衍，我们不仅要懂得"推己及人"，更要懂得"推己及物"，将不和谐的人类发展史作为激励，为"和谐"换上新的一页。也只有当人类寻求到了人与人、人与社会、人与自然、人与宇宙的全面和谐，"大同世界"、和谐世界才可能梦想成真。

尽管当今世界还充满了许多不合理的矛盾和争斗，尽管"和谐"还是尚未企及的月桂树，但是我们相信，在"太极和"思想的指引下，我们将坚定地向着和谐大同世界迈进。到那时，没有了战争，没有了弱肉强食，没有了恣意的对自然环境破坏，世界是一个和谐的世界，社会是一个和谐的社会，和谐的世界各族人民手牵手、共唱和谐美满之歌。

观点汇总

为了便于读者阅读，特将注释中的主要观点汇总如下。

1. 物质与精神平衡

人的一生创造的物质是有限的，但人的欲望却是无限的，于是就产生了有限物质与无限欲望的矛盾。怎样解决这对矛盾呢？人类在长期的实践活动中产生了科学（包括哲学）、神学和信仰。科学（包括哲学）、神学和信仰的产生，对人的欲望和精神进行了有效的平衡。人在有限的时间里，创造和消耗有限物质的同时，把无限的欲望寄托到无限的科学追求和思想追求、信仰追求的精神世界中，寻找"物质与精神"的平衡，使文化、科技得以代代相传。（详见注释2）

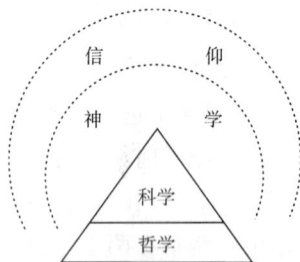

图 346

2. 中华文明进程历史曲线

悠久、灿烂、绵延不断是中华文明的主要特点。在世界四大文明古国中，唯有中华文明横亘千古，绵延不断，得到了较好的保护和延续（详见注释4）。

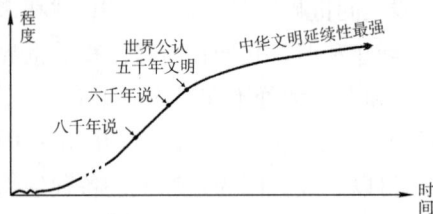

图 347　中华历史文明进程曲线

3. 中华传统文化的三次冲击

近百年来，中国传统文化遭遇了三次大的冲击：五四新文化运动对中国文化大传统的冲击；"文化大革命"对中国文化小传统的冲击以及近三十年西方文化对传统的冲击。前两次冲击使太极、阴阳、八卦、风水等传统文化带上了迷信的帽子，成为文化的异类；后一次冲击主要表现在改革开放后，外来文化对传统文化的冲击。（详见注释5）

图 348

326

4. 三个保护

三个保护即保护国土、保护民族市场、保护传统文化。保护国土是军人的天职，保护民族市场是企业家的职责，而传统文化的保护则是所有国民的责任和义务。（注释 5）

5. 企业家的责任

企业家的责任概括起来有两个方面。一是企业责任，一是社会责任。企业责任要求企业获得盈利，不断发展壮大；社会责任要求企业首先应该是民族的，即民族企业，而企业家应该成为民族企业家。民族企业家的主要责任就是创立民族品牌，保护民族市场，保护民族文化。这也是企业家的崇高追求。（详见注释 5）

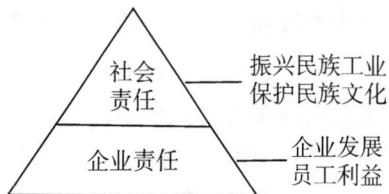

图 349　企业家的责任

6. 爱国 爱民族 爱祖先

八荣八耻之首是爱国，爱国就是爱民族。爱民族就得热爱祖先。研究、总结、弘扬、传承中华祖先创造的思想和文化是热爱祖先的最好表现。（注释 5）

7. 太极图的基本特征

太极图有两个基本特征。①图形特征：由两个基本对称或完全对称的图形组合成。图形外形为圆形、发散形或其他形式。②思想内涵：阴阳矛盾。即太极图的两仪。阴阳是太极哲学中最基本的两个元素。（详见注释 6）

8. 科学太极

太极图是科学，是哲学图形。它通过图形语言表达了"矛盾对立统一规律"，其中"阴阳"即矛盾，"阴阳平衡"即矛盾的对立以平衡为目的。科学太极是对"阴阳迷信"说的否定。（详见注释 6、8、83）

9. 第一发明

太极图是对立统一规律的图形语言表达，是中国最伟大的第一发明。（注释 6）

10. 从阴阳平衡论看对立统一规律的缺陷

太极图阴阳平衡论具有鲜明的目的性——追求阴阳（矛盾）平衡。阴阳对立是手段，阴阳平衡是目的；在众多阴阳（矛盾）平衡中求得和谐。进而揭示了人类进步、社会发展以统一、和谐为终极目的。而现代哲学中的矛盾对立统一规律虽强调了对立与统一的辩证关系，但没有论述对立与统一的手段与目的的关系。由于对立统一规律存在手段与目的不明确的缺陷，导致在应用时，人们往往选择以对立为目的，如惨绝人寰的第二次世界大战就是以"斗争"所致。世界各文化派别、宗教派别、各政党之争，乃至世界的动乱纷争等，都是在运用这一规律时强调对立的结果。（详见注释 6）

11. 重科技发明轻文化发明的反思

科技直接产生经济效益，客观上科技加速了人类物质文明进程，看得见摸得着，于是容易得到肯定；而文化是思想，是精神，属于意识形态范畴。文化不像科技那样能够产生直接的、看得见的经济效益，但却支撑着科技发展。因此，在科技与文化这对辩证矛盾中，人们往往看重科技发明而忽略文化发明对科技发明的重要性。所以应加强对文化发明的溯源、探索和定论。（详见注释 6）

12. 中华第一图

太极图是中华第一图。太极图图形简洁、美观，却蕴藏着深奥的哲理和永恒真理。无论从哲学，还是从美学上看，太极图都堪称中华第一图。（注释 6）

13. 三个普及教育

在现行的科技普及教育、法律普及教育基础上，应开展第三个普及教育——传统文化普及教育。（详见注释 7）

14. 培养图腾家

太极图是蕴涵丰富哲学思想的图形。要解析它的哲学内涵，就必须解析太极图，化图形表达为文字语言，这应是图腾家与哲学家的使命。所以我们应大量培养图腾家，以解析史前图形符号。（详见注释 8、42）

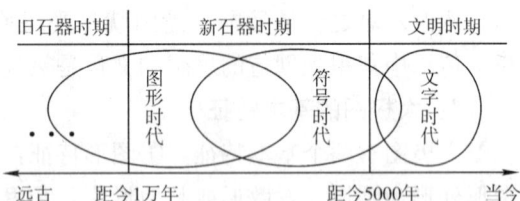

旧石器时期	新石器时期		文明时期
	图形时代	符号时代	文字时代

远古　　距今1万年　　　　距今5000年　　当今

图 350

15. 玄学与哲学的本质区别

玄，就是神秘、复杂，与之相对应的是简单。哲学就是把复杂的事物解释简单化，而玄学是把简单的事物复杂化。根据波浪理论，哲学是从波外向波内探索，越探索圈就越少，目的是为发现本源，使之简单化；玄学则往波外走，越走越远，波越来越大，目的是为了说明它的玄奥、神秘。（注释 9）

16. 哲学是解开太极图玄奥的钥匙

太极图是哲图，要认识太极图的真正内涵，揭开其玄奥的面纱，就必须以哲学为钥匙，以哲学解图。（详见注释 9）

17. 太极图诠释新派类——哲派

对太极图的诠释门派众多，可谓百花齐放，归纳起来主要有象、数、理三派。不同的门派站在不同的角度诠释太极图，使人们从不同的角度认识、理解太极图，开阔了人们的眼界，启迪了人们的思维。而哲派则是以哲学为钥匙来解析太极图，揭开了太极图神秘的面纱。（详见注释 9）

图 351

18. 方圆理论——处事的方法

"方"就是处理问题的原则性,"圆"就是处理问题的灵活性。"方圆理论"就是处理问题的方法论,指处理问题时既要有原则性又要有灵活性。通常所说"做事不能不认真,但也不能太认真","不能不认真"指原则性;"不能太认真"指灵活性。(详见注释 11)

19. 伏羲——中华人文祖始、中华哲学之祖

中华民族以炎黄子孙自称。炎黄时代通常的说法应是在四千多年前。那么,在距今5000 年至 1 万年的新石器时期,我们的祖先又该是谁呢?传说中的伏羲,实际上就是这一时期我们祖先的代表,是我们中华人文祖始。依据伏羲创制太极图之传说,那么伏羲也应是中华哲学之祖。(详见注释 12)

20. 龙是伏羲的化身

龙是伏羲的化身,是龙图腾之源,龙的精神就是伏羲的精神。(详见注释 12)

21. 影响世界的中国两大图形

中国有两大图腾深刻地影响着世界。一是"神图"中国龙,二是"哲图"太极图腾。中国是龙的故乡,龙是中国的图腾,龙具有神的力量。华夏民族,除有炎黄子孙之说外,还有龙的传人之说。龙的图腾在中国处处可见,北京奥运会中国代表团服饰就是以龙为图案,表现了龙的传人的精神与风貌。龙图腾不仅是中华民族的象征,还走向了世界,它不仅是不丹国旗的图案,在世界各地也广为出现和应用;而作为哲学图形的"哲图"太极图腾,对世界的影响更为深远,它不仅支撑了众多科技发明,还广泛地应用于他国的国旗、国徽和学科徽记。(详见注释 12)

22. "龙图腾"、"太极图腾"与伏羲的关系

伏羲是中华传说中的人物,是新石器时期中华祖先的代表。传说是伏羲创制了太极八卦图,而考古考证伏羲的"羲"就是图腾"蜥"的谐音。依据考古发现,"蜥"有四脚,演变到六脚、八脚……许多脚,由此,有专家指出:龙图腾是由蜥的图腾演变而来。"蜥文化"也就是早期的"龙文化",对龙图腾的崇拜实际上是对伏羲的崇拜。(详见注释 12、66)

23. 宇宙轮回图与宇宙太极模型

以图形来表示宇宙大爆炸(包括太阳系、地球的产生)、宇宙轮回及宇宙太极模型。(详见注释 13)

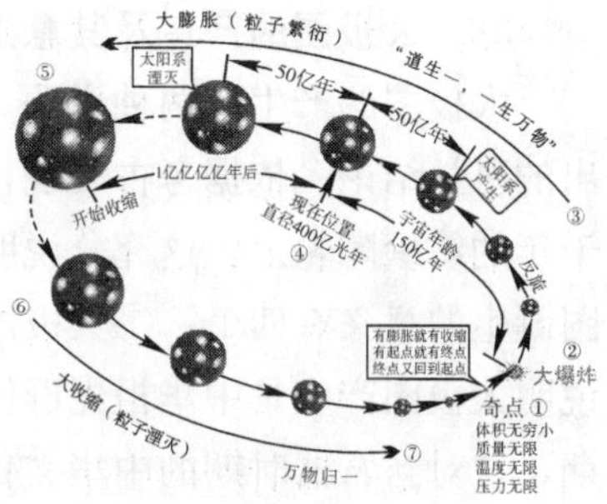

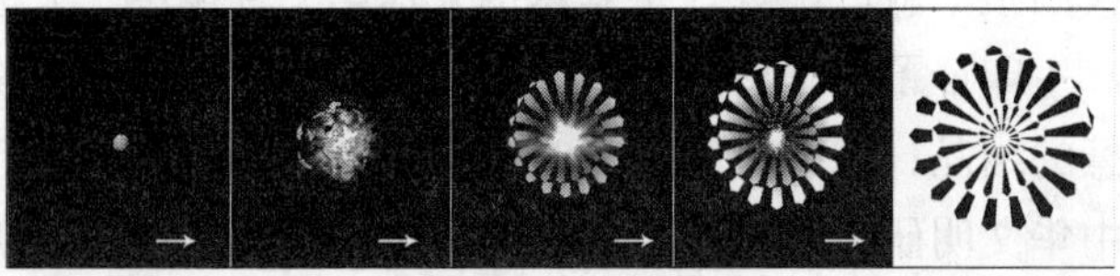

图 352

24. 智能生命的出现是宇宙最佳平衡的结果

地球智能生命是宇宙平衡运动和地球处于太阳系中最佳位置的结果。地球在太阳系中的位置是生命存在的适宜环境，是生命存在和繁衍的的唯一温床。（详见注释13）

25. 从人类生命曲线看人类发展的基本规律

据科学研究，地球生命还有50亿年生命，那么人类在地球上的生命至少也有30～50亿年。从人类生命曲线来看，从猿进化为人到现代仅1000万年（0.1亿年）历史，在人类历史长河中，如果我们把50亿年换算成一个百岁老人，则人类史的0.1亿年，相当于两个

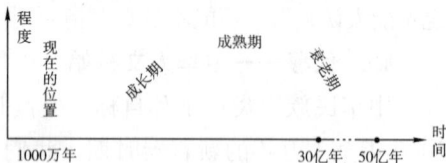

图353

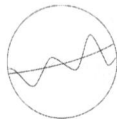

图354 人类发展"急于求成反而慢"并在不断折腾自己

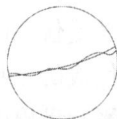

图355 "适度的匀速发展"才是人类发展的基本规律

月的婴儿。人类历史还非常漫长，因此，人类不必把这"两个月的婴儿"看作人类的发展已经达到了顶峰，也不应该把这"两个月的婴儿"拔苗助长而自己折腾自己。相反，我们应该放慢发展速度，保护好我们赖以生存的地球。从这个意义上说，道家上的自然回归、无为而治、治大国若烹小鲜思想更显其伟大。（详见注释15）

26. 历史语言

这是指能够记录历史的语言体系的总称。按出现的时间顺序，分别有图形语言、符号语言和文字语言。（详见注释20）

27. 太极雏形

依据太极图的基本特征，考察出土文物上的各种图形，发现在距今六七千年前的陶器上就出现了太极雏形图形，这印证了我们关于太极图起源于新石器时期中后期的结论。（详见注释21）

28. 太极图的产生及其意义

太极图的产生有两种说法。一是文学作品中所说的伏羲制太极图，二是依据考古得出的科学结论。依据考古发现，大量的太极图雏形呈现在六七千年的出土器皿上和四五千年的纺织陶轮上，这充分说明太极图很早就已出现，于是本书采信第二种说法。太极图诞生的意义有四个：①太极图的产生印证了中华悠久历史的客观存在，大量出土文物说明太极图产生是中华祖先群体智慧的结晶；②太极图产生时期是在新石器时期的中后期，这对新石器时期的中华文化和中华文明研究有着十分重要的历史意义，从而涉及历史的研究从夏商周断层延伸到新石器时期中晚期；③它作为哲学的启蒙，比古希腊哲学

早两三千年，说明世界哲学之源在中国，涉及哲学起源这一命题；④以其哲学思想支撑了中华科技、中华文化、中华文明的发展，成为中华文化之根、中华文明之母，孕育了中华五千年文明，从而涉及中华始原文化和中华五年文明孕育的命题。（详见注释20、21）

29. 八卦画（八卦产生之一）

这也是第一幅反映天地自然八卦的图画。它揭示了八卦的产生来自于华夏祖先对观察、认识到的天地自然的八个要素——天、太阳（火）、风、雷、雨（水）、山、泽、地，进行高度概括和思想提升的结果。（详见注释23）

图 356

30. 符号时代

符号是简化了的图形，是文字的"胚胎"。文字未出现以前，人们依靠符号来记录和传递信息，不少符号后来转换成了文字，而经典的符号沿用至今。考古器皿中，有大量符号存在，充分说明符号时代的存在。现在历史研究仅以文字为主，就会忽略没有文字的符号时代。为此笔者建议创立"符号学"从事符号研究，使历史研究延伸到史前。（详见注释23）

31. 世界三大符号

"十"字符号（多见于基督教）、"卐"字符号（多见于佛教）以及中国的"八卦"符号（多见于《易经》）。（详见注释23）

32. 八卦的伟大意义

辩证矛盾是现代哲学的核心，而我们的祖先早在3000—4000年前，就已经应用八卦组合成了四对辩证矛盾：天－地、太阳（火）－雨（水）、风－雷、山－泽来演绎阴阳、解释世界。八卦是继太极图阴阳之后辩证矛盾学说在中华哲学史上的早期应用。（详见注释23）

33. 八卦的产生

将圆形太极图演变为矩形太极图，用八条线将矩形太极分成七等分，每条线上记录下的阴阳程度再用八卦符号来代替。由此，八卦符号代表着阴阳变化的程度。太极图形的考古发现十分丰富，然而用线段"—"、"－ －"表示的八卦符号，在考古资料上没有发现，实为遗憾。现有资料只有数字符号和其他一些八等分符号。（详见注释23）

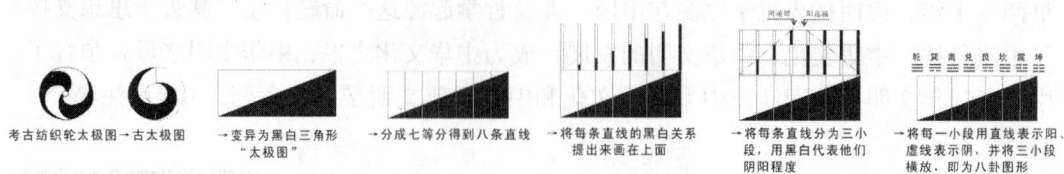

考古纺织轮太极图→古太极图　　→变异为黑白三角形　　→分成七等分得到八条直线　　→将每条直线的黑白关系　　→将每条直线分为三小　　→将每一小段用直线表示阳、
"太极图"　　　　　　　　　　　　提出来画在上面　　　　段，用黑白代表他们　　虚线表示阴，并将三小段
阴阳程度　　　　　　横放，即为八卦图形

图 357

34. 完善"符号学"的建议

符号作为历史语言之一，是文字的胚胎。符号的研究对文字出现和发展以及史前历史和文化的研究，起着不可低估的作用。因此，笔者建议创立"符号学"，重视符号研究。（详见注释 23）

35. 太极八卦图是图形、符号最完美的组合

八卦排列在太极图周围，对太极图的阴阳变化进行图外补充，使之更加完美。正因如此，后被作为韩国国旗、道教徽记、易学徽记……（详见注释 24）

36. 太极国旗、国徽、徽记的背后

国旗、国徽是一个国家、一个民族的象征；文化徽记、科学徽记则是这一文化、这一科学的象征。太极图在国内外广泛的应用，充分说明它是受人尊崇的世界性的伟大图形。然而，在国内把太极图视为迷信的还大有人在。如此反差，值得我们深思。（详见注释 24）

37. 《周易》——哲学第一书

《周易》已有 3000 余年历史，是迄今在世界范围内所发现的最早的哲学书籍；从内容上来讲，《周易》讲述了自然和人生的普遍哲理。这两点，足以奠定其哲学第一书的地位。（详见注释 27）

38. 《周易》玄奥之谜简析

《周易》为什么那么"火"、为什么那么玄（魏晋时期的三玄之一）？其原因是《周易》用最简单、最少的文字对世界作出了高度地概括：易——含义变化（运动）；阴阳——含义矛盾及平衡（结果）。"易"与"阴阳"三个字，表示了世界是"矛盾的、变化的（运动的）、平衡的"，这也是辩证法的核心所在。（详见注释 27）

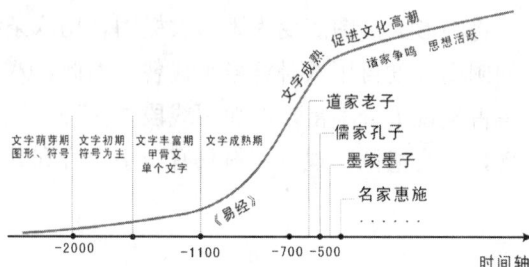

图 358

39. 周文王——哲学之父

作为哲学第一书《周易》的作者周文王，理应称为中华哲学之父。

（详见注释 27）

40. 哲学高峰

就文学而言，诗歌的高峰在唐朝，有"唐诗写尽天下事"之说。在中国，哲学的高峰则在春秋战国时期。这一时期，中国出现了老子、孔子两大思想家，"百家争鸣"是中华文化繁荣的高峰；在西方，则以古希腊为代表，出现了泰勒士、苏格拉底等大思想家、大哲学家；与此同时，还有佛教、基督教、犹太教等宗教的产生和兴起。（详见注释 28）

41. 仁者爱物

孔子的思想核心是"仁"，即"仁者爱人"，这是在当时没有生态破坏的社会背景下提出的。如今，自然生态环境遭受到严重破坏：山荒了、树没了、水污染了、鱼虾少了、动物濒临灭绝……社会发展到今天，"仁"就不只是自私的只爱人类本身，而应扩充到热爱人类赖以生存的环境和人类的朋友——动植物和自然环境，即"仁者爱物"，这样才能有效的对生态环境实施保护，达到人与自然友好相处。（详见注释 29）

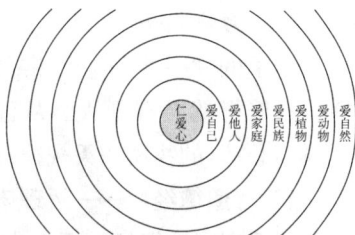

图 359

42. 《论语》——处世哲学第一书

'《论语》20 篇，498 章，共约 15900 余字。它通过摆事实、讲道理来教导人们怎样去行为处世，是处世哲学的经典，堪称处世哲学第一书，后成为儒家的祖本。（详见注释 29）

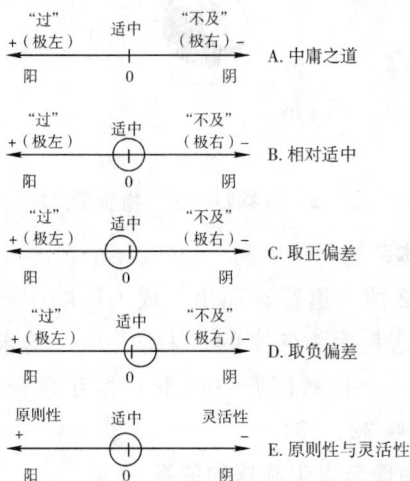

图 360

43. 中庸之道是阴阳平衡论的具体应用，是伟大的方法论

图形解释，见图 332（详见注释 29）

44. 老子"道"与和谐

（1）阴阳是道的核心——"一阴一阳谓之道"。（2）"万物负阴而抱阳"——矛盾的普遍性。（3）阴阳"冲气以为和"——目的性。（4）平衡的方法——自然而然，顺其自然，人为的折腾最小。（详见注释 30）

45. 万物归一

老子的"一生万物"讲的是物质的繁衍规律。有繁衍就必有湮灭。从湮灭上讲，还存在"万物归一"的物质湮灭规律。（详见注释 30）

46.《道德经》——哲理宏深第一书

五千言《道德经》不仅在文学上成为经典，在哲理上更是内容丰富，充满辨证关系。《道德经》解释的阴阳矛盾共计 48 对。老子《道德经》自然成为中华哲学中哲理宏深第一书，后成为道学、道教的祖本。（详见注释 30）

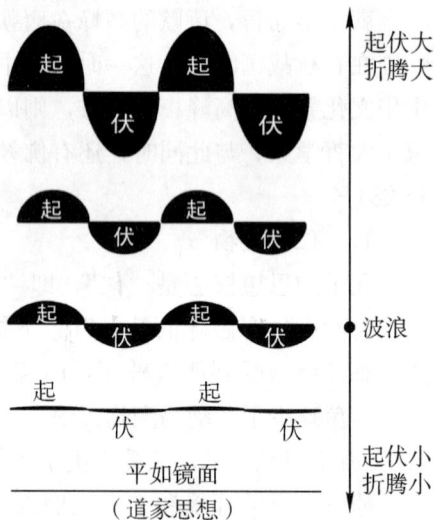

图 361

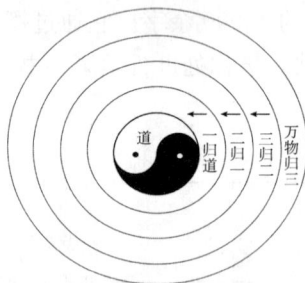

图 362　万物归一图（物质湮灭）

47. 儒、道两大思想体系的阴阳平衡

在百家争鸣中，为什么儒、道脱颖而出，成为影响中国人灵魂的两大思想体系？这是因为儒家的"阳学"——追求向上，与道家的"阴理"——自然回归（向下）相互融合、互为平衡的结果。（详见注释 32、33）

48. 儒家阳学、道家阴理与人生旅程的关系

如果把人生比作一段旅程，那么儒家就是教导人如何

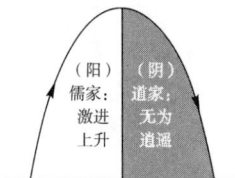

图 363

"爬山"，怎么达到"人生之巅"的学问；道家则是教导人如何"下山"，实现"人生回归"的学问。（详见注释33）

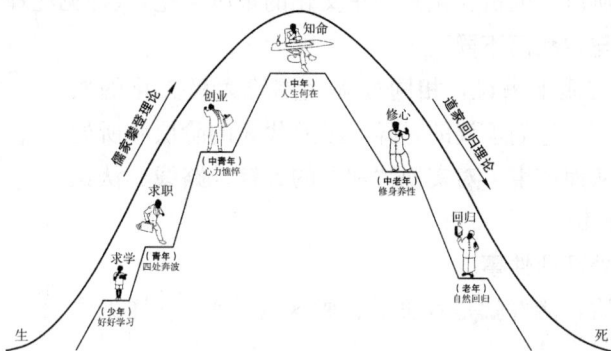

图 364

49.《论语》、《道德经》，两者缺一不可

儒、道是中华文化阴阳平衡的两大思想体系，二者缺一不可，缺一则失去平衡。代表这两大思想体系的祖本：《论语》是中华处世哲学第一书，而《道德经》是哲理宏深第一书。《论语》和《道德经》是影响中国人行为和思想最为深刻的两本书，千百年来，它们不仅影响着中国，还影响着世界，成为世界哲学经典。在学习时，仅强调《论语》的重要性，或只强调《道德经》的重要性，都是不全面的，两者缺一不可。（详见注释33）

50. 儒、道同宗祖，共禀"太极和"

儒、道两家思想深受太极的影响，对太极推崇备至，都秉承了"太极和"思想。（详见注释33）

51. 对中学生、大学生普及中华哲学的建议

对青年一代的教育，重要的是引导他们如何走向未来，而中华哲学则是塑造人的品格和引领人处事的哲学。在现在的中学、大学中，没有中国哲学的课程，实属遗憾。为了传承中华传统文化，建议开设中华哲学课程教育，如《易经》、《论语》、《道德经》课程，普及学习中华哲学三大经典。（详见注释33）

52. 近代崇"阳"文化的弊端

在阴阳理论中，阳代表积极、向上的一面，因此，容易受到人们的推崇。片面把"阳"看成好，把"阴"看成劣，崇"阳"文化由此而生。到了近代，崇"阳"文化的无节制发展，导致了人与人、人与自然关系的紧张，生态危机日益凸显。在物质文明高度发达的今天，我们应适度提升"阴"性文化，这样才能达到动态的阴阳平衡。（详见注释33）

53. 太极文化——中华文化之根

中华文化中的易、儒、道等，包括中华科技的中医、武术、堪舆等，均同根同祖——太极哲学。所以，太极文化是中华文化的根脉文化。（详见注释33）

54. 百家争鸣与"和而不同"

百家争鸣，从实质上来说，相同处都是围绕太极文化的核心——"和"来展开。它们争议的差异，是所代表的阶层和所处的社会角度不同，从而产生了对实现"和"的方针、路线、认识的不同。（详见注释40）

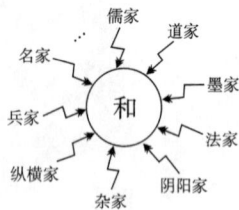

图365

55. 人生就是处理两件事

万事万物皆矛盾，活着就是解决矛、盾这两件事。（详见注释41）

56. 矛盾的两重性

矛盾具有对立面、统一面两重性。但人们往往只看到或看重矛盾的对立、不和的斗争面，从而忽略矛盾统一、和谐的一面。（详见注释41）

图366

57. 中国式矛盾——阴阳

中国古老的阴阳说就是近代哲学中矛盾的代名词，它已有六七千年历史。（详见注释41）

58. 矛盾主、次方面图与太极图

现在哲学中的矛盾主、次方面图与古老的太极图实质一致。而中国太极图比矛盾的主次图更丰富，甚至比近代哲学中的对立统一规律更丰富。（详见注释41）

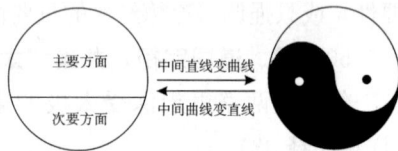

图367

59. 中国式古典矛盾学说的三个层次及精髓

中国式古典矛盾学说有三个层次：（1）六七千年前，太极图中的阴阳学说；（2）三、四千年前的八卦学说；（3）两千多年前韩非子的矛盾（逻辑矛盾）学说。由此，构成了中国式的矛盾学说，其精髓是阴阳。（详见注释41）

60. 太极辩证法与西方辩证法

西方辩证法以矛盾为精髓，以对立统一规律为基本规律，又称宇宙根本法则。太极辩证法以阴阳为核心，以阴阳平衡为根本准则。阴阳平衡论具有鲜明的目的性，较之对立统一规

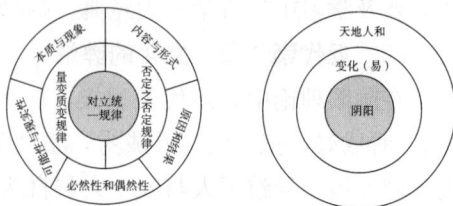

图368

律在"手段－目的"关系上更完善。（详见注释41）

61. Z理论

Z＝X＋Y是辩证法的公式表达。Z理论最简单的理解就是"煮鸡汤理论"：味道淡了加盐，咸了加水。Z理论用在人性上则是人性既善又恶。人性善决定人类追求"和"为根本目的；人性恶决定了人的自私、占有而使人类自身战争不断，聪明反被聪明误，自己折腾自己。人类历史就是"和"与"战"的历史，由于人类处于"婴儿"的低级阶段，战争远远多于和平和安宁；随着人类的发展进步，最终将走向和谐世界。（详见注释41）

人性的两面性（既善又恶）

图 369

62. 中华历史的阶段划分

从工具、文化、语言的产生，把中华历史分为：旧石器时期、文明孕育期、文明时期三个阶段。（详见注释42）

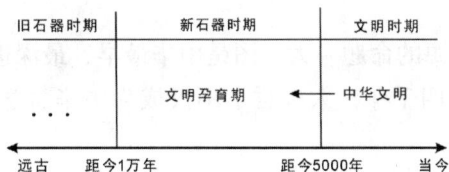

人类历史新三段划分

图 370

63. 孕育中华五千年文明之母

这是一个关于中华五千年文明起源探索的重大命题。（详见注释42）

64. 文明孕育期

文明不会从天而降，它必然有一个较长时期的孕育、产生、成长、成熟过程。中华五千年文明之前的新石器时期，是中华五千年文明的孕育期。（详见注释42）

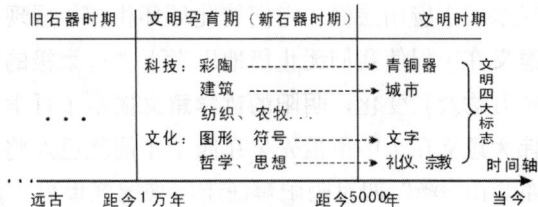

图 371

65. 科技为"父"、文化为"母"孕育中华五千年文明

如果把中华五千年文明比喻成一个"孩子"，孕育这个孩子的父亲是"科技"，之母则是"文化"。对"科技之父"我们了如指掌；而"文化之母"我们知道的太少，甚至是空白，形成文化研究断层。无可置辨，孕育中华五千年文明的"文化之母"就是伟大的太极哲学！（详见注释42）

66. 中华历史研究为什么出现断层

夏商周断代工程解决了距今三四千年之间的许多历史问题。夏商周之前的历史研究出现断层。这是因为缺乏图形研究、符号研究的结果。（详见注释42）

67. 中华哲学发展波浪图

追踪溯源，中华文化实际上都源于太极哲学思维方式的启迪，其源头就是太极。（详见注释43）

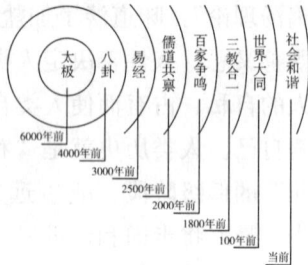

图372

68. 阴阳——中华哲学的核心

西方哲学的核心是"矛盾"。中国传统哲学没有以"矛盾"来命名事物之间或事物内部的对立统一关系。但这并不代表中国没有矛盾学说，中国的矛盾学说是阴阳，中华祖先们用阴阳来表示对立与统一之间的关系，集中表现在太极图上。阴阳学说是中国哲学、中国文化的精髓与核心。（详见注释43）

69. 世界哲学之源

这是一个关于哲学起源的命题。太极图是中华最早、最深邃的古典哲学图形，早于古希腊哲学之父泰勒斯三四千年。太极哲学不仅成为中华哲学之源，也是世界哲学之源。（详见注释43）

70. 太极哲学关键词－逻辑关系－层次关系－意义

无极、太极、阴阳、八卦、五行、风水是太极哲学的**关键词**，核心词是阴阳。它们的**逻辑关系**是无极生太极，太极含阴阳，阴阳演八卦、五行，八卦解释风水，五行揭示物质生克关系。它们的**层次关系**是"无极－太极"，体现无中生有的辩证关系；"太极－阴阳"，体现万物皆阴阳（矛盾）的哲学核心；"八卦－五行"，属于阴阳的进一步展现；风水属于应用层面。它们彼此环环相扣，展现了中国的太极哲学思想体系。**无极的哲学意义**在于促使我们无止境地思考下去；**太极的哲学意义**在于它涵盖了极大极小的整个宇宙万物及其变化；**阴阳的哲学意义**揭示了哲学真谛及核心命题——万物皆矛盾；**八卦的伟大意义**在于中华祖先早在四千年前就已经将天地八要素分成"天－地，水－火，风－雷，山－泽"四对阴阳辩证矛盾来解释世界，使自然要素与哲学解析有机结合；**五行的哲学意义**在于揭示了宇宙万物存在"生"的促进和"克"的制约关系，以此达到阴阳平衡，即五行平衡论；**风水的意义**在于让人们去寻求最佳的居住环境。（详见注释43）

71. 哲教

人们尊崇儒家哲理，把儒学当成儒教来崇拜。儒教的实质就是"哲教"，哲教是笔者提出的新概念，它相对于有神仙的宗教而言，如道学中的老子成为了道教的神仙（道德天

图373

尊）。（详见注释 42、45）

72. 太极和

太极文化追求的终极目的是阴阳平衡的和谐之境。太极文化的实质就是"和"文化，即"太极和"。和的前提是包容，因此，太极文化又是包容文化。（详见注释 44）

73. 中国是世界"和"的典范

"和"文化的浸润使中国成为了世界"和"的典范：三教合一，消弭了宗教矛盾；56 个民族和谐相处，消弭了民族矛盾；和谐理论成为新时期的治国方略。（详见注释 44）

74. 三教合———中华"和"文化的典范

中华文化促进了儒道平衡。在儒、道平衡基础上，太极阴阳平衡论又促进了中华儒道文化与外来佛教文化的相互融合、互为平衡，使中国文化格局臻达了和谐的太极境界（详见注释 45）

图 374

75. 中华精神

《易经》中的"自强不息，厚德载物"思想，发展成为中华基本精神之一。（详见注释 46）

76. 中华民族强盛，强而不横

自强不息的中华民族，强盛后依然秉持"和谐"理念，有实力但不迷信武力，有雄气但不霸气。厚德载物的精神使我们强而不骄、强而不横。（详见注释 46）

77. 中华之魂

太极圆和太极图追求阴阳平衡所揭示的圆满和谐，是社会发展、人类进步的终极目的，是唯一的人间正道，是华夏民族几千年努力追求的境界，是中华民族之魂。（详见注释 47）

图 375

78. 图形哲学

通过图形语言和符号语言来表达和阐释哲理。用符号表示的从矛盾产生到统一的关系，见图（详见注释 48）

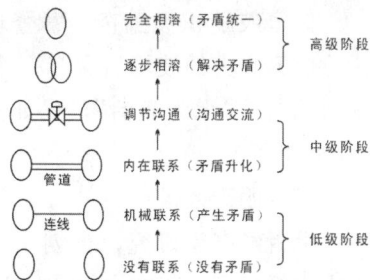

79. 太极图十大哲论

以哲学为钥匙，揭示了太极图蕴藏的十个主要哲学理论：一元、二元、变化、运动、核心、轮回、曲折、相容、圆满、平衡。（注释 49~59）

80. 人类进步、社会发展的终极目的和动力

和谐圆满是人类进步、社会发展的终极目的和动力。（详见注释 53）

81. 阴阳帅印

万物都围绕自身的核心在运动，太极图中的"鱼眼"，代表着阴阳双方的核心，犹如两军的主帅。由此揭示了太极图"鱼眼"的内在含义。（详见注释 54）

82. 包容共存

阴阳对立，但又同容于太极圆之中，即包容而共存（矛盾的同一性）。中华包容文化由此而产生。太极包容共存的思想使中华民族成为世界上最大、又最能包容的伟大民族。中华 56 个民族和谐相处，成为世界"和"的典范。（详见注释 57）

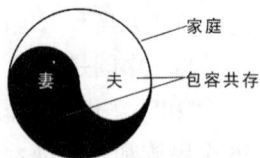

图 376

83. 圆满和谐

画圆可知，周全（360°）才能圆满。太极图周全圆满，以此揭示的圆满和谐成为中华民族追求美好愿望。（详见注释 58）

84. 太极图 S 曲线之妙

（1）S 曲线将太极图一分为二；（2）构成两条栩栩如生、相互追逐的阴阳鱼；（3）对立时成为双方的"战线"、统一时为双方的中和界线；（4）你中有我，我中有你，相互渗透，相互包容；（5）构成含蓄的东方思维。（详见注释 56）

85. 东西方思维之别

太极图包容含蓄的思想构成东方含蓄思维方式，与西方直白思维方式形成鲜明对比。（详见注释 56）

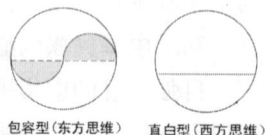

图 377

86. 从波浪曲线看儒道思想的实质

儒家鼓励积极勤奋，攀登理想高峰。但是道家批评者认为，儒家高大的波峰后必有一个痛苦的深渊。道家提倡"追求自然"、"无为而治"，犹如波澜不惊，平静如镜的湖面。（详见注释 56）

87. 明氏太极

笔者经多年研究，自创了明氏太极图系列，典型的有：宇宙太极模型、灰度太极图、日月太极图、熊猫太极图、太和龙跃。（详见注释 64、65、66、67、68）

88. "科技－文化－效益－人才"的关系

用漫画揭示这一关系。（详见注释 64）

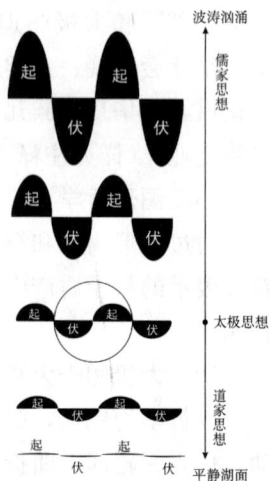

图 378

图 379

89. 对熊猫太极图作为四川省省徽的建议

大熊猫温柔可爱，象征着和谐与美好。大熊猫的故乡在四川，建议把熊猫太极图作为四川省的省徽，既体现了四川地域特征又体现了中华传统文化。（详见注释 68）

图 380

90. 两个伟大的中华祖先

没有伟大的中华祖先就不可能创造伟大的五千年文明。中华民族是一个热爱祖先的民族。在新石器时期，我们的人文祖始是伏羲；在文明初期，我们的祖先是炎黄。（详见注释 66）

91. 伏羲文化与龙文化、太极文化的关系

伏羲文化（包括女娲文化）涉及新石器时期的中华历史、人文、科技等。龙文化（包括龙凤文化）涉及中华图腾与崇拜。龙就是伏羲

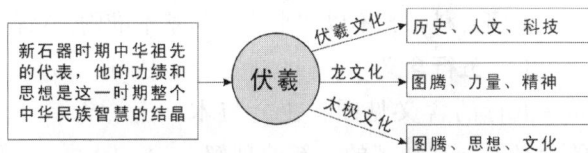

图 381

的化身，龙的崇拜就是对伏羲的崇拜；中华民族是龙的传人，也就是伏羲的传人。太极文化是伏羲思想的展现，伏羲演绎太极八卦，其实就是新石器时期中华祖先群体智慧的集中体现。（详见注释 66）

92. 太和龙跃——伟大的中华图腾

龙图腾和太极图腾的有机结合，构成了"太和龙跃"图。"太和龙跃"图体现了中华民族是有思想、有智慧，致力于"和"的追求的强大的、自信的、奋进的民族。"太和龙跃"是中华图腾的象征。（详见注释 66）

图 382

93. 首创"科学基本定律"命题

加速人类文明进程的科学是否存在一个基本定律（或者根本定律），统领和指引着各领域科学。这是一个创新的、重大的理论命题，有待读者共同论证。（详见注释 69）

94. 平衡论——科学基本定律

"平衡论"是科学的基本定律。平衡论基本定律表述为:(1)平衡是相对的;(2)平衡是指研究对象的总体状态处于相对平衡之中,其中包含着若干局部的不平衡;(3)设不平衡状态为 A,它们都有趋向与自身平衡的本性;(4)当处于不平衡状态的 A_1、$A_2 \cdots A_N$ 变成新的平衡 B_1、$B_2 \cdots B_N$ 时,新的不平衡 A_1'、$A_2' \cdots A_N'$ 又得以产生;(5)不同的学科去解决自身领域中 A_1、$A_2 \cdots A_N$ 的平衡问题,这就是各学科平衡论的展开。(详见注释 69)

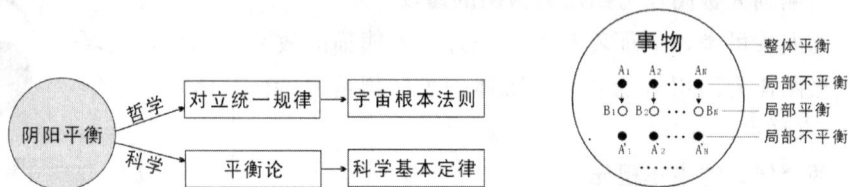

图 383

95. 世界百科依准平衡

世间百科,无不以"平衡"为基本准则。(详见注释 69~81)

96. 五行含义

五行的含义见图。在金与木的含义上,有独到的、新的理解。(详见注释 76)

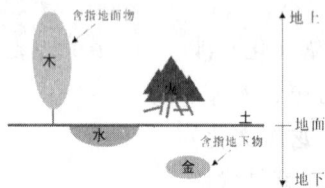

图 384

97. 太极图学

此为作者首次提出。有如研究《红楼梦》而成立"红学"一样,建立专门的太极图研究学科,即太极图学。太极图学的创立,对太极哲学的研究和传承有着十分深远的现实意义。(详见注释 82)

98. 世界太极

太极图是对立统一规律图形表达,作为宇宙的根本法则,人间通行。韩国、蒙古国把太极图作为国旗;联合国、世界各国到处都有太极图的影子。太极图已成为世界的太极。(注释 83—91)

99. 世界动乱纷争的三大原因

(1)人性的最大弱点"自私"和"占有欲",想称霸世界,掠夺他人资源;(2)文化之间、民族之间的包容不够(不包容,唯我独尊);(3)在矛盾的对立统一中,强调斗争,以"斗争论"为理论根据。(详见注释 92)

100. 世界文化异同

多元的世界，多元的文化，世界观的不同，价值取向的差异，造成东西方文化差异。相同的是追求"和"的目的一致；不同则表现在追求"和"的这一根本目的的方向、路线、习性上。（详见注释92）

101. "和"为一统 强权遁形

动乱纷争，唯有"和为一统"。

时间证明，靠武力和靠强权来一统天下是不可能的。强权不仅不可能建立世界和平，相反，只能给世界增添动乱。（详见注释92）

图385

102. 世界文化永恒主题的提出

众所周知，延续人类进程、支撑人类发展的永恒主题是爱。那么，世界文化是否也应该存在着一个永恒的主题呢？这一全新命题的提出，同样有待验证。（详见注释93）

103. 和文化——世界文化永恒主题

"和"文化（即"太极和"）不但是中国文化的主题，同样也是世界文化的主题。这是由人类进步、社会发展的根本目的性是追求"和"所决定的。（详见注释93）

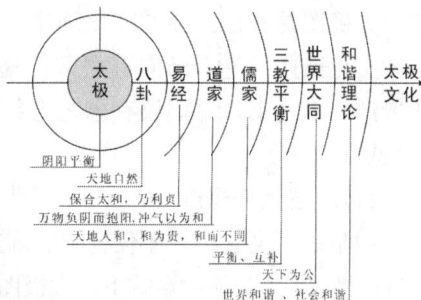

图386

104. "和"文化溯源

"和"文化起源于太极哲学中的阴阳平衡理论。如同历史的波浪连绵起伏，一浪一浪的延续至今；从中国影响到世界，从昨天影响至今天，直至永远。（详见注释93）

105. 中华近代历史曲线

近400年来，中国经历了繁荣、衰落、再次腾飞的历史阶段。（详见注释95）

106. 世纪看中国

18世纪——康乾盛世（1681—1796年）；19世纪——走向衰落；20世纪——走向腾飞；21世纪——中华盛世，继续改革开放的大好形势，至2050年，中国将实现现代化，步入发达国家之林，21世纪中后期，中国将步入世界强国之列，从而跨入中华盛世时期。（详见注释95）

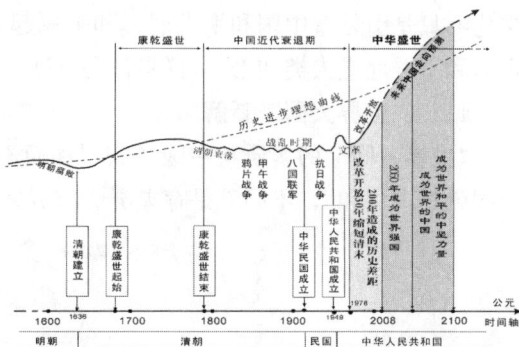

图387

107. 改革开放拉开中华腾飞序幕

1978 年的改革开放，使中国真正进入了复兴崛起的快车道，拉开了中华腾飞的序幕。改革开放 30 年 GDP 平均增长速度为 9.8%，堪称世界奇迹。（详见注释 95）

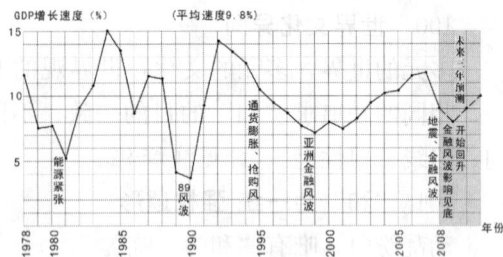

图 388

108. 文化瑰宝

作为中华文化脉根的太极图，是当之无愧的中国文化瑰宝。（详见注释 96）

109. 太极图科学定位

对太极图的科学定位是对中华祖先先进思想的肯定，是传承中华传统文化、还太极图光辉，为太极图"平冤昭雪"的前提。（详见注释 96）

110. 太极图申请世界非遗

太极图是我们民族的文化瑰宝，是古老祖先留给我们的珍贵的非物质文化遗产。笔者已向有关部门递交了《太极图申报世界非物质文化遗产》申请书，并倡议有志之士共同努力，做好这一利国利民之事。（详见注释 97）

图 389

111. 还太极光辉

中华灿烂文化中，不仅有儒学(儒教)、道学（道教），还有影响世界的太极图形。然而，在近代极"左"思潮的影响下，太极图与阴阳、八卦、风水等传统文化被歪曲为文化异类，从而掩盖了太极哲学的光芒。我们有责任来改变这一现状，还太极之光辉。（详见注释 99）

112. 太极理论引领和平

太极文化就是"和"文化、包容文化，即"太极和"。"和"文化不只是引领着中国和平发展、和平崛起，同时也指导着世界走向和平，促进人类和谐。（详见注释 98）

图 390

113. "世界大同"新解

"世界大同"的实质与中国儒家"和而不同"思想的一致性。大同就是求"和"，不同就是存差异。差异才使世界绚丽多彩（详见注释 99）

图 391

观 点 引 申

现将上一章的"观点汇总"作进一步的分析和引申，汇总在表38：

表 38

类别	序号	在观点汇总一文中的序号	观 点	解 析
一 太极图的哲学解析及太极文化	1	7	太极图的基本特征	a. 太极图是中华远古的哲学图形，而哲学是解开太极图玄奥的钥匙，通过图形语言解析了太极图的十大哲论；通过综合分析，解析了太极哲学的六个关键词及内在关系。b. 太极文化的精髓是阴阳，其实质是"和"文化。中华历史都是围绕"和"这一人类的共同目标而展开。c. s曲线使太极图柔美曲畅，增加了动感和哲理性。塑造了含蓄委婉的东方思维。
	2	16	哲学是解开太极图玄奥的钥匙	
	3	70	太极哲学关键词—逻辑关系—层次关系—意义	
	4	79	太极图十大哲论	
	5	81	阴阳帅印	
	6	82	包容共存	
	7	83	和谐圆满	
	8	84	太极S曲线之妙用	
二 太极图的科学认识及定位	1	8	科学太极	a. 太极图是哲学图形，支撑着中华科技的发展，是中华文化史上的重大发明，比四大科技发明历史更悠久、意义更伟大。b. 太极图是中华第一图，是中华文化之根、中华文明之母，是中华文化瑰宝，是世界哲学之源，是中华影响世界的两大图形之一。c. 太极八卦图被韩国作为国旗。
	2	9	第一发明	
	3	12	中华第一图	
	4	17	太极图诠释新派别——哲派	
	5	21	影响世界的中国两大图形	
	6	28	研究太极图产生的意义	
	7	31	世界三大符号	
	8	35	太极八卦图是图形符号的最完美组合	
	9	53	太极文化——中华文化之根	

类别	序号	在观点汇总一文中的序号	观　点	解　析
	10	69	世界哲学之源	
	11	98	世界太极	
	12	108	文化瑰宝	
	13	109	太极的科学定位——中华哲学之源、文化之根、文明之母	
三　太极与中华历史哲学文化的关系	1	6	爱国爱民族与爱祖先	a. 伏羲是新石器时期中华祖先的代表，创造了太极图，是中华哲学之祖；中华文化中的龙图腾也与伏羲密切相关。
	2	19	伏羲—— 中华人文祖始 中华哲学之祖	
	3	20	龙是伏羲的化身	
	4	22	影响世界的中国两大图形与伏羲的关系	
	5	26	历史语言	
	6	30	符号时代	
	7	37	《周易》——中华哲学第一书	b. 《周易》用文字解释阴阳八卦，成为哲学第一书，文王成为哲学之父。
	8	38	《周易》玄奥之谜简析	
	9	39	周文王堪称哲学之父	
	10	40	哲学高峰	
	11	42	《论语》——处世哲学第一书	c. 春秋战国时期是中国乃至世界的文化高峰；《论语》、《道德经》是中华哲学经典，学习时，两者缺一不可。
	12	43	中庸之道是阴阳平衡论的具体应用，是伟大的方法论	
	13	44	老子"道"与和谐	
	14	46	《道德经》——哲理宏深第一书	
	15	47	儒、道两大阴阳平衡思想体系	
	16	49	读《论语》、《道德经》两者缺一不可	d. 太极哲学中的自强不息、厚德载物思想，成为中华精神之一。太极文化以"和"为终极目标，追求和谐是中华民族之魂，是解决世界动乱的一统方法；太极哲理支撑着科学和指导着人间。
	17	50	儒道同宗祖、共禀"太极和"	
	18	51	对中学生、大学生普及中华哲学的建议	
	19	59	中国式古典矛盾学说三个层次及精髓	
	20	68	阴阳——中华哲学的核心	
	21	75	中华精神	
	22	76	中华民族强盛，强而不横	
	23	77	中华之魂	
	24	90	中华祖先——伏羲、炎黄	e. 开设《论语》、《道德经》、《易经》课程，普及学习中华哲学三大经典。
	25	92	太和龙跃——伟大的中华图腾	
	26	101	"和"为一统　强权遁形	
	27	112	太极理论　引领和平	

类别	序号	在观点汇总一文中的序号	观 点	解 析
四反思	1	3	三次冲击	a. 对近百年的反思、对改革的反思，都要求我们重新审视对现代重视的过激和对传统文化的忽视，一切偏激的都是不可取的。对传统文化的保护、普及教育势在必行。b. 太极图是世界上受人尊崇的伟大图形，在国内却说它是迷信，如此反差，不值得深思吗？作者呼吁还太极光辉。
	2	4	三个保护	
	3	11	重科技发明轻文化发明的反思	
	4	13	三个普及教育	
	5	36	太极国旗、国徽、徽记的背后	
	6	52	近代崇"阳"文化的弊端	
	7	111	还太极光辉	
五新颖观点	1	1	物质－精神平衡	人生在有限的生命里，创造和消耗有限物质的同时，把无限欲望寄托在无限的科学追求、思想追求和信仰追求的精神世界中。
	2	2	中华文明进程历史曲线	用图形表达了中华文明进程及延续性。
	3	5	企业家的两个责任	企业责任和社会责任。
	4	10	太极阴阳平衡论看对立统一规律的缺陷	太极阴阳平衡论具有鲜明的目的，而对立统一规律目的与手段不明确。
	5	14	培养图腾家	培养图腾家，解析太极图。
	6	15	玄学与哲学的本质	玄学是人为造成复杂，哲学是把复杂的事物简单化。
	7	18	方圆理论——处事的方法	是方法论，指处理事物的原则性和灵活性。
	8	24	智能生命的出现是宇宙最佳平衡的结果	地球生命出现是地球在宇宙平衡运动中处于最佳位置的结果。
	9	27	太极雏形	出现于距今六七千年前的陶器上，印证了我们关于太极图的雏形起源于新石器时期中后期的推论。
	10	29	八卦画（八卦产生之一）	首创天地自然八卦图。
	11	32	八卦的产生（之二）	反映阴阳变化程度。
	12	33	八卦的伟大意义	早在三四千年前，中华祖先用四对辩证矛盾来解释世界。
	13	34	完善"符号学"的建议	为研究史前文化，笔者建议创立"符号学"。
	14	41	仁者爱物	在生态环境受到极大破坏的今天，应提倡"仁者爱物"。

类别	序号	在观点汇总一文中的序号	观　点	解　析
五新颖观点	15	45	万物归一	物质的湮灭规律则是"万物归一"。
	16	48	儒家阳学、道家阴理与人生旅程的关系	人生旅程就是儒家的"向上"与道家的"回归"组成。
	17	54	百家争鸣与"和而不同"	百家争鸣的实质就是和而不同。
	18	55	人生就是处理两件事	人生就是处理两件事：矛、盾。
	19	56	矛盾两重性	用图形描述矛盾的对立与统一两重性。
	20	57	中国式矛盾——阴阳	阴阳就是近代哲学中的矛盾。
	21	58	矛盾主、次方面图与太极图	图形展示了它们两者的关系。
	22	60	太极辩证法与西方辩证法	图说太极辩证法与西方辩证法的差异。
	23	62	中华历史阶段划分	旧石器时期、文明孕育期、文明时期是中华历史三个阶段。
	24	63	孕育中华五千年文明之母	这是一个关于中华五千年文明起源探索的重大命题。
	25	64	文明孕育期	新石器时期就是中华五千年文明的孕育期。
	26	65	科技为"父"、文化为"母"孕育中华五千年文明	孕育 5000 年文明这个"孩子"的父亲是"科技"，之母则是"文化。"
	27	66	中华历史研究为什么出现断层	缺乏图形研究、符号研究的结果。
	28	67	中华哲学发展波浪图	用波浪图展示了这一关系，其源头就是太极。
	29	73	中国是世界"和"的典范	"和"文化浸润的中国是世界"和"的典范。
	30	74	三教合一——中华"和"文化的典范	儒、道、佛相互融合、互为平衡，使中国文化格局臻达了和谐的太极境界。
	31	78	图形哲学	用图形语言来表达和阐释哲学。
	32	80	人类进步、社会发展的终极目的和动力	和谐圆满是人类进步、社会发展的终极目的和动力。
	33	85	东西方思维之别	用图形表达东方人的含蓄思维与西方人的直白思维。
	34	86	从波浪曲线看儒道思想的实质	儒家鼓励积极勤奋，攀登理想高峰；道家提倡"追求自然"、"无为而治"。

类别	序号	在观点汇总一文中的序号	观点	解析
五新颖观点	35	87	明氏太极	作者自创了明氏系列太极图。
	36	88	"科技－文化－效益－人才"关系	用漫画揭示四者的关系。
	37	89	熊猫太极图作为四川省省徽的建议	倡议把大熊猫作为四川省的徽记。
	38	93	首创"科学基本"定律命题	加速人类文明进程的科学是否存在一个基本定律（或者根本定律），统领和指引着各领域科学。这是一个创新的、重大的理论命题，有待读者共同论证。
	39	95	世界百科依准平衡	世间各个学科都以"平衡"为基本准则。
	40	96	五行含义	图解五行新含义。
	41	99	世界动乱纷争三大原因	"自私"、包容不够、"斗争论"。
	42	100	世界文化异同	相同是"和"为目的，不同是手段的不同。
	43	102	世界文化永恒主题的提出	作者提出的又一新命题。
	44	104	"和"文化溯源	起源于太极文化中的阴阳平衡理论。
	45	105	中华近代历史曲线	绘制了中华近400年来历史发展曲线。
	46	106	世纪看中国	18世纪——康乾盛世、19世纪——走向衰落、20世纪——走向腾飞、21世纪——中华盛世。
	47	107	改革开放拉开中华腾飞序幕	改革开放使中国真正进入了复兴崛起的快车道。
六创新观点	1	23	宇宙轮回图与宇宙太极模型	用图形表示宇宙轮回，并绘制宇宙太极模型。
	2	25	从人类生命曲线看人类发展的基本规律	人类现处于人类发展的婴儿期。人类发展不应该超越这个时期，折腾自己。
	3	61	Z理论	用公式表示的辩证法。
	4	71	哲教	儒学就是儒教，儒教就是"哲教"。
	5	72	太极和	太极文化的实质就是"和"文化。

类别	序号	在观点汇总一文中的序号	观　点	解　析
六创新观点	6	91	伏羲文化、龙文化和太极文化共同孕育中华五千年文明	对中华源头文化的研究，首次将三种文化有机的合为一体。
	7	94	科学基本定律	"平衡定律"是科学的基本定律。
	8	97	太极图学	专门的太极图研究学科。
	9	103	和文化——世界文化的永恒主题	太极文化是世界文化的主题。
	10	110	太极图申请世界非遗	太极图是宝贵的文化遗产，笔者建议将其申报为世界非物质文化遗产。
	11	113	"世界大同"新解	图解"世界大同"。

太极图赋

月播银辉，天列七星祥瑞；日启金门，霞运万禾荣欣。九河洪涌，力写浩淼以磅礴；江山如画，尽铺人间之绣锦。

菊闻瑶圃兮，爽秋伴苏风而陶醉；鸣雁踏云兮，拓影逐流云以扬声。康平宁靖，社会和谐之兆；万物甦发，时代高飙之精神。追烽烟之患兮，恨乱世之不道；颂盛世之出兮，喜文明之大兴。

文明之说，溯源苍古，中华文明，古老图腾。夫太极图形乃华夏文化之脉，夫阴阳之学乃中华哲学之根。太极图有极无极，非渺渺茫茫以解；太极图鸿蒙鸿洞，非莽莽苍苍以征。太极图乃人类图形语言之演，阴阳平衡而创万物和谐之循。伟哉！阴阳学乃科学进步之梁瓴，太极图乃人类和平之塔灯。

太极一圆而统混沌之浩瀚，阴阳两分而衍天地之运承。夫羲皇离高之旨以释义，睹万物之状而兴情，出乾离坤坎而穷宇宙万象生克之道，控巽艮震兑坎而应雷电风雨变化之因。伟哉！有太极图乃有结绳之治易书契传世以后达，有阴阳运转，而得考历象算经度量之依准。

白发空垂三千丈，一笑人间万事休。无太极图腾，安有人类历史进步之大轮；却阴阳之议，安有万物矛盾一统永恒之法证。有阴阳运转，乃有文王六十四卦，易理数数之开垦；萌太极之学，乃有诸子百家思想宏论之争鸣。动极而静，静极复动；阴阳交感，万物生生。太极神图，纳李聃孔丘之说溶儒道求知求进、返朴归真之本；笼佛教之义，兆善恶因果，结缘神灵之应。奇哉！历史车轮前进，未克阴阳轮回指引；人间科技发达，不离太极图数数之绳。获阴阳学神髓，可摒去人类思想之禁锢；仗太极图钥匙，可开通万物奥秘之奇门。瞻古老太极图光辉，看今朝世道之昌明；赞九州万国和平共处同乐庆，思人类理想明天之追寻。情不尽百感而哦：人生苦短，慎惜光阴，休重翳重荡荡浮浮，橄扬国粹身体力行。兹顶礼而拜，西望瑶池奉王母，迎来紫气满胸襟，不昧斗胆狂傲，笔走龙蛇，命以太极图之赋，以奉探秘太极图学者明君赐东先生。

嗟呼！明者明君，太极图，神图！

蜀中傲国公戊子年深秋
于古蓉城陋室拜笔

后 记

　　世界哲学的起源到底在哪里？是谁孕育了中华五千年文明？太极图到底是科学还是迷信？为什么太极图蕴涵的哲学思想在国外大放异彩，在国内却备受冷遇？……多年来，这些问题一直困扰着我，百思不得其解。直到我在写另外一部专著——《图形哲学》时，这些问题的谜底才渐次被解开。在《图形哲学》这部书里，我尝试着用"以图解图"、"以哲学解图"的方法去解读玄奥的太极图，破译太极图蕴涵的深邃的哲学思想。每一次解读都是一次深刻的敞亮，每一次解读都能让我为之震撼与陶醉，并从心底涌出无比的惊喜和自豪。因为太极图——我们祖先为我们留下的文化遗产，不仅仅是我们华夏民族的骄傲，从更广泛的意义上说，它已是全人类的瑰宝。

　　对太极图的关注，源于我经营企业的经历与体验。一直以来，我喜欢研究图形哲学，从哲学上看，我把企业管理归纳为处理人际矛盾和工作矛盾。于是，我的企业成了我哲学管理方法的试验地。在绘制各种矛盾主次图中时，发现了近代哲学与远古太极图的惊人相似之处。为此，在企业的管理和经营中，我尝试着建构富有民族特色的企业文化。具体来说，就是运用中华哲学的人文思想精髓去管理自己的企业团队，打造民族品牌，壮大民族企业。为能深入领悟中华哲学博大精深的人文思想，我开始涉猎并研究广博幽深的华夏文化，孜孜不倦，从未放弃和停歇。也正是这份执着，让我走进了太极图，走进了太极文化，走进了太极哲学。随着我对太极图与太极哲学研究的渐次深入，上述那些一直困扰我的疑问和迷惑，便在太极图散发的光芒里释怀、遁迹、远去……

　　诞生于距今五六千年的远古时代的太极图，看似简单，却包蕴着现代哲学的元命题：其阴阳对立平衡的哲学命题与现代哲学"矛盾对立统一规律"的命题异曲同工。尽管我们还缺乏足够的证据，证明现代哲学"矛盾对立统一规律"命题的产生就直接得益于太极图的启迪，但我们能肯定的是，现代哲学思想早在五六千年前的远古时代就已产生，而缔造这哲学思想的正是我们华夏民族的祖先。它的载体，就是无文字的图形时代最伟大的图形——太极图。

当我尝试着以"哲学解图"的方式去解密太极图时，发现太极图蕴含着无极、太极、阴阳、八卦、五行、风水这六个哲学关键词。这六个关键词之间的逻辑关系是无极生太极，太极含阴阳，阴阳演绎出八卦、五行，八卦解释风水——彼此环环相扣，完整、系统地展现了中国的哲学体系。而太极哲学的六个关键词中至为关键的是阴阳，它喻示着宇宙万物之间的矛盾对立和统一的规律。通过太极图和太极哲学的关键词，我们不难发现太极图蕴藏着的丰富的哲学理论：宇宙一统的一元论、一分为二的二元论、包孕万物的变化论、生生不息的运动观、黑白鱼眼阴阳帅印的核心论、对立共存的矛盾同一律、波浪起伏的曲折观、首尾相接的轮回观、圆满周全的人生终极理想、均衡对称的和谐理念等。

作为中华哲学起始和中华文化根本的太极哲学，千百年来，它不仅指导着我们的祖先认识世界、改造世界，更为可贵的是它孕育了我们华夏灿烂悠久的五千年文明。因为，诞生于新石器时期的伟大太极哲学思想，促进我们华夏民族创造了灿烂辉煌的五千年文明史。

这是一本关于太极图图解的书，更是一本关于太极文化和太极哲学研究的书。太极图不仅仅是一个图形，更是一种文化现象。它表征着世界哲学的起源、人类文明的源头和世界和谐的内核。阐释太极图所蕴涵的丰厚哲学思想和文化内涵，不仅是为了还原太极图光辉，更是为了促进人与自然的和谐、人与人之间的和谐以及世界和社会的和谐等。我撰写此书的目的，旨在揭秘并弘扬太极图蕴涵着的广泛的哲学意义和文化思想，并分析当今社会和世界动乱纷争的原因以及解决之道。在本书的写作过程中，我运用了大量的考古资料，佐以必要的理论分析，辅以人类历史进程中重要的文化现象，尝试建立一个新的推论和说理方式，阐释太极图以及太极文化蕴涵的哲学思想，并由此引发出几个重要的结论：

1. 太极图——世界哲学的起源。太极图蕴涵的阴阳平衡哲学思想早在五六千年前就揭示了对立统一规律，比古希腊哲学的"矛盾对立统一规律"学说早了两三千年。为此，我们有理由说，太极图是世界哲学的起源。

2. 太极图——孕育中华五千年文明之"母"。太极图诞生于新石器时期，早于"华夏五千年文明史"之说两千多年。从此意义上说，我们的祖先借助太极图蕴含的哲学思想，认识世界、改造世界，从而催生了中华民族的文明。

3. 太极图——世界第一哲图。太极图诞生于文字出现之前的上古图形时代，是现代哲学思想的图形表达。无论从年代，还是从它所蕴含的哲学思想而言，远非其他图形所能比拟。为此，我们说，太极图是世界哲学第一图。

4. 太极图——世界最伟大的图腾。作为哲学思想图形表达的太极图，早已成为一种精神、一种象征，超越了图形的意义，上升为图腾。如韩国、蒙古国的国旗国徽、波尔家族的族徽以及世界各地重要组织和重大会议的徽标。这充分证明太极图不仅是中华民族文化的根脉，更象征着人类的精神和追求。

由上观之，我们完全可以给太极图作出一个较为客观科学的定位：太极图不仅是中华哲学之源、中华文化之根、中华文明之母，同时也是世界哲学之源。太极哲学，不仅可以成为人类广泛意义上的宇宙观、人生观，而且对于解决当今世界难题，如世界动乱与战争、环境恶化、宗教派别纷争、物质文明与精神文明的矛盾、科技发展与文化培育的冲突等难题，提供方法论上的启迪。

当写完本书最后一节时，我感到了一丝悲凉。这悲凉，源于现今太极图在国内的地位和尴尬现状。毋庸讳言，现今的太极图和太极哲学在国内并未引起重视，甚至被赋予了迷信色彩，相比国外把太极图用做科学领域与代表国家和民族象征的国旗、国徽而言，太极图在国内遭受的冷遇，让我有了前所未有的失落与遗憾。

欣喜的是，当韩国欲将端午节申请为世界非物质文化遗产后，国人的文化保护意识得到了唤醒，许多有识之士已认识到我们民族传统文化的宝贵，纷纷倡议对祖国传统文化进行深入研究、传承，并提出了一系列保护措施。正是这种意识的唤醒，正是这份责任感和使命感，激发了我撰写《太极图探秘》的热情，也由此生出一股拯救民族文化的豪气。

其实，我撰写《太极图探秘》的目的，旨在让更多的人了解太极图丰富的哲学内涵，认识到太极图对中华民族深远的影响，并充分意识到太极图不仅是中华民族的思想图腾、更是宝贵的世界非物质文化遗产，同时唤醒国人对民族文化的保护意识。然而，我向有关部门递交的为太极图申请世界非物质文化遗产的报告，已逾两年，由于涉及诸多问题，迄今渺无音讯。为此，我不得不大声疾呼：积极开展太极图申遗活动，承继太极文化，弘扬太极哲学，让我们留住人类文化共同的根脉！

于我来说，这本书的写作虽然已经完成，但对太极图深奥的哲学理论研究远没有结束。我并不期望有一锤定音的效果，宁愿以未完成的状态，引领读者进一步的探讨、挖掘和研究。

探秘太极图，期待着更多的读者朋友参与；《太极图探秘》，存在诸多的缺陷和不足，渴望读者朋友指正。

在本书即将付梓之际，由衷地对为本书提供漫画的四川省美协漫画研究会副会长戴树良先生、为本书收集整理大量资料的徐思蓉女士表示最诚挚的谢意。

明赐东

2009 年 3 月于成都